U0741062

祖述槐轩

《大学》《中庸》讲记

刘伯谷／著

刘　驰　石华锋　明　甫　刘镒晋／整理

巴蜀书社

图书在版编目(CIP)数据

祖述槐轩:《大学》《中庸》讲记 / 刘伯谷著;刘驰等整理. --成都: 巴蜀书社, 2024.5

ISBN 978-7-5531-2163-5

Ⅰ. ①祖… Ⅱ. ①刘… ②刘… Ⅲ. ①《大学》-研究 ②《中庸》-研究 Ⅳ. ①B222.15

中国国家版本馆 CIP 数据核字(2024)第 023163 号

ZUSHU HUAIXUAN DAXUE ZHONGYONG JIANGJI

祖述槐轩:《大学》《中庸》讲记

刘伯谷著　刘驰、石华锋、明甫、刘镒晋整理

策划编辑　施　维
责任编辑　张琳婉　王　楠
封面设计　蒋宏工作室
出版发行　巴蜀书社
　　　　　成都市锦江区三色路 238 号新华之星 A 座 36 层　邮编:610023
　　　　　总编室电话:(028)86361843
　　　　　发行科电话:(028)86361847
网　　址　www.bsbook.com
印　　刷　四川泽杰文化科技有限公司
版　　次　2024 年 5 月第 1 版
印　　次　2024 年 12 月第 4 次印刷
印　　数　30001—40000 册
成品尺寸　152mm×215mm
印　　张　25.5
字　　数　530 千
书　　号　ISBN 978-7-5531-2163-5
定　　价　78.00 元

刘伯谷先生（1996年）

刘伯谷先生整理“推十书”未刊稿（1999年）

刘伯谷先生为参加北京大学经管研修班的双流县干部作
“槐轩学说的传承与基本观点”的讲座（2013年5月23日）

刘伯谷先生在双流讲授“槐轩学说的传承”（2014年6月），
其旁为中国社科院名誉学部委员、博士生导师马西沙研究员

刘伯谷先生与著名学者谭继和研究员、詹石窗教授参加在双流县举办的槐轩文化学术沙龙（2012年）

刘伯谷先生与谭继和研究员、施维编审在双流图书馆参加《双流槐轩文化展》（2012年）

刘伯谷先生接受《新教育家》杂志采访（2021年8月）

——摄影温笑寒

刘伯谷先生与国内外槐轩爱好者刘驰、陶秧珍、刘铈晋、孟亚伦（美国）、米娅（美国）、闵俊民、李元初、龙铁根合影（2017 年）

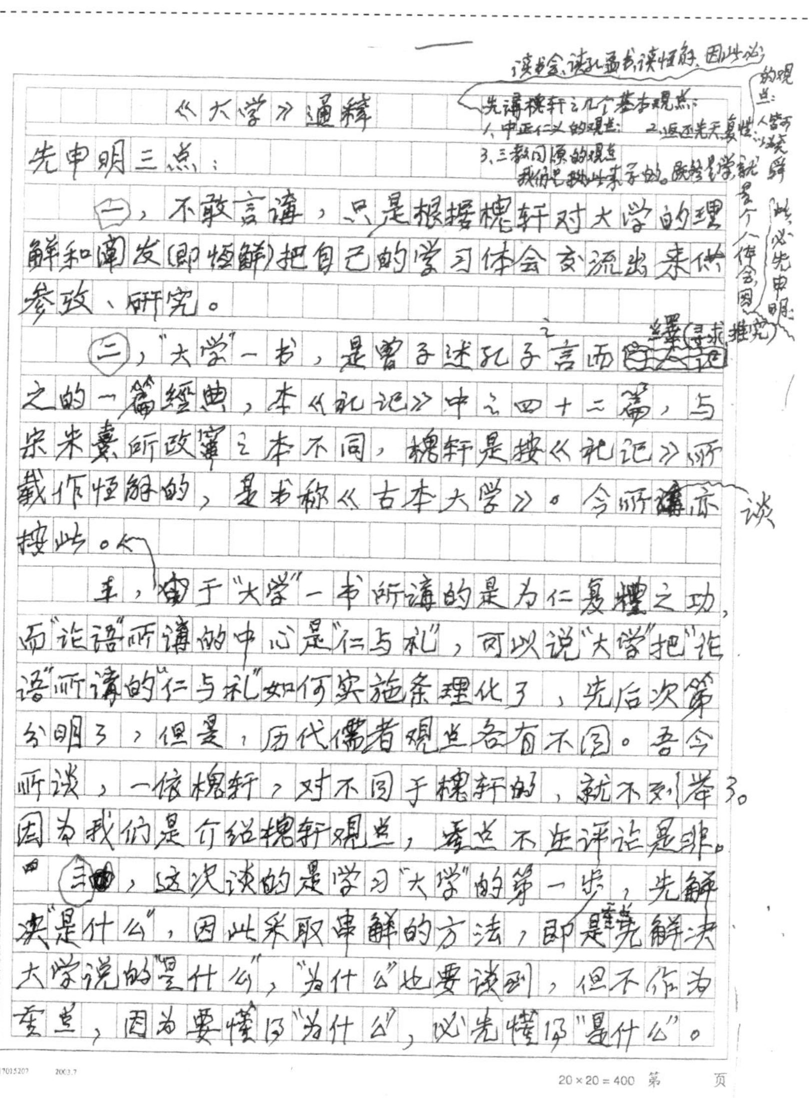

《大学》通释

先申明三点：

一、不敢言讲，只是根据槐轩对大学的理解和阐发（即恒解）把自己的学习体会交流出来供参考、研究。

二、"大学"一书，是曾子述孔子言而缪（寻求、推究）记之的一篇经典，本《礼记》中之四十二篇，与宋朱熹所改窜之本不同，槐轩是按《礼记》所载作恒解的，是书称《古本大学》。今所谈亦按此。

三、由于"大学"一书所讲的是为仁复礼之功，而"论语"所讲的中心是"仁与礼"，可以说"大学"把"论语"所讲的"仁与礼"如何实施条理化了，先后次第分明了，但是，历代儒者观点各有不同。吾今所谈，一依槐轩，对不同于槐轩的，就不列举了。因为我们是介绍槐轩观点，这些不在评论是非。

四、这次谈的是学习"大学"的第一步，先解决"是什么"，因此采取串解的方法，即是先解决大学说的"是什么"，"为什么"也要谈到，但不作为重点，因为要懂得"为什么"，必先懂得"是什么"。

读书会，谈孔孟书，读恒解，因此必先讲槐轩之几个基本观点：1、中正仁义的观点；2、返还先天复性的观点：人皆可以为尧舜；3、三教同源的观点。我们是挑出来学的，既然是学就是个人体会，因此必先申明：

20×20=400 第 页

刘伯谷先生手稿——《大学》通释（2009年）

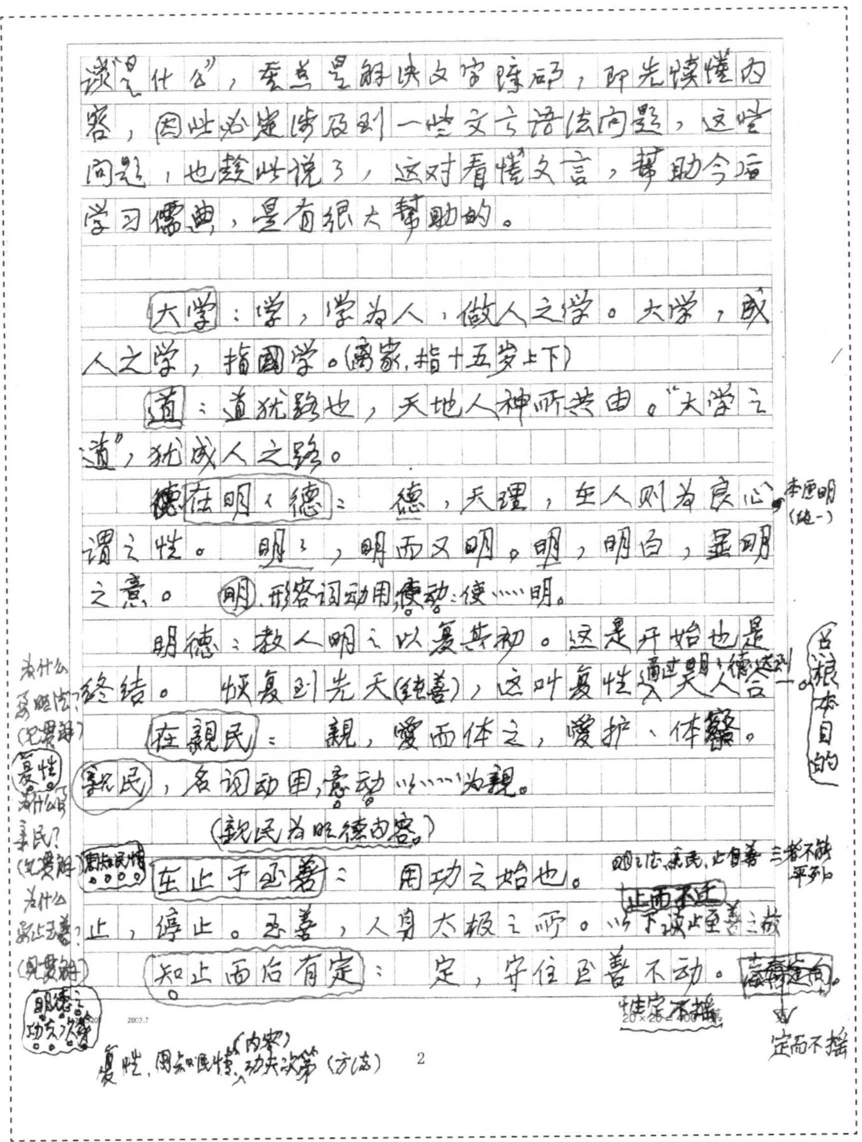
谈"说什么"，套当是解决文字障碍，即先读懂内容，因此必定涉及到一些文言语法问题，这些问题，也趁此说了，这对看懂文言，帮助今后学习儒典，是有很大帮助的。

大学：学，学为人，做人之学。大学，成人之学，指国学。（离家，指十五岁上下）

道：道犹路也，天地人神所共由。"大学之道"，犹成人之路。

在明明德：德，天理，在人则为良心，谓之性。明明，明而又明。明，明白，显明之意。明，形容词动用，使动：使……明。

明德：教人明之以复其初。这是开始也是终结。恢复到先天（纯善），这叫复性，通过明明德达到天人合一。

在親民：親，爱而体之，爱护、体察。親民，名词动用，意动 以……为親。

（親民为明德内容）

在止于至善：用功之始也。

止，停止。至善，人身太极之所。以下谈止至善之效

知止而后有定：定，守住至善不动。[illegible]

本质明（统一）

三根本目的

为什么要明明德？（先贯解）

复性

为什么亲民？（先贯解）

亲民明性

为什么要止于至善（先贯解）

明德之功夫次第

明明德、亲民、止至善 三者不能平列。

止而不迁

性定不摇

定而不摇

2003.7

20×20=400

复性，因知民情（内容），功夫次第（方法）

刘伯谷先生手稿——《大学》通释（2009年）

止而不迁　定而不摇
静而不扰
安舒自得
虑其是非
得其至理
知为先。

定而后能静：至静不纷，无私欲之扰。静则生明。

静而后能安：形神安泰，内无情欲之纷，外无形役之扰。（安舒自得）

安而后能虑：安则道心（指天性，良心）澄明，能辨别正误，谓之虑。审其是非。

虑而后能得：得至理，（指合于德）……

物有本末，事有终始：互文，事物都有本末、终始。

知所先后：知先后的（所先后：动形加所成名词）懂得什么在先，什么在后（如止在先，定静安虑得依次在后），关键在于一个"知"字。知为先。

则近道矣：可以接近明德了。

古之欲明明德于天下者句：推论倒依次反溯论天下至致知。知为先（重点）。理学家先知而后行。诚其意（形容动用），意，心之动机（或动机）；诚，真实，不欺也。使动机真诚不欺。致知：知真知，好善恶恶也，即仁、即天理良心。

如何致知？人心之明，蔽于物欲则昏，格物则明，所以致知在格物。格物：格去物欲也，而保清明。格，扞御也。物，物欲也。如何格物，止至善也。格物之实功——止。

物格而后知至：至：极也。此段正言其义。

知至而后意诚……天下平：见注解。（成己而后成人）

知至（天理明）——意诚（不自欺）——心正（天良已复）——身修（动静皆正）——家齐（以家化之）——国治（国人被化）——天下平（天下归王）

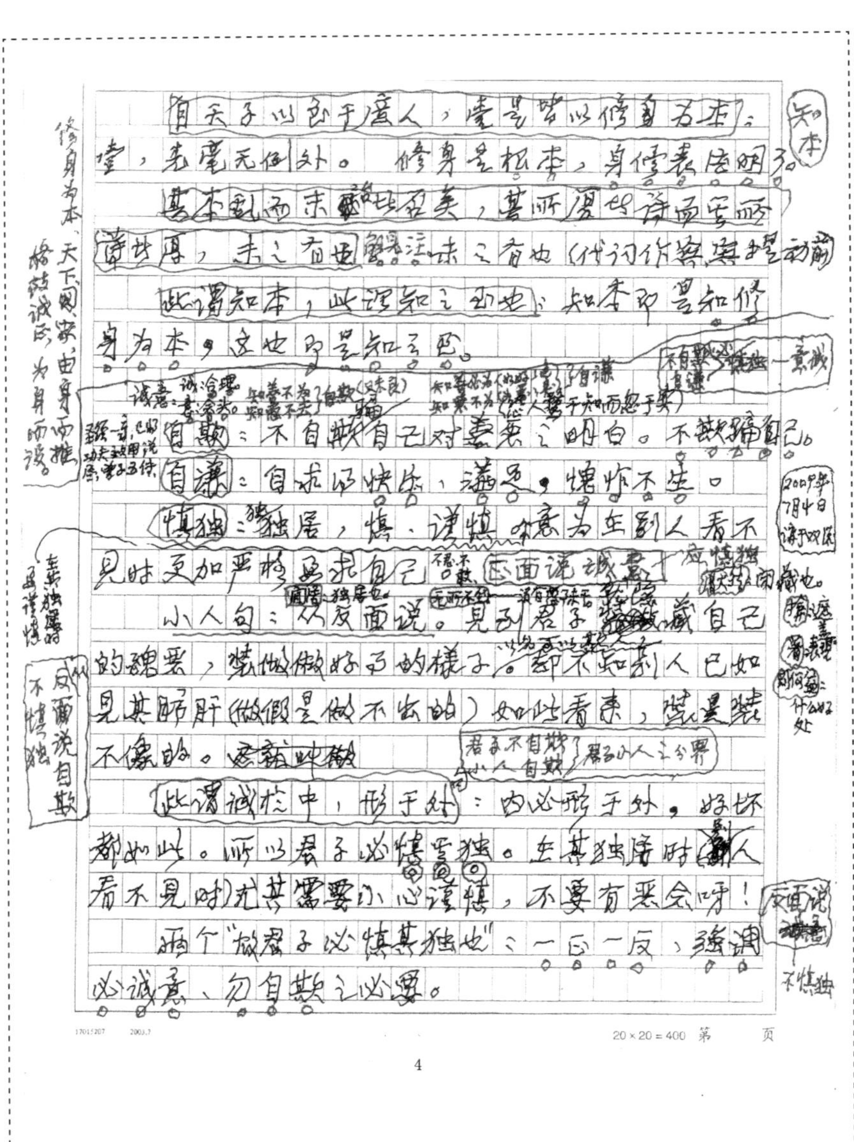
自天子以至于庶人，壹是皆以修身为本：壹，表毫无例外。修身是根本，身修表家明了。

其本乱而末治者否矣，其所厚者薄而其所薄者厚，未之有也。

此谓知本，此谓知之至也：知本即是知修身为本，这也即是知之至。

自欺：不自欺自己对善恶之明白。不欺骗自己。

自谦：自求的快乐、满足，愧怍不生。

慎独：独居，慎、谨慎，意为在别人看不见时更加严格要求自己。正面说诚意。

小人句：从反面说。见了君子掩藏自己的丑恶，装做好了的样子，却不知别人已如见其肺肝（做假是做不出的）如此看来，装是装不像的。

此谓诚于中，形于外：内必形于外，好坏都如此。所以君子必慎其独。在其独居时，别人看不见时尤其需要小心谨慎，不要有恶念呀！

两个"故君子必慎其独也"：一正一反，强调必诚意、勿自欺之必要。

20×20=400 第 页

刘伯谷先生手稿——《大学》通释（2009年）

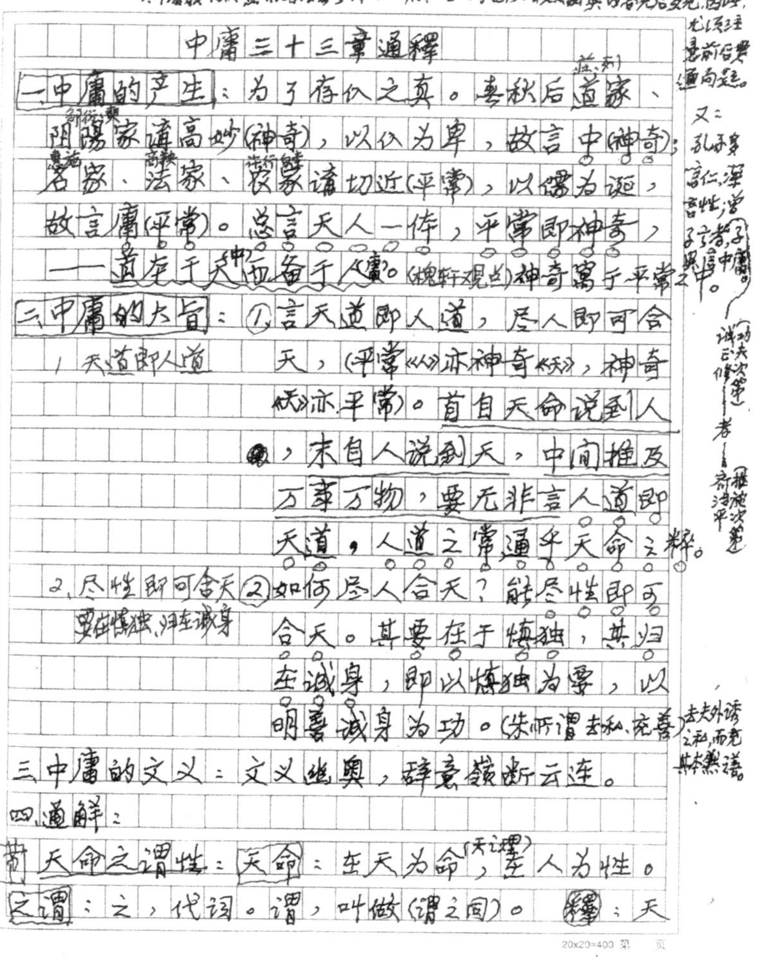

首先谈几点：1、不敢言通，作心得之类，作普及宣。
2、古往今来研此书多，现只就魏轩观点，兼取宋代（程朱）观点。
3、中庸较论大道难解，主要言天人一体，天人合一问题，加之文义幽奥内容先后交见，因此……

中庸三十三章通釋

一、中庸的产生：为了存人之真。春秋后道家、阴阳家谓高妙（神奇），以人为卑，故言中（神奇）；名家、法家、农家谓切近（平常），以儒为迂，故言庸（平常）。总言天人一体，平常即神奇，——道本于天（中）而备于人（庸）。（魏轩观点）神奇寓于平常之中。

二、中庸的大旨：①言天道即人道，尽人即可合天，（平常《人》亦神奇《天》，神奇《天》亦平常）。首自天命说到人，末自人说到天，中间推及万事万物，要无非言人道即天道，人道之常通乎天命之释。

1 天道即人道

2、尽性即可合天 要在慎独，归在诚身

②如何尽人合天？能尽性即可合天。其要在于慎独，其归在诚身，即以慎独为要，以明善诚身为功。（朱所谓去私、充善）

三、中庸的文义：文义幽奥，辞意岭断云连。

四、通解：

首 天命之谓性：天命：在天为命（天之理），在人为性。之谓：之，代词。谓，叫做（谓之曰）。释：天

20x20=400 第 页

刘伯谷先生手稿——《中庸》通释（2010—2011年）

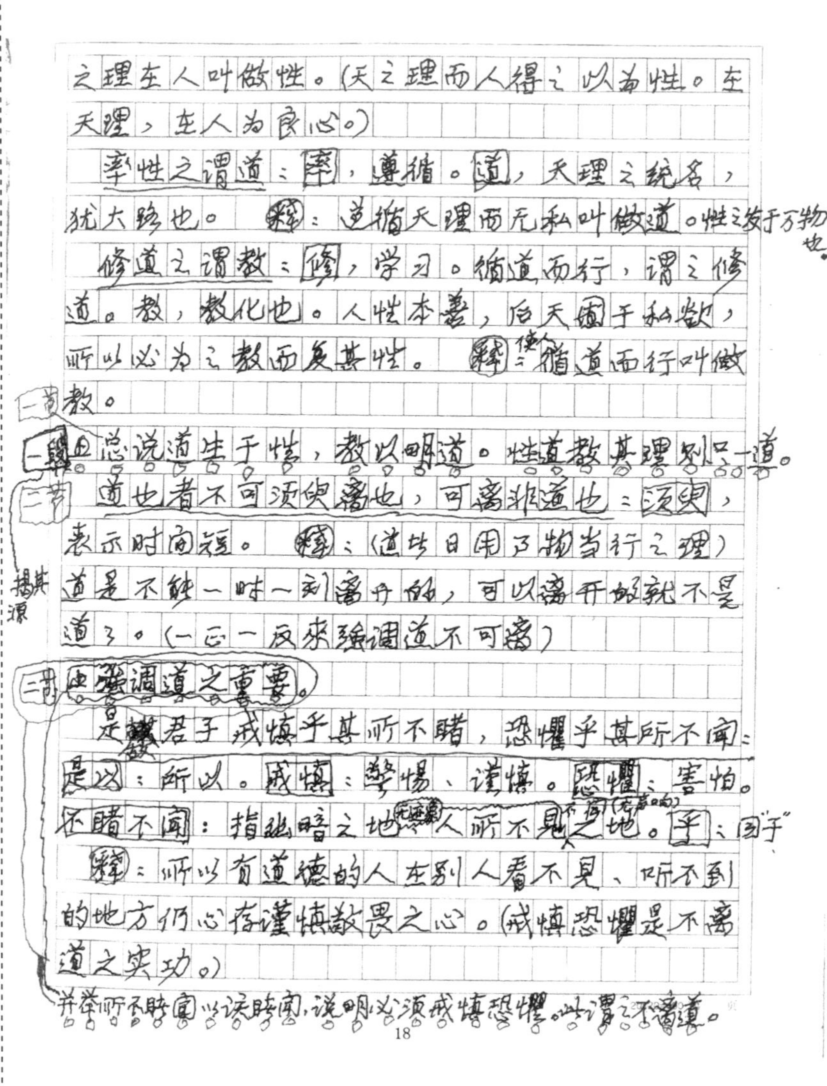
之理在人叫做性。(天之理而人得之以为性。在天理，在人为良心。)

率性之谓道：率，遵循。道，天理之统名，犹大路也。释：遵循天理而无私叫做道。性之发于万物也。

修道之谓教：修，学习。循道而行，谓之修道。教，教化也。人性本善，后天困于私欲，所以必为之教而复其性。释：使人循道而行叫做教。

一节

一段 此总说道生于性，教以明道。性道教其理则只一道。

二节 道也者不可须臾离也，可离非道也：须臾，表示时间短。释：(道者日用事物当行之理)道是不能一时一刻离开的，可以离开的就不是道了。(一正一反来强调道不可离)

揭其源

三节 此强调道之重要。

是故君子戒慎乎其所不睹，恐惧乎其所不闻：是以：所以。戒慎：警惕、谨慎。恐惧：害怕。不睹不闻：指幽暗之地(无形象)人所不见(不闻)(无声响)之地。乎：同"于"。

释：所以有道德的人在别人看不见、听不到的地方仍心存谨慎敬畏之心。(戒慎恐惧是不离道之实功。)

并举所不睹闻以该睹闻，说明必须戒慎恐惧，以谓之不离道。

18

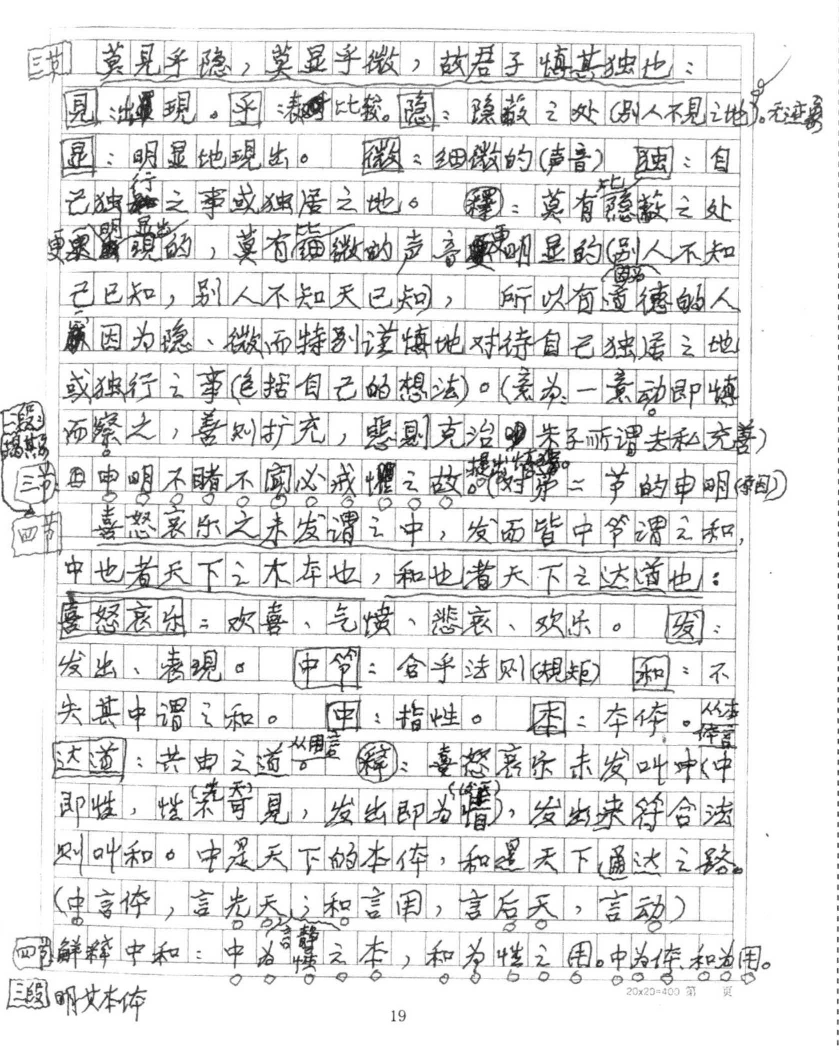

三节 莫見乎隐，莫显乎微，故君子慎其独也：

見：出現。乎：表比較。隱：隐蔽之处（别人不見之地）。

显：明显地現出。微：细微的（声音）独：自己独行之事或独居之地。釋：莫有比隐蔽之处更明显的，莫有细微的声音更明显的（别人不知己已知，别人不知天已知），所以有道德的人因为隐、微而特别谨慎地对待自己独居之地或独行之事（包括自己的想法）。（意为一意动即慎而察之，善则扩充，恶则克治，朱子所谓去私充善）

三节申明不睹不闻必戒惧之故。（对第二节的申明）

四节 喜怒哀乐之未发谓之中，发而皆中节谓之和，中也者天下之大本也，和也者天下之达道也：

喜怒哀乐：欢喜、气愤、悲哀、欢乐。发：发出、表現。中节：合乎法则（规矩）和：不失其中谓之和。中：指性。本：本体。

达道：共由之道。釋：喜怒哀乐未发叫中（中即性，性未發見，发出即为情），发出来符合法则叫和。中是天下的本体，和是天下通达之路。（中言体，言先天，和言用，言后天，言动）

四节解释中和：中为情之本，和为性之用。中为体，和为用。

三段明其本体

20x20=400 第 页

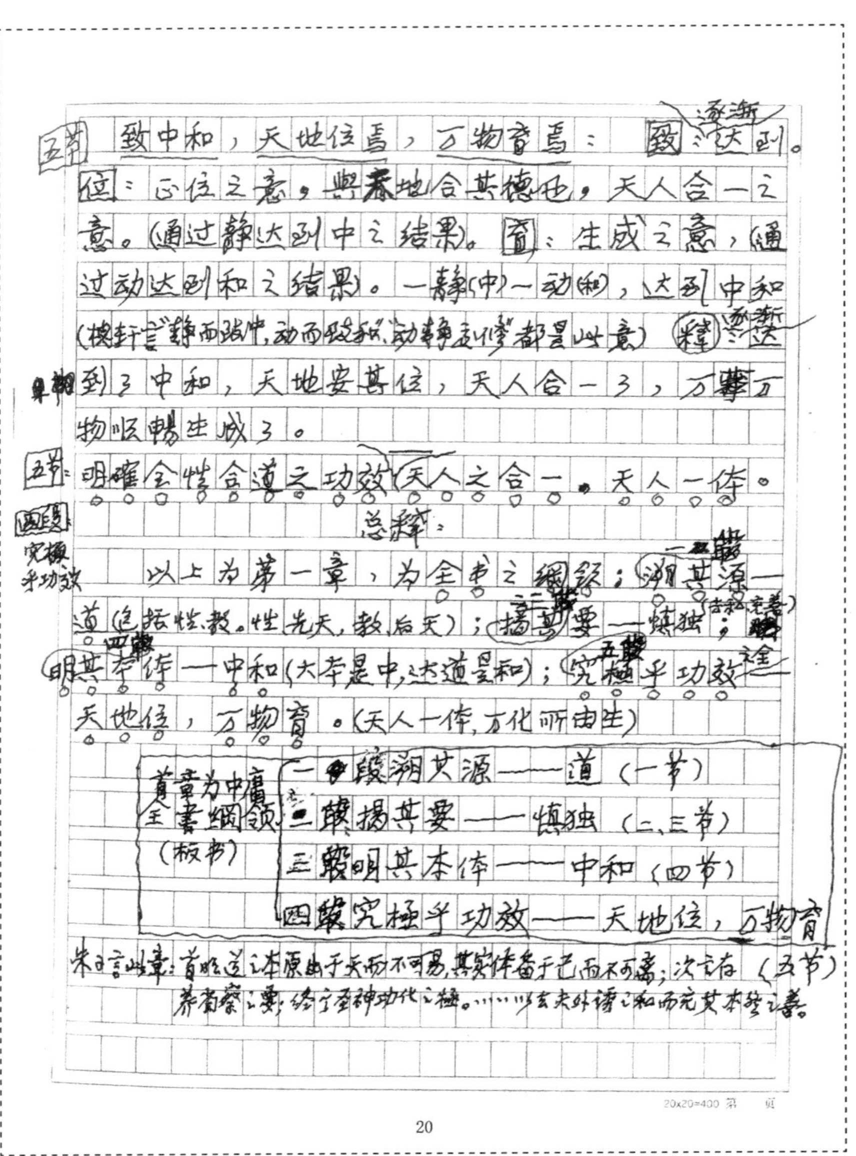

五节　致中和，天地位焉，万物育焉：致：渐达到。位：正位之意，与天地合其德也，天人合一之意。（通过静达到中之结果）。育：生成之意，（通过动达到和之结果）。一静（中）一动（和），达到中和（模轩言"静而践中，动而致和"、"动静交修"都是此意）释：渐达到了中和，天地安其位，天人合一了，万事万物顺畅生成了。

五节：明确全性合道之功效（天人之合一。天人一体。

总释：

以上为第一章，为全书之纲领；一段溯其源——道（包括性、教。性先天，教后天）；二段揭其要——慎独（存养省察）；三段明其本体——中和（大本是中，达道是和）；四段究极乎功效——天地位，万物育。（天人一体，万化所由生）

首章为中庸全书纲领（板书）
- 一段溯其源——道（一节）
- 二段揭其要——慎独（二、三节）
- 三段明其本体——中和（四节）
- 四段究极乎功效——天地位，万物育（五节）

朱子言此章：首明道之本原出于天而不可易，其实体备于己而不可离；次言存养省察之要；终言圣神功化之极。……以去夫外诱之私而充其本然之善。

20x20=400 第　页

出版说明

明末清初，自远祖刘朝弼（字棐忱，廪生）从湖北麻城孝感乡“避乱入蜀，隐于峨眉”始，下及于当代槐轩学派传承人、教育名家刘伯谷先生，刘氏已历十代。在刘氏家学薪火相续的近百年中，产生了被称为“川西夫子”的清代大儒刘沅和民国天才学者刘咸炘两位影响广泛而深远的文化巨人。

刘沅（1768—1855），字止唐，一字讷如，号清阳、碧霞，乾隆三十三年出生在四川双流县云栖里（今彭镇羊坪村）。在 88 年的人生中，他致力于探寻、阐发儒家元典本义，发明先后天学说，纠正前儒谬误，所著《槐轩全书》以汇通儒道释三教为特色，博大精深，体系完备，影响深远，“具有很高的研究价值，实为中华传统文化尚待开发的宝藏”[1]。

---

① 段渝：《一代大儒刘沅及其〈槐轩全书〉》，刘沅：《槐轩全书》，巴蜀书社 2006 年版，第 7 页。

光绪三十一年（1905），刘沅逝世后50年，清国史馆为刘沅立传。其《本传》说，刘沅“博览群书，过目不忘，人咸服其淹洽”，槐轩学被传播到东南地区，闽人转相传习，“称沅为川西夫子”。“川西夫子”者，四川之“孔夫子”也，这在当时是很高的评价。

出生于耕读不辍、人才辈出的学术家族，刘沅从小受到严格而正统的儒家教育。“十八岁游庠，二十一选拔明经，次年即失怙。家贫，母劳困遘疾。素无材艺，以训蒙为生……廿五登贤书。”① 但是，其后却“三试春官，荐而不售”②。

会考后“下第归乡”的刘沅，面对的是其人生中的至暗岁月：“二犹子殇逝，邻人侵越先茔……疲惫殊甚……药饵亡效。”③ 亲侄早逝，乡邻霸凌，贫病羸弱，加上科场屡败，在人生最迷茫的关头，他在双流彭家场遇到了影响其一生的明师——“野云老人”李果圆。刘沅向李果圆“求示延年之方”，后者以“人生自有长生药……返而求诸身心可也”答之，教之以“存神养气”“存心养性”“仁者寿，大德必寿”之道。李果圆兼具儒道精髓的话，让刘沅豁然开朗，乃“拜而受教，荏苒八年”④。

深厚的家学熏陶和明师野云老人的指导，是刘沅最终成为“一代通儒”的两大关键因素。李果圆离去后，刘沅“乃

---

① 刘沅：《自叙示子》，《槐轩全书》，巴蜀书社2006年版，第3473页。

② 同上。

③ 同上。

④ 同上书，第3473-3474页。

亦励修……惴惴不敢或苟”[①]，不但学问精进，而且“神明焕发，睟然盎然”[②]。

刘沅39岁时奉母命迁居成都南门三巷子（后称淳化街），潜心治学，教授弟子。以实践人伦、修身复性为治学目的，试图恢复孔孟之道的本来面貌，追索儒家元典的精髓所在，“撰述《四书》《易》《书》《诗》《春秋》《三礼》恒解、《孝经直解》《古本大学质言》《史存》《槐轩约言》《杂著》《拾馀四种》《子问》《又问》《俗言》《正讹》诸书传后”[③]，“皆言显理微，足资启发”（《国史馆本传》）。刘沅以毕生之力创立槐轩学说，构建了对儒家经典的“恒解”体系，从文本和义理两个方面纠正宋儒对儒家元典的篡改和误解（如认为程朱改《大学》“亲民”为“新民”，解“格物”为“半日读书，半日静坐”等，皆违背了元典的本义），以先后天学说为理论基础，阐发他对儒家元典本真要义的理解，这是他对传统经学的重大贡献。

道光六年（1826），时年58岁的刘沅因“学行可风”被“选授湖北天门县知县”，后“改授国子监典簿”[④]。赴任不久，刘沅就请假归乡，继续其“立德”与“立言”的不朽事

---

① 刘沅：《自叙示子》，《槐轩全书》，巴蜀书社2006年版，第3473页。

② 刘芬：《清处士刘止唐先生墓志铭》，双流县社会科学界联合会、双流传统文化研习会编撰：《槐轩概述》，上海科学技术文献出版社2015年版，第130页。

③ 同上。

④ 锡良：《锡良奏折》，刘沅著，谭继和、祁和晖笺解：《十三经恒解（笺解本）》卷之十，巴蜀书社2016年版，第253页。

业。据清《国史馆本传》记载，刘沅之兄刘濖（1766—1837）在京为官后，曾多次来信劝导刘沅北上谋取功名。刘沅回答说：

> 显扬之事，兄已遂矣；犬马之养，愿得身任之。

这应该是“至性纯厚，内行笃诚”[①] 的刘沅对今后人生的重要选择，这一选择，使四川在清代中后期产生了“一位成功的教育家、一位圆融儒释道三教的通儒、一位将治国之术与立身之道结合起来的思想家”[②]，也使刘沅得以潜心完成《槐轩全书》的撰著和修订。

回到家乡的刘沅躬行孝道，扶困救急：

> 母向氏遘疾困瘁，沅求索医药，不远千里，斋戒请祷，朝夕弗遑。母病寻愈。其事亲敬养兼隆，克谕于道。兄弟之间，力行仁让。兄没，抚犹子如己出。侄妇孀居无子，急为立嗣，饮食教诲，劳怨不辞。宗族邻里，助其昏嫁丧葬者，不一而足。[③]

① 锡良：《锡良奏折》，《十三经恒解（笺解本）》卷之十，巴蜀书社 2016 年版，第 253 页。

② 谭继和：《十三经恒解·总叙》，《十三经恒解（笺解本）》卷之一，巴蜀书社 2016 年版，第 2 页。

③ 《国史馆本传》，《十三经恒解（笺解本）》卷之十，巴蜀书社 2016 年版，第 255 页。

同时，刘沅对儒家经典的编纂，对子弟、学生的培养不曾懈怠，并乐在其中：

> 编纂群经，历耄年而不倦；楷模多士，育英俊以成材。允足标示夫儒风，宜荷褒扬之令典。①
>
> 当日永天高，与诸生问难于槐荫之下，熏风徐来，白云在户，不知天壤间何劳为生也！……是以授受之暇，补注经义，四子六经，集久裒然成集，而又为《史存》，以著劝戒。虽敝帚自享，不敢问诸高明，而耳目未衰，忘其老至……儿子辈幼，不知愚之乐也。②

刘沅主张，治学要联系实际生活，周知民情，在社会生活中处理好五伦关系，由后天返还先天，恢复人美好纯善的天性，从而实现“士农工商皆可为贤圣人”③ 的目标。刘沅一生培养了众多优秀人材：

> 平日裁成后进，循循善诱，著弟子籍者，前后以千数；成进士、登贤书者百余人，明经贡士三百余人；薰沐善良，得为孝子悌弟、贤名播乡间者，

① 锡良：《锡良奏折》，《十三经恒解（笺解本）》卷之十，巴蜀书社 2016 年版，第 253 页。

② 刘沅：《槐轩杂著》，《槐轩全书》，巴蜀书社 2006 年版，第 3350 页。

③ 刘沅：《家言》，《槐轩全书》，巴蜀书社 2006 年版，第 2654 页。

指不胜屈。[①]

刘沅在教育上的巨大成就，说明他所追求的“圣学”是建立在对社会发展现状深刻而睿智的洞察上的，是与社会实践、民生民彝、五伦五常紧密结合的与时俱进的致用之学，由此他被誉为“塾师之雄”和“川西夫子”。这是“槐轩学说”影响广泛而深远、被“转相传习”的重要原因[②]。

同旧时学术家族形成和壮大的情况相似，槐轩学派关于先后天的理论发明和汇通元典的治学特色传承有自。

刘氏家族“明末入川，二百余年耕读不辍……代有人才”[③]，“从其（刘沅）曾祖刘嘉珍起，即世研易理之学”[④]。祖父刘汉鼎，字君谟，著《易蕴发明》，谓“先天后天，止一太极，理气象数，释之万端，括之浑然”，“其语甚精，惜不复睹全书矣”[⑤]。父亲刘汝钦（1742—1789），字敬五，“精易学，洞澈性理，谓……伏羲主乾南坤北，文王主离南坎北，即先天后天所由分；且《连山》首艮，《归藏》首坤，艮止坤藏之义，即《大学》止至善、《中庸》致中和之

① 《国史馆本传》，《十三经恒解（笺解本）》卷之十，巴蜀书社2016年版，第256页。

② 同上。

③ 《槐轩概述》，上海科学技术文献出版社2015年版，第14页。

④ 谭继和：《十三经恒解·总叙》，《十三经恒解（笺解本）》卷之一，巴蜀书社2016年版，第1页。

⑤ 《槐轩概述》，上海科学技术文献出版社2015年版，第14页。

学"[1]。刘汝钦壮年曾为岳钟琪"专办粮秣"，为人"倜傥不羁，好善而不吝于资"[2]，故嘉庆之师朱珪赞其为"豪杰之士"。他逝世后，礼部尚书纪昀亲撰《敬五公墓志铭》。今存《玉皇尊经注》三卷、《玉皇宝忏注》一卷[3]。母亲向宜人（1739—1810），幼喜《周易》，长通诗书，"蔼蔼温温，同室皆敬爱之"[4]。兄长刘濖，字芳皋，乾隆五十九年（1794）举于乡，嘉庆元年（1796）与刘沅一同参加会试，中进士，先入翰林，后由庶吉士改任工部屯田司主事，迁刑部河南司、陕西司主政，官终广西郁林知州[5]。

父作子述，开枝散叶，蔚为大观。良好的家族环境、深厚的家学渊源、博采多方的宏达胸襟、求索本源的执着坚守，使刘沅开创了槐轩学派；而其子孙、学生不曾间断的学术传承和发扬，使槐轩学派绵延近两百年，影响及于海外。

刘沅"幼羸善病，自孩提至弱冠，频死者数矣"[6]，在拜师野云老人后，身体便日益康健，"六十后连举八男，皆能传其学"[7]：

---

① 《国史馆本传》，《十三经恒解（笺解本）》卷之十，巴蜀书社2016年版，第255页。

② 刘芬：《清处士刘止唐先生墓志铭》，《槐轩概述》，上海科学技术文献出版社2015年版，第130页。

③ 《槐轩概述》，上海科学技术文献出版社2015年版，第1–2页。

④ 同上书，第140页。

⑤ 同上书，第1–2页。

⑥ 刘沅：《自叙示子》，《槐轩全书》，巴蜀书社2006年版，第3473页。

⑦ 《国史馆本传》，《十三经恒解（笺解本）》卷之十，巴蜀书社2016年版，第256页。

> 长子崧云（又名松文），咸丰二年（1852）举人……椅文，拔贡，小京官，同治庚午（1870）举人；桂文，光绪丁丑（1877）进士，历官编修、御史、梧州府知府；栋文，顺庆府训导；梖文、檍文，生员；孙咸荥，拔贡；咸焌，举人；咸燿、咸熚，俱生员。[①]

第四子刘桂文光绪三年（1877）考中进士以后"曾任监察御史，以清廉正直闻名"，与"戊戌六君子"之刘光第、杨锐和"晚清第一词人"赵熙交谊甚笃。刘桂文之子刘咸荥（1857—1949），字豫波，光绪二十三年（1897）拔贡，博通经史，讲学双流桂馨书院、成都尊经书院。刘咸荥在四川省高等学堂中学部（今石室中学）任学监并执教国文期间，李劼人、郭沫若、周太玄、王光祈、魏时珍等皆从其学，被赵朴初先生尊为"当代第一比丘尼"的佛教大德隆莲法师（俗名游永康）时从刘咸荥学习诗词创作和兰石水墨画。刘咸荥堂弟刘咸焌[②]，字仲韬，1915 年在叔父刘梖文所办十二学堂基础上，创办明善书塾，1918 年更名为尚友书塾，发扬光大

① 《国史馆本传》，《十三经恒解（笺解本）》卷之十，巴蜀书社 2016 年版，第 256 页。

② 刘咸焌，本为刘沅第四子刘桂文之子，后过继给刘沅第七子刘檍文为子，故称"堂弟"。

槐轩学说，培养了大批人才[①]。

除了子孙人才辈出，刘沅“一生教学近六十年，学生达数千人之多”[②]，弟子遍布西南和东南地区。其中，大弟子内阁中书刘芬（？—1894），字芸圃，在刘沅去世后成为传播槐轩学说的重要人物。刘芬设教于成都纯化街延庆寺，刘沅的八个儿子因为年幼，皆“从学刘芬”[③]。刘芬传学于福建人林鸿年（1805—1885），林氏为道光十六年（1836）状元，道光十八年（1838）任琉球国正使，官至云南布政使，归隐后任福建正谊书院山长，陈宝琛（1848—1935）、林纾（1852—1924）、陈衍（1856—1937）等皆出其门。后来林鸿年把槐轩学说传入福建，影响遍及东南地区：

> 咸丰中，侯官林鸿年为云南布政使，至蜀，得沅书，读之惊喜，求问。时沅已死，因受业于沅弟子内阁中书刘芬，尽购其书去。及罢官归，遂以其学转相传习，闽人称沅为“川西夫子”云。[④]

与刘芬齐名的槐轩著名弟子刘鸿典（1809—1884）、李

---

① 李恕豪：《净宗大德　昌臻法师的一生》，巴蜀书社 2018 年版，第 38-40 页。

② 李恕豪：《净宗大德　昌臻法师的一生》，巴蜀书社 2018 年版，第 37 页。

③ 《槐轩概述》，上海科学技术文献出版社 2015 年版，第 78 页。

④ 《国史馆本传》，《十三经恒解（笺解本）》卷之十，巴蜀书社 2016 年版，第 256 页。

思栋（1814—1884）、孙廷槐（生卒年不详），其下又各有弟子数百、数千不等，分别在四川各地传授槐轩学说。其中孙廷槐“刊行槐轩著述”，有乐善堂藏板传世[①]。此外，郑钦安（1804—1901）师从刘沅习文学医，卓然成家，为近代伤寒学派代表人物、中医“火神派”鼻祖，被尊为“医林圣手”“姜附先生”。郑钦安传衣钵于入室弟子卢铸之，后者创立中医“扶阳学派”，并著《郑钦安先生医书集注》《本经药物阐述》《卢氏临症实验录》等传于世，流惠至今[②]。

刘芬之后，始由长子刘松文主理刘门事务，不久由第六子刘梖文（1842—1914）接任。刘梖文，字子维，著《圣余医案》四卷、《妇训》一卷[③]，“继槐轩讲学，门徒益众，为蜀人所敬重”[④]。刘梖文创办并主持了尚友书塾的前身十二学堂和主要刻印槐轩著作的守经堂（刘家在同治年间开办的豫诚堂、光绪年间开办的守经堂、民国初年刘咸焌创办的扶经堂、民国中期刘咸炘创办的推十书局，成为刻印槐轩学派著作的主要出版机构，被称为“三堂一书局”）。之后，刘沅之孙刘咸焌、刘咸燡（字晦愚，1876—1947）相继主持槐轩学派，刘咸焌创办尚友书塾，任塾长。“教学课程和书塾章程则完全由刘咸炘（刘咸焌从弟）制定，分幼学、少学两

---

① 《槐轩概述》，上海科学技术文献出版社 2015 年版，第 77-80 页。

② 卢崇汉主编：《卢火神扶阳医学文献菁华集成》卷一，上海科学技术文献出版社 2012 年版，第 1-4 页。

③ 《槐轩概述》，上海科学技术文献出版社 2015 年版，第 144 页。

④ 萧萐父：《推十书·前言》，《推十书》甲辑壹，上海科学技术文献出版社 2009 年版，第 1 页。

班，学生数百人。后又设研究班，从少学中考取成绩优异者肄业。”① 尚友书塾分层级培养学生，讲学与研究并重，初具近代大学教育雏形，“有《尚友书塾季报》刊行，造就了不少国学人才”②。当代净宗大德昌臻法师（俗名张耀枢，1917—2009），十二岁进入尚友书塾，得到了刘咸炘、李惠生先生的精心指导，槐轩学说成为他一生“品德修养和思想理念的重要来源”③ 之一。

刘芬、刘梖文、刘咸荥、刘咸焌、刘咸燡在槐轩学派的传承与发展中继往开来，成为刘沅与刘咸炘两个文化巨人之间承前启后的关键人物。

在家族良好的学术氛围影响下，在刘梖文、刘咸荥、刘咸焌的悉心指导下，被蒙文通称为“一代之雄，数百年来一人而已”的天才学者刘咸炘脱颖而出，大放异彩。刘咸炘“一生笃学精思，明统知类，志在由博趋约，以合御分”，所著《推十书》“是其所撰哲学纲旨、诸子学、史志学、文艺学、校雠目录学及其他杂著之总集”④，“承续了中华人文风教的传统而踵事增华”⑤，与《槐轩全书》一起成为中国学

---

① 刘伯谷、朱炳先：《刘咸炘先生传略》，《推十书》壬葵合集三，上海科学技术文献出版社 2009 年版，第 1165 页。

② 同上。

③ 《净宗大德　昌臻法师的一生》，巴蜀书社 2018 年版，第 40-41 页。

④ 萧萐父：《推十书·前言》，《推十书》甲辑壹，上海科学技术文献出版社 2009 年版，第 1 页。

⑤ 同上书，第 9 页。

术史上的两大瑰宝，在近现代学术界引起了巨大反响。

民国著名思想家、新儒学代表人物梁漱溟说："余至成都，唯欲至武侯祠及鉴泉先生读书处。"① 被梁漱溟如此推崇的"鉴泉先生"，就是刘沅之孙、刘梖文之子，为张澜亲临礼聘方出任成都大学教授的刘咸炘。

刘咸炘（1896—1932），字鉴泉，号宥斋。"五六岁时，先后从其父和从兄咸荥学习。九岁时，更加笃学好问，日读书达数十册。1914 年，其父卒，乃就从兄刘咸焌受业，始究古文之格调并详究班固的《汉书》，后又研读章实斋之《文史通义》，于是益知著作体例综合之原。"② 其治学继踵槐轩而"私淑"章氏（章实斋），秉要知变，推十合一，纵览四部，横通中西，以"为前人整其散乱，为后人开其途径"为己任（《推十书·系年录·宥斋自述》）。在其"彗星般短暂明亮的一生中，给人类留下了 475 卷之多的著作 231 种"③。

20 世纪学术大家张尔田、陈寅恪、梁漱溟、蒙文通、吴芳吉、唐君毅、萧萐父、萧天石、李学勤、刘大钧、庞朴、项楚、詹石窗等对刘咸炘的才气学识推崇备至。萧萐父评介道：

---

① 施维：《〈推十书〉编辑缘起及整理说明》，《推十书》甲辑壹，上海科学技术文献出版社 2009 年版，第 13 页。

② 刘伯谷、朱炳先：《刘咸炘先生传略》，《推十书》壬葵合集三，上海科学技术文献出版社 2009 年版，第 1165 页。

③ 庞朴：《一分为二，二合为三——浅介刘咸炘的哲学方法论》，《国学研究辑刊》2003 年第 11 期。

清光绪丙申（1896）冬，鉴泉生于成都“儒林第”祖宅，于止唐孙辈最为年幼，也最为聪颖。家学熏陶，5岁能属文，9岁能自学，日翻书数十册。稍长，就学于家塾，习古文，读四史。得章学诚《文史通义》而细研之，晓然于治学方法与著述体例，遂终身私淑章氏。①

《推十书》虽曾陆续刊印，见者亦少，然真知之者，无不叹美。浙江张孟劬见而赞之曰：“目光四射，如珠走盘，自成一家之学者也。”广西梁漱溟……偶得先生《外书》，赞曰：“读之惊喜，以为未尝有。”……修水陈寅恪抗日时期至成都，四处访求先生著作，认为先生乃四川最有成就的学者。盐亭蒙文通与先生为知交，赞其“博学笃志”，“搜讨之勤，是固言中国学术史者一绝大贡献也”（《评〈学史散篇〉》）。又在《四川方志序》中总评先生之学行曰：“其识已骎骎度骅骝前，为一代之雄，数百年来一人而已！”②

刘沅《槐轩全书》和刘咸炘《推十书》前后辉映，对近现代学术研究产生了重要影响，以他们为代表的“槐轩”

① 萧萐父：《推十书·前言》，《推十书》甲辑壹，上海科学技术文献出版社2009年版，第1页。

② 同上书，第8页。

"推十"学说亦成为极具影响的蜀学学术门派，至今仍是独具价值的学术文化资源。

然而"明月之珠，尚沉于大泽"。20世纪80年代以后，《槐轩全书》原刻各种版本大部分散佚[①]，而《推十书》自1926年开始刊刻，到1937年前后仅刊刻69种，后停刻，除少数学者如蒙文通等能得见一二外，未刊手稿几乎与世隔绝，使学者失去了系统研究"槐轩""推十"学说的完整资料[②]。全面收集、整理《槐轩全书》和《推十书》以及继续传播弘扬"槐轩""推十"学说的重任落在了刘咸炘长子刘伯谷先生的肩上。

从1991年起，刘伯谷先生在槐轩门人的帮助下，于2003年左右完成了《槐轩全书》的整理、增补工作[③]；在其弟刘器仲、刘叔固的协助下，至2005年基本完成整理、抄写、标点《推十书》未刊手稿的工作[④]。

在整理、编辑《推十书》（增补全本）的过程中，刘伯谷先生指出：

先君著述，大率根据自己读书所得，先为札

① 段渝：《一代大儒刘沅及其〈槐轩全书〉》，《槐轩全书》，巴蜀书社2006年版，第16页。

② 施维：《〈推十书〉编辑缘起及整理说明》，《推十书》甲辑壹，上海科学技术文献出版社2009年版，第15-16页。

③ 段渝：《一代大儒刘沅及其〈槐轩全书〉》，《槐轩全书》，巴蜀书社2006年版，第16页。

④ 施维：《〈推十书〉编辑缘起及整理说明》，《推十书》甲辑壹，上海科学技术文献出版社2009年版，第15-16页。

记。又每阅一书，即于书眉副页批校评识，短者数言，多者数十百言，朱墨灿然，已具纲领，继乃修补成篇或又删并综贯以成各种著述。尝谓："将来尚需按学之统类，删繁就简，纳支入干，化诸小种为数大部。"……未刊稿中，此次整理，敬按先君批注，将一部分稿件合并，如《金元史绪记》《宋史杂记》附《宋史豫记》后，《校雠余论》并入《校雠丛录》，《推十谈艺》并入《文说林》，《子篇撰要》并入《子史篇录》，《诗系附抄》并入《诗评综》，《词概》并入《词学肆言》等。因此，增补本书目与《推十全书总目》不全一致。又此次整理之未刊稿，其中部分属未定之稿，凡稿中出现空页、空行疑俟尚须增润者，谨统以空行间之。①

刘伯谷先生对近六百万字的《推十书》（增补全本）的整理，基本反映了刘咸炘遗著的全貌和体例。除少量文章和著作手稿遗失外，《推十书》（增补全本）已成为目前较为完整的版本，刘伯谷先生功莫大焉。

刘伯谷（1930—2022），名恒蓺，字伯谷。幼年就读于尚友书塾，传习"槐轩""推十"学说，长则秉承家风，教书为业。20 世纪 80 年代开始，作为"槐轩""推十"学说的传承者，刘伯谷先生在整理《槐轩全书》《推十书》的同

① 施维：《〈推十书〉编辑缘起及整理说明》，《推十书》甲辑壹，上海科学技术文献出版社 2009 年版，第 15-16 页。

时，更以赤子之心、仁爱之德四方奔走，几乎以一己之力，尽心推广、讲解“槐轩”“推十”之学。他不但常常接待国内外前来问学的学者和门人，而且不辞高龄亲拟教纲，担负起在各地讲解“槐轩”“推十”学说的重任。在讲学、游学、答疑中，刘伯谷先生无不推己及人，始终以传播槐轩阐释之儒家元典精髓和做人之道为重，影响遍及国内和欧美，为人所尊仰。

《祖述槐轩：〈大学〉〈中庸〉讲记》，就是根据刘伯谷先生讲授刘沅《大学恒解》《中庸恒解》的录音整理而成的，全书分为《古本大学》讲稿和《中庸》讲稿两个部分。本书于2020年首次出版时，名《祖述槐轩：刘伯谷先生讲〈大学〉〈中庸〉》，曾于2022年3月登上“中国好书”月榜。刘伯谷先生在本书中，以刘沅所著《大学恒解》《中庸恒解》的基本观点为据，深入浅出、生动形象地讲解了槐轩的先后天学说和理气学说，指出并纠正了程朱理学对儒家元典的某些误读和误解，为读者准确理解儒家元典字义、文义和主旨，提供了不可多得的珍贵教材。

令人悲痛和唏嘘的是，2022年4月10日刘伯谷先生无疾而终，驾鹤仙去，终年93岁，使当代“槐轩”“推十”之学失去了最后的传人和令人爱戴的导师。

《祖述槐轩：〈大学〉〈中庸〉讲记》，是由刘驰、石华锋、明甫三位槐轩门人负责整理的，历时两年有余，花费了巨大的心血。

我早年有幸师从于刘伯谷先生，然性浮躁，学无所成，

2005 年始协助刘伯谷先生完成《槐轩全书》《推十书》的出版工作，受益良多。在刘伯谷先生大作再版之际，谨书往事，不胜感慨，导师已去，后学何依？唯有遵循先生所教为学、为人、为道，学习先生恭良俭让的高德，庶可不负先生循循善诱之苦心和希冀。

施维

2023 年 12 月

目　录

《古本大学》讲稿

导　言*

在我们讲《大学》之前，想先把读书的意义简单地说一下。

对于一个人来说，读书可以说是一辈子最重要的一个任务。不管一个人的出身怎么样，他都希望读书，城里的人如此，乡下的人同样如此，都希望自己的子弟能够读书。为什么要读书呢？历来有一个说法，四个字："读书明理。"今天我们就从"读书明理"这个问题谈起。

一般人的理解，所谓读书明理，就是读了书，有了知识，就懂得了道理。但我觉得应该进一步地来发掘所谓读书明理，（尤其是）"明理"两个字的含义。

读书是为了明理，（那么）什么是理？用槐轩的观点来讲，理就是天理良心，明理就是要让天理良心（体现）在我

* 整理者按：此书是根据刘伯谷先生于 2009 年至 2011 年在双流讲授《大学》《中庸》的录音整理而成，一些文句前后有省略，皆以括号补充。

们的思想和行为上，在我们的身上发扬光大。我认为，这样才算真正懂得了“明理”两字的意义。

从古汉语语法来讲，“明”是形容词，在这里作动词用，称作“使动词”，是发扬光大的意思。“理”（天理良心）是宾语。明理，就是使理明，使天理良心明。

我们讲《大学》，第一句就碰到“明明德”，就是使德明，使天理良心发扬光大，使它更加明亮，不要使它晦暗。天理良心的明和暗，我们在学习《大学》的时候，都要谈到它。

因此，在我们读书之前，首先要把这个问题弄清楚，读书是为了什么？读书是为了明理。什么叫明理？明理就是使我们的天理良心更加明亮，不要使它晦暗。我们今天能够聚到一起，也就是说，我们今天来读书的目的，是为了明理，为了使我们本身具有的天理良心不断发扬光大。

孔子讲的“学”是有目的的。学是为了什么？学是为了“学做人”。我们读书是为了明理，学是为了做人，这是孔孟之道的落脚点。既然读书是为了明理，那么该读什么书？这个问题就出来了。读什么书才能够明理呢？从古代到现在，上下三千年，书籍浩如烟海，书有多少？多得数不清楚。所谓读书明理指的是读什么书呢？是指圣贤的书，因为只有读了圣贤的书，才能够使理明。读有关技术的、其他学科的书，对我们也有益处。但是读圣贤书，才能真正解决做人的问题。

现在从中央到地方，（都倡导）学习（传统文化）经典。不是说学知识，不是说学其他（学科）的书，而是指经典书籍。读书也就是指读经典，（在传统文化中，经典书）就是孔孟之书，具体来说（就是）《四书》《五经》。

我们今天来谈《大学》，《大学》就是《四书》《五经》中的一部关于圣人的观点、言论（的著作）。圣人的观点和言论就是我们做人的典范，教我们怎么样做人，所以，我们在谈《大学》之前，首先要把这四个字的含义搞清楚。所谓读书是读圣贤书、明理的书，是使我们固有的天理良心发扬光大，这就与孔子讲的“学”一致了。孔子讲“学而时习之”的那个“学”，不是说学知识，而是指“学为人”。只要你是一个人，你就要学做人。

这里，从读书、读什么书、读书的目的先说一说。今天既然大家都来读书，首先（要）明确读书的目的。我们读书是读圣贤书，是学为人。先明确目标，然后我们才来看，圣人的书究竟教了我们一些什么东西呢？圣人的言论当中，始终有一个为人的观点。什么事情都要接触到为人的问题，我们一天到晚都在为人，也就是说圣贤教导我们的，就是我们从早到晚所做的事，做事也就是为人嘛。圣人教导的为人，给我们指了一条金光大道，真（正）能够按照圣人的教导来为人，那你读书的目的（就）达到了，明理的问题也就解决了。

其次，我想谈一谈读圣贤书。圣贤的《四书》《五经》成形以后，经过了一两千年，对于圣贤的言论，后人就有各种观点、理解，（各种）学派也就由此而生。荀子、庄子、墨子、扬子，以及后来无数的学者，他们都在研究为人的道理，都在研究圣贤所著的书籍。这一两千年以来，研究圣贤学说的书籍层出不穷。那么我们以什么为准呢？以什么为目的呢？我们学习谁（的注本）呢？荀子有荀子的理解，墨子有墨子的理解，董仲舒有董仲舒的理解，诸子百家，每个人的意见都有所不同。到了宋代，更是掀起了读经热，研究《四书》《五经》到了一个高潮。从周敦颐、程颐、程颢一直到朱子（朱熹），他们对圣贤著作的研究不可谓不尽力。那么，究竟谁是谁非呢？谁的理解最正确呢？谁真正懂得了圣贤书的精髓呢？这就存在一个公说公有理、婆说婆有理的问题。各人的观点各不相同，甚至有的时候，你戳我的眼睛，我戳你的鼻子，没有一个统一的东西。南宋以朱子解释的《四书》为准，但是这并没有使所有研究孔孟之道的人心服口服。尽管是国家定了的，教育人也好，考试也好，都是以朱子的解释为准，但是并不等于说朱子的理解就完全对、无懈可击。仍然有观点不同的人，比如明代的王阳明，他就对朱子的学说（提出了）自己的看法。因为大家都在研究嘛，谁的见解更合乎孔孟之道的精髓？这个东西多说无益。

作为槐轩来讲，他就对宋儒的有些解释，特别是对朱子关于《大学》的解释，采取了基本否定（的态度）。他认为，朱子没有把圣贤，也就是孔孟之道的精髓发掘出来。当然朱子（师从二程三传弟子李侗）也好，二程也好，二程的老师周敦颐甚至（与并称“北宋五子”的）邵康节等等也好，他们都在研究孔孟之道。而作为槐轩来讲，他也在研究孔孟之道，他对《四书》《五经》的解释，其中有很多就不同于宋儒，也不同于当时的陆王心学。当然，谁是谁非这个问题，大家可以通过他们对于《四书》《五经》的阐释，比较一下哪一个更合乎孔孟原典的精神。所以我认为读书很好，让我们也来研究孔孟的原典精神，研究孔孟之道的精髓所在。

今天我的发言很明确，就是根据槐轩的观点来说的，揭示槐轩对于孔孟之道的理解，把槐轩的理解展示出来，让在座的学友来研究。学问的问题、做人的问题，不能够强加于人，要靠自己。我的发言只能作为一个参考，大家听了之后，再来细读槐轩的书，与历代对孔孟之道的阐释做比较，我想能够这样做比较是最好的，我不主张听到风就是雨。

因为我是从小学习槐轩学说的，他是我的曾祖，我是他的曾孙，所以我来谈就只能够谈槐轩的观点。这个发言，只是把我对于槐轩观点的理解，把他阐释《四书》《五经》和孔孟之道的一些内容展示出来，供大家学习参照。既然我是根据槐轩的观点来谈《四书》，因而就不得不、也不能不把槐轩的观点，特别是涉及有关我们今天要谈的《大学》的观点，概括地提示一下。

今天我们学《大学》，槐轩的主要观点，哪些是不能忽视的呢？我想有这么三点。

第一个是中正仁义的观点。

中正仁义的观点，是贯穿于槐轩对整个《四书》《五经》(的恒解的)。

宋代的文天祥，（是）为国尽忠的大忠臣。在他要就义的时候，写了一首《绝命辞》，他说："孔曰成仁，孟云取义；惟其义尽，所以仁至。读圣贤书，所学何事？而今而后，庶几无愧!"他认为，孔孟之道最根本的问题实际上就是取义成仁。取义是孟子的主张，整个《孟子》七篇，重点就谈一个义，仁义的义。贯穿《论语》全书的是一个"仁"字，(也是孔子）最基本、最根本的（思想)。

所谓"中正"就是天理，天理是我们每个人都具备了的。天理也可以称为良心，天理良心就是中正，至中至正，这个是自然给我们每一个人的。《四书》《五经》所讲的核心，就不外乎"中正仁义"四个字。

槐轩研究孔孟之道就是研究中正仁义，而作为一个人，就是始终要坚持中正仁义，从思想到行动都不能够忘掉中正仁义。槐轩是孔孟的信徒，他在解释《四书》《五经》的时候，始终牢牢地把握住"中正仁义"这个核心，凡是属于不中、不正、不仁、不义的，从思想到行动，都是违背圣贤之道、孔孟之道的，都是值得批判的。这一个观点是孔孟的基本观点，也是槐轩阐扬的孔孟之学的一个根本观点，要牢牢把握住这个观点，我们才能够真正地理解《四书》《五经》所讲的那些东西，才能进一步理解得透。这个是槐轩的第一个基本观点。(以上,）我先把槐轩的基本观点简单介绍一下，我们在以后学习《大学》的时候，都会涉及这一基本观点。

第二个是复性的观点。

什么叫复性？我们把几个基本观点结合在一起讲，一下子就说通了，这几个基本观点不掌握，我们学《大学》的时候，（就）说不清楚。复性就是恢复性，从字面上来讲，很好理解。关键问题是什么叫性？孔孟之道的性指的是什么？槐轩对这两个字做了解释：天理良心就是性。天理就是性，在人就是良心，良心就是性。在天，天理就是性；在人，就叫作良心，这个就叫作性。每个人都有性，每个人的性都是善良的。

孟子讲“性善”，告子（有点偏离）讲“性无善，无不善”，荀子则走得更远，他就讲“性恶”。孔孟讲“性善”，每一个人的本性都是善良的，因为人是得到天理才成为人的。孔孟讲的人之所以异于禽兽者，就是他有“仁”，禽兽就没有“仁”。每一个人都有“仁”，都有“仁心”，为什么呢？因为人之所以为人，就是因为具备了天之理和心之良。所谓天之理、心之良就是他有天理良心，他有一颗纯善的心。所以《三字经》第一句就是“人之初，性本善”，这个是符合孔孟之道的。

告子说有善的有不善的，荀子说性恶，都不符合孔孟之道。孔孟之道认为人都是性善的。但是孔孟也说清楚了，所谓性善也就是人人都有仁心，人人都有天理。那么又怎么会有坏人呢？因此，孔孟就有一个观点，非常明确，他说先天才善，后天就不一定善，这就是先天、后天的观点，这也是槐轩坚持的。

孔孟之道认为，人还没有出生之前，心都是善的，自然赋予他的都是一颗极纯、极善的心。我们给它取个名字，叫作“仁心”，叫作“性”，孟子还给它取了个更形象的名字叫作“赤子之心”。什么叫赤子啊？还在母亲肚子里那个已经成型的娃娃叫作赤子。这个赤子之心就是仁心，也就是性，也就是天理，（它是）纯善的。

在这一点上宋儒的理解就有点不同了。宋儒包括周敦颐、二程，一直到朱子，他们就以心为性，“心”“性”不分，这是与槐轩最主要的差别。后来有些学者也都是以心为性，不分先天、后天，槐轩就指出：“先天为性，后天为心。”后天就叫心，先天是性。那么也就是说，在先天，人都是得天之理才成的人。他在娘肚子里的时候，都有一颗纯善的心，这颗心我们不喊它叫心，叫作“性”。

那么既然人人都有“仁”，都有一颗善良的心，都有一个“性”，那就不应该有坏人了。孔孟之道不这样认为，说先天才叫作“性”，也就是娃娃没有下地之前，成型的婴儿（是）纯善的，无任何害人之心，但是一（旦）到了后天，出生了，慢慢地长大了，他就开始有了七情六欲。槐轩就举了个例子，他说，新生儿下来，他就晓得哭。喜、怒、哀、惧、爱、恶、欲所谓“七情”，这个不是爹妈教的，他一下了地，慢慢就有了。我们可以举很多简单的例子，生下来的婴孩就晓得哭了，看到妈妈、看到嬢嬢就晓得笑，谁教他的？这就是娃娃生下来以后自然对他的影响。

当然，喜、怒、哀、惧、爱、恶、欲不一定都是坏的，但是其中就有坏的。你为什么笑？爱父亲、爱母亲，他笑，这样是好的。幸灾乐祸也要笑的话，那个笑好不好啊？喜欢是好的，你看见别人做了善事，你很喜欢，看到人家孝敬父母，你很喜欢。但是人家受了灾的时候，你也去喜欢，同样是喜欢，这种喜欢就不是好的喜欢了。所以，喜、怒、哀、惧、爱、恶、欲这七情是后天的，没有听说哪个孩子能在妈妈的肚子里打哈哈嘛。《礼记》说，喜、怒、哀、惧、爱、恶、欲，七者"弗学而能"，没有人教你，你就自然学会了，这是一种（情况）。另外，从小长到大，一个人在不同的年纪认识事理也有差别。两个娃娃，同样拿着包子在那里摆着，有一个娃娃他就要先出手，他就晓得抢了，对不对？

这个是我们举的一个例子，说明什么问题呢？孔孟认为，人一生下来就叫作后天，喜、怒、哀、惧、爱、恶、欲就在他身上起作用了。家庭教育好的，接受的好的东西多；家庭教育差的，接受的坏的东西多。因而，到了后天，性就变成心了，也就出现善恶，所谓善恶就是好的、坏的出现了。家庭教育好的，他的好心多；家庭教育不好的，他的坏心多，（于是）善恶（就）分了。因此，先天之心，是纯善的，谓之"性"；后天之心，有善有不善，谓之"心"。"心""性"分开了，先天、后天分开了，而宋儒分不清楚，他以心为性，心就是性。宋儒所谓成人，就是怎么能够做好人呢？（他的方法就是）养后天之心。

孔孟之道就不同，孔孟之道既然划分了先天和后天的界线，就提出了“复性”的观点。恢复性，把心恢复到未生之前的性，所以我之前一直在说，心（性）就是天理良心。槐轩把它解释得很具体，什么叫心，什么是性，天理良心（就是）。“大学之道，在明明德”，德是它，仁也是它。所谓复性，就要让你返还先天。我们现在都在后天，复性就要让你返还到先天，将后天之心，恢复到先天之性，要保持一颗赤子之心、纯善的心。

复性的最终目的是什么？就是保存自然给你的那一颗纯善的心，这就是复性嘛。真正能够做到复性，都有一颗赤子之心了，都是一颗纯善的心了，就能够达到天人和谐、天人合一的状态。如果你的所做所为、所思所想，都是从这一颗纯善的心出发，就和自然赋予你的那一个天理、那一颗良心完全一样了，是自然与人的统一、天和人的统一，这就叫作天人合一。我们现在在提倡自然和人的和谐，如果能够做到这一点，（就叫作）复性，天人就合一了。

从这个（基本观点）出发，槐轩就提出了一个非常明确的观点。是什么呢？既然人的心都是善的，每一个人得天之理都是一样的，那么自然结论就出来了——人皆可以为尧舜。一（旦）复性了，那人人都可以成圣贤。孔孟教人，就是想要每个人都成为圣贤，每个人都可以成为尧舜。怎么样才能成为尧舜？那就是复性，返还先天，达到天人合一。这是孔孟之道的基本观点，也是槐轩坚持的一个基本观点。

第三个是成己成人的观点。

所谓成己成人，成己（是）使自己复性，成为圣贤，同时还要把它推出去，让所有人都成为圣贤，这就是成人的观点。我们现在讲到《大学》，修身以后，齐家、治国、平天下，这就是推己及人。孟子说的推爱，就是不仅要使自己成为好人，成为圣贤，也要使别人可以成为圣贤。那别人能不能够成为圣贤呢？前提他已经都给你指出来了，每一个人都有一颗赤子之心，天地都给了他仁心，（给了他）天理良心。既然天都给了他一颗纯善的良心，他就有天理，只要帮助他去复性，他当然也可以成为圣贤，这就是孔孟之道讲的人皆可以为尧舜。

《大学》不好讲，因为它谈的是为人之道。《大学》与《论语》《孟子》有很大的区别，尽管都是在谈天人，都是在谈复性，都是在谈仁心、谈仁义，但是《论语》和《孟子》，都是一条一条地说的。“子曰：学而时习之”，然后接着又是“子曰：君子务本”，然后又是“子曰……”。孟子在接触当时的国君和游说诸侯的时候，都是通过一些具体事例来谈的。

而《大学》这一篇是谈整个成人的功夫次第，成人要先怎么样，后怎么样，和《论语》《孟子》相比，它的系统性非常强。《论语》《孟子》当然还是有重点，但是系统性不是很强。我们是不是可以这样说，《论语》《孟子》也谈成己成人。它是教你怎么做的，跟你说你应该怎么做，做人要“时习之”；“君子务本，本立而道生”，那你就要以孝悌为本，“孝悌也者，其为仁之本欤？”就这样一条一条地教你。

但是《大学》就不同了，《大学》有一个明显的次第，所谓明显的次第是什么？就是先怎么样——后怎么样——最后怎么样。宋朝的程子有一句话说得对，他说：“《大学》，孔氏之遗书，而初学入德之门也。”（他说《大学》）是“入德之门”。所谓德，就是复性，就是返还先天，成为一个大大的好人。(《大学》）是入德之门，给你开的第一道门。程子说：“于今可见古人为学次第者，独赖此篇之存。”所谓次第就是先做什么、后做什么。

《论语》《孟子》是点点滴滴，不是很系统。《大学》对应该先做什么、后做什么、目的是什么、结果是什么，说得非常明确。

我们学《大学》，就是学怎么样一步一步地按照《大学》给我们讲的这个次第、这个梯子，一梯一梯地爬，最后爬到楼顶上去，达到复性（的目的），把（成己成人的）路给我们指清楚了。但是，我们现在所看的《古本大学》，又和朱子《四书集注》（的版本）不一样。我们今天讲的《古本大学》不是朱子（讲的版本），槐轩的观点和朱子的有很多是不一样的，特别是在《大学》的功夫次第上，槐轩可以说基本上和朱熹的观点不一样。因而，他撰著《大学恒解》不是选的朱子（注的）那个《大学》（版本），他认为朱子注的《大学》是篡改了圣人原意的。那么他这个《大学》（版本）是从哪里来的呢？《大学恒解》的《序》说，《凡例》也说，是从《礼记》的第四十二篇当中选的。我们现在看到的朱注《大学》，与这个（版本）有所不同，槐轩认为朱熹没有把功夫次第说清楚，甚至是说错了。

因此槐轩著的《大学恒解》，就是以《礼记》上的第四十二篇为底本。今天我谈的，都是槐轩根据《礼记》上的这个《大学》（文本），给它取个名字叫作《古本大学》，谈的都是槐轩的观点。

我的父亲刘咸炘在《推十书》上曾经有一句名言，他说，《论语》和《孟子》都是讲的“为仁复礼”之功，《四书》（也）都是讲这个。《论语》讲的都是解决什么是“仁”，什么是“礼”，什么“合于仁”，什么“合于礼”的问题，一条二款的。我父亲认为，《大学》这点（讲得）是最清楚的，《大学》解决怎么样来“为仁”、来“复礼”，一步一步地该怎么走，把这个问题解决了，就是把《论语》所讲的“仁”与“礼”如何实施条理化了。

《论语》《孟子》说什么是好，《大学》就讲怎样做得好。《大学》把这个功夫次第，即怎样来实现这个“仁”与“礼”具体化了；把功夫次第，即怎样一步一步地走，就能够实现“仁”与“礼”条理化了。所以我们在谈《大学》的时候，先要把这点弄清楚，《大学》不好讲，也就在这个地方。功夫次第（讲的是），第一步先怎么走，第二步该怎么走，不这样走有什么坏处，这样走有什么好处。孔孟说什么是“仁”，什么是“义”，《大学》就说，要做到“仁义”

该怎么办，所以就是把“仁”与“礼”如何实施条理化了。《大学》之所以难讲，也正是在这个地方，因为有很多功夫次第在里头。

本　经*

大学之道，在明明德，在亲民，在止于至善。①

《大学》的第一章就是《本经》。从第二章起是曾子的解释，第一章主要是孔子之言，而曾子述之，所以我们称为《本经》；曾子的解释，称之为《传》。现在我们先把《本经》念一下：

* 整理者按：刘沅认为，“孔子约言《大学》教人之法，以训门人”，称为《本经》，凡一章。“而曾子独得其旨趣，遂为《传》五章，以发夫子所未发。”（刘沅：《大学恒解》，刘沅著，谭继和、祁和晖笺解：《十三经恒解（笺解本）》卷之一，巴蜀书社2016年版，第12页。）今据之以《本经》及《传》之一、二、三、四、五分其篇章，以存《大学》之旧。

① 《大学恒解》：“大学，成人之学。明明，明而又明，不息其功也。德，天之理而人得之，故曰德，本至虚。明者，大学教人明之以复其初，亲爱而体之也。民无异性，学者亲而体之，乃有以周知乎人情。止，止其所而不动也。至善，人身太极之所，即宥密也。大学之道，教人日明明其德而体察人情，以博其理。其用功之始，则在于止至善。”（《十三经恒解（笺解本）》卷之一，第9页。）

大学之道，在明明德，在亲民，在止于至善。知止而后有定，定而后能静，静而后能安，安而后能虑，虑而后能得。物有本末，事有终始，知所先后，则近道矣。古之欲明明德于天下者，先治其国；欲治其国者，先齐其家；欲齐其家者，先修其身；欲修其身者，先正其心；欲正其心者，先诚其意；欲诚其意者，先致其知，致知在格物。物格而后知至，知至而后意诚，意诚而后心正，心正而后身修，身修而后家齐，家齐而后国治，国治而后天下平。自天子以至于庶人，壹是皆以修身为本。其本乱而末治者否矣，其所厚者薄，而其所薄者厚，未之有也！此谓知本，此谓知之至也。

孔子说的称为《本经》，曾子把它记下来，就是以上这一段（文字）。从“所谓诚其意者，毋自欺也”，一直到最后，都是曾子阐明孔子讲的内容，称为《传》。

现在我们就讲《大学》。

什么是“大学”？学，学什么？《礼记》上讲，周礼七岁入小学。按照周朝的礼制，娃娃七岁入小学，十五岁入大学。七岁到十五岁这段时间，主要是见习一些礼乐，晓得一些初步的礼，懂得一些规矩，认识一些字，解决这类问题。从十五岁起，进入大学。

所以孔子说：“吾十有五而志于学，三十而立，四十而不惑，五十而知天命，六十而耳顺，七十而从心所欲，不逾矩。”（《论语·为政》）十五岁就进大学，所谓大学就是成人之学。在周代有个规矩，十五岁以下是家学，在家里头学，十五岁以上就进入所谓公办学校，进入国家统一办的学校。那么小学、大学的不同之点在哪里呢？十五岁以下在家里头学东西，学初步的礼、乐、文字，而十五岁以上的大学，与十五岁以下的小学含义不同。小学，是学习规矩，学习有关礼仪方面的规矩，（比如）做人的规矩、出门应对的规矩，讲这样一些东西。而十五（岁）以上的，那就谓之大学，离开家了，进入国学了。国学所教的内容完全不同了，那不是认点字，懂得点音乐，懂得点规矩，不是这个东西，而是成人之学。所谓成人之学，就是教你怎样做人。大学这个阶段有多长呢？我算了一下，从十五岁到二十四岁，大概九年，大学是九年制。何以言之？《礼记》讲十五岁进了大学以后，“一年视离经辨志，三年视敬业乐群，五年视博习亲师，七年视论学取友，谓之小成。九年知类通达，强立而不反，谓之大成”。这是它的原话，这个（内容）我不需要一个个来解释。

我想举个例子来说明。九年（的学习内容）给你安排好了，就和我们现在初一学算数，初二接触物理，初三才接触化学是一样的，它是一步步来的。那么就是说从十五岁起算下来，要花九年时间在国学里头，十五岁到二十四岁，完成了学为人的任务。我们所讲的大学，就是谈的十五岁到二十四岁这段时间的成人之学。但是成人之学它还有阶段，路给你指出来了，就要沿着这条路走下去，这个就是大学。学什么，不仅是学知识的问题，重点是学为人。“学者，学为人而已。”要学怎么做人。为什么学是学怎么做人呢？因为你要复性，因为你要成圣成贤，你要成为好人。

为什么要学？因为你离开了母腹以后，到了后天七情六欲都来找你来了，用槐轩阐释的孔孟的观点来说，就叫作赤子之心慢慢地在变了，性变成了心，性是纯善的，而心就有善有恶，有好心有坏心。大学就是教你怎样把你后天所受到的那些影响、那些坏心去掉，保留先天自然给你的那一颗心，所以叫复性，复了性你就成为完人，你就成为圣贤。《大学》就是研究这个东西的，把复性的阶段、过程说得一清二楚，所以先讲“大学”这两个字。

大学之道的“道”，槐轩讲“道犹路也，天地人神所共由”。就是说你要成为好人，就只有这一条大路，就要跟着这条大路走。这条大路究竟是什么？《大学》就给你说了。走这条大路，你要达到的目的是什么呢？三个字——“明明德”。你要复性，你要想成为圣贤，《大学》教你总目的就是“明明德”。

“德”，用槐轩的解释，一个（是）“天理”，一个（是）“良心”，天理良心。一颗纯善之心，包括了什么呢？我们有些人看过《下学梯航》，《下学梯航》提出来的佛家、道家的那几个心，都包括在内了。大慈悲心、大清净心、大广大心、大方便心、大柔和心，就是这个东西，（是）纯善的东西，德就是这个东西。明明、明德，作为一个词也不错，但是槐轩更强调，所谓明明者，（是）明而又明也，强调明德的重要。明白，这是个形容词。形容词按规矩不能带宾语，这个在座的都晓得。那这个形容词怎么带个宾语呢？这个德是名词嘛。在古汉语里，形容词可以带宾语，带宾语以后就变成了动词。一个叫作意动词，一个叫作使动词。这里叫作使动词，意思就是使德明，这下就说通了。使德明，使天理良心不要暗下去，而要更加的光明。至于“明明德”呢，槐轩认为是明而又明，是强调要使其天理良心明而又明、明上加明。言下之意就是使德、使天理良心不断地发出光明，不能使它稍微有一点点晦暗。那么假设每一个人到老的时候，他处理任何一个事情都是按照天理良心来做，这就是明而又明，他就真正明明德了。明明德既是终极，又是开始，你在走大学之道的时候，目的是明明德，你按照功夫次第来走，始终不要忘记明明德，所以它既是目的，又是形式。大学的道就是这么简单，就是谈的明明德，在于使天理良心不断地发出光明，当天理良心不断地发出光明的时候，你处理任何事情都是按照天理良心来做的（了）。

槐轩的注解，所谓明者，明而又明也。“明德”就是使光明的天理良心更加（光明）。明德作为一个词也不错，但是槐轩是强调，这个明是明而又明。明而又明者，是不断地使这个德明，不晦暗，发出光明。槐轩的那个注解上大概有这么一句话：“教人明之以复其初。”什么叫复其初？就是复性嘛。

曾子有两句话，叫作“如保赤子，心诚求之”。因为保住了“赤子之心”，（就）做到了复性。明明德者，也就是复性，既是复性的目的，又是复性的开始，不断地明。

《大学恒解·贯解》上，有一段专门谈明明德，我念一段给大家听为什么要明明德：

> 盖人受天地之中以生，五常之性粹然者一太极之体。①

所谓“太极之体”，就是纯善之心。“我固有之”，每个人都有的。“故称为德”，槐轩对明明“德”的解释非常清楚：

> 第有生之初，所禀气质有厚薄、清浊之殊；有生以后，习俗变化，有善恶、是非之异，而德因以不明。圣人示人以学，惟欲人内外兼修，明而又明，以化其气质之偏，去其物欲之弊，全虚明本体而已。②

这几句话就是解释为什么大学之道在明明德，说得非常清楚。这里有几点，我提示一下。“人受天地之中以生”，都是纯善的，这个指（人在）先天都有一个太极之体，“我固有之”，我本来有的，“故称为德”。那么既然每个人都有德，还要求你明明德做什么呢？第二点，他就给你说了，在既生以后，就要变化了，请大家注意（这句话）：“有生以后，习俗变化，有善恶、是非之异。”在先天为性，在后天变为了心

---

① 刘沅：《大学恒解》，《十三经恒解（笺解本）》卷之一，第10页。
② 同上。

了，就分了善心和恶心。为什么要明明德，因为你的性变成了心了，心里头有善有恶，就要通过明明德把那个恶心去掉。

“第有生之初，所禀气质有厚薄、清浊之殊。”槐轩还是承认遗传的，孔孟是不承认遗传的。我们现在讲遗传学，有它的道理，不是完全否认遗传，不是一生下来就是一个模子倒出来的。所以槐轩还主张胎教，就是怀了胎以后，作为母亲，你该做一些什么，那个对娃娃是有影响的。槐轩有个《胎教篇》，专门谈十月怀胎期间应该注意一些什么问题。就是说，人在母腹中的时候，还是要受到怀你的那个人的影响，胎教是有道理的，是科学的。所谓“有生之初，所禀气质有厚薄、清浊之殊”，就是指的这个东西。在娘胎里头的时候，他要受到娘的思想行为的影响，但这个不是主要的，主要的是生下来以后后天对他的影响。这一点要明确，我们不否定遗传，但是我们应该肯定天理良心之所以受影响，主要是在后天。

“明而又明，以化其气质之偏，去其物欲之弊，全虚明本体而已。”“气质之偏”，就是指后天的东西；“物欲之蔽”，（也是指）后天的东西，（这就是）先天、后天的区别。“化其气质之偏，去其物欲之弊”，都只有通过明明德来实现，来达到复性。

我们照着《古本大学》讲亲民，什么叫作亲民？槐轩解释说，亲者，爱而体之也。爱，爱护。民，普通、一般的人。你要亲他，亲包含这么两个意思，一个是爱的意思，你要把他当成爱的人。当然你要喜欢他，把他当成亲人，你才可能和他交往，你把他当成仇人怎么行呢？这个是爱的意思。一个是体的意思，什么叫体呢？请注意，体很重要，体者，体察也。所谓体察，就是要深入地去了解。“亲”字就包含这么两个意思，你把他当成亲人一样，而且你还要去体察他，用现在的话说要了解他。就是《贯解》上讲的，与民不只要相亲，而且还要相知。孔子说过人皆可以为尧舜，因为人都有一个复性的问题。你自己复性以后再帮助别人复性，（这样就）不但成己而且成人了。“在亲民”，正是成人的最具体的表现。没有成己，当然没有德；没有成人，就没有“在亲民”，也没有德。因此，“在亲民”是包含在“明明德”里面的，缺了“在亲民”，不能“明明德”，你再鼓劲，德都不能明，这是“在亲民”的意思。

“大学之道，在明明德，在亲民，在止于至善”，三个“在”很容易使人误会，出现理解上的偏差，认为这三个是“平列”（槐轩语）的[①]。大学之道一是在明明德，二是在亲

---

① 《大学恒解》：“三句蝉联而下，非平列三项也。后人因三‘在’字文法似平，谓明明德一事、亲民一事二者俱当止于至善，不知所明之德即是天理。天理纯熟，必由集义生气。有至德以凝至道，故知行并进，内外交修，一时并到，不过由浅而深，功夫须渐次行来。若德已明而不能新（“新”疑当作“亲”，下同）民，是其德非全体之德，即非《大学》之明明德。盖修己即可以安人、安百姓，明德、新民是一贯事。德造其极，则尧舜、文武是矣。其新民亦至善，德有毫发未明，则新民亦不臻醇备。《大学》之教，非等后世词章法术之学，诵习之时是一学问，临民之时又一学问。其童而习之，即礼乐之事；长而居业，志圣贤之猷。日用伦常，必践其理；天地民物，研究其精。所以壹是皆以修身为本，非如禅和子终日静坐，屏弃人事，止求养得此心空空，然而伦常物理仍昏昏然也。故一言一行之善，亦可谓德。而此章言明德，则以全体而言，在明明德一句已了。又丁宁之曰在亲民、在止于至善，乃一定义理，必如是始尽其说。而文法顺递而下，实非平列。”（《十三经恒解（笺解本）》卷之一，第 14 页。）

民，三是在止于至善，如果这样理解，就错了。

上一次我在街上买了一本《大学》的讲本，它讲“在明明德，在亲民”，没有讲准确。他把这三个平列起来，这三个是不能平列的。“大学之道，在明明德”，这个“德”，包含了“在亲民”。不亲民，就成不了己，你这个德就不完整。凡事只想到你自己，结果你还是没有跳出一个“私”字。

圣人教我们五伦，不是让你只管你那一家人。夫妇、父子、兄弟，这才三伦，还有君臣、朋友两伦嘛。现在不存在君臣，但还有国家和集体，具体到个人，还有一个朋友嘛，哪里是只管自己？只管自己一家都不够喽，何况只管你自己，那你不是自私到了极点，你这样怎么能成圣成贤？所以“在亲民”很重要，“在亲民”是“明明德”的内容之一。所以我们说不能平列地看，大学之道第一个“在明明德”，第二个“在亲民”，第三个“在止于至善”（这样看是错误的）。现在有一些关于《四书》的解释，因为他不明白止于至善（的道理），所以他讲这三者是平列的，他根本讲不清楚止于至善（的道理），关键问题就在这里。

第二句：在亲民。为什么要亲民？请大家看《大学恒解·贯解》：

> 然非寂守此心，便以为明理。理散见于天下，天下人之性犹己之性也。而天下人之境遇、情状不同，学者高谈性命，博究典论，而或不能施之实用，则以民情未克周知，经济无由尽善，而学遂

为偏寂之学矣！①

这是（对）为什么在亲民的最好的解释，大家都看得明白，这里附带举个例子就更好懂了。宋儒之所以在有些问题上做错了，包括陆王心学，他搞的东西不接触实际，不到群众中去，没有在亲民的学问，他就成为偏寂之学。比如说，宋儒讲“半日读书，半日静坐”，拿半天来读书，拿半天来收心静坐，就明理了。但不接触群众，就没有在亲民的功夫。所以程子讲不通了，就把“亲民”改成“新民”，他不懂得亲民的功夫，（他的学说）就成为偏寂之学了。“半日读书，半日静坐”，不接触群众，成了偏寂之学的典型，后来有些和尚、羽流之士都搞这些东西。佛家的精微、道家的精微都不是让你只管你一个人。

后世的羽流之士、僧人，只去强调偏寂之学，佛学如此，道学如此，儒学又何尝不是如此呢？这些讲孔孟之道的人好像自己都讲透了，如朱子、程子这些人，谁说他们对圣人之学一窍不通呢？谁敢这样说呢？他们同样走到那个偏寂之学上去了，陆王心学（同样）还是走偏了。

而真正的孔孟之道就是，在“明明德”中包括了我和人。所以槐轩讲的不能亲民，就不能明明德，也就是说，亲民是明明德的内容（之一），这是很重要的一个问题。为什么很重要？因为成己要成人，（是）全的；光成己，不成

① 刘沅：《十三经恒解（笺解本）》卷之一，第10—11页。

人，那是错误的，不是圣人之意。

所以，（槐轩在）这里说："大学之道，己德既明，推己及人，与民相亲相近，久之乃有以尽乎人情之变，而得其同然之理。一旦得所藉手，本成己者以成人，而无不协宜，故又在亲民也。"[①] 既成己又成了人。

亲，名词，民，名词，两个名词放在一起是什么意思？这个又要解释一下，古汉语语法常将名词作动词用，亲民就是名词动用的典型。名词动用，有时它表示使动，比如在明明德，是使德明；有时它表意动，比如亲民，把它翻译出来就是以民为亲。把一般的人当成亲人，这就是在亲民嘛。我这里就附带说点古汉语的语法，有益于大家理解。

我们先谈了在亲民是明德的内容，槐轩认为不在亲民就不能明明德。

第三句：在止于至善。槐轩讲在止于至善就是教你的方法，关键是止。这个方法（有）两个意思：一个是止，一个是至善。

第一个要止，停止，"止"字好理解。所谓至善者，就是人都有一个至善之地，这个就谓之太极之所。那个地方是血气不到之处，那个地方是保养精气神的关键。"止于至善"，就要让你去把那个地方守住，这个就是方法。这个我不进一步说了，只要晓得很重要的一个方法，就是要止于至善。

① 刘沅：《十三经恒解（笺解本）》卷之一，第11页。

人身都有个太极之所，你晓得那个太极之所了，你要经常停在那里，那么下面的问题（就）都一个个解决了。“知止而后有定，定而后能静，静而后能安，安而后能虑，虑而后能得。”定、静、安、虑、得，都是止于至善一步一步出现的结果。今天就说到这（里）。

上节讲了槐轩对于孔孟之道的理解与基本观点，接触到《大学》首章最重要的三句话。上一次做了一些比较简单的概括与介绍，今天我们先把上一次谈到《大学》本经的那三句话简单地小结一下。

《大学》开篇三句话就是：“大学之道，在明明德，在亲民，在止于至善。”“在明明德，在亲民”，简而言之，就是槐轩概括孔孟之道的两个字，叫作“复性”——返还先天，就是这两个字。“明明德”，是复性；“亲民”，也是复性的主要内容。槐轩说什么叫作亲民呢？四个字——“周知民情”。也就是说，大学之道，《本经》的主要内容，就是复性和周知民情。

复性是属于个人的，周知民情是扩大出去的。这就很明显地与宋儒和二程把“（在）亲民”改成“在新民”有所不同。明明德必要，亲民也必要。用槐轩的话来说，明明德（如果）没有（把）亲民作为具体内容的话，明明德也是不可能的。一个是静的，一个是动的。明而又明，（才能）复性，返还先天，恢复天理良心，这是从静（的）方面来说；从动（的）方面来说，就是（要）周知民情——亲民。

这一点就很明显地与宋儒只是强调“半日读书，半日静坐”不同了，不同在哪里？（宋儒）缺半节。槐轩理解的孔孟之道，既有静，又有动。槐轩理解孔孟之道有两句话叫作：“动静交修，本末交养。”明明德，我们可以把它理解成为静的方面；而周知民情，（可以理解为）动的方面。槐轩“动静交修，本末交养”这两句话就体现了“在明明德，在亲民”（的内涵）。所以，我理解，可以把它（周知民情）概括为大学之道的主要内容。

那么，止于至善又怎么理解呢？上一次说到止于至善，我们两三句话就把它解决了，今天我稍微说得详细一点，因为这个东西涉及槐轩的静养功夫了，按照规矩我们就只有说得笼统一点，入了门的同学就能够理解到。所谓“在止于至善”，我们可以把它理解成为达到明明德的手段，或者叫作方法。

《大学》开宗明义这三句话，概括起来就是讲这么一个内容。那么什么叫止至善？止，停止。至善是什么？宋儒的理解与槐轩的理解不同。槐轩认为人都有一个至善之地，让你思考（时），从意、心（所谓诚意、正心的意和心）开始，都要随时止于至善之地，功夫从这（里）开始。那么这个地方是个什么地方呢？用槐轩的话来讲，人之所以异于禽兽，人与禽兽最根本不同的就在这个地方。天地自然，赋予了人最根本的一个地方，人人都有的，所谓止于至善，就是让你的意识、心境都要随时停止到这个地方。

因此，这三句话我们现在把它概括一下：第一复性，第二周知民情。实际上周知民情也属于复性的主要内容之一，有了静，还要有动，然后就是我们大学之道所要时时刻刻不能忘记的一个主要内容。那么怎么来实现这个主要内容？就在止于至善，停止到至善之地。那么停止到至善之地究竟能够达到什么目的呢？有哪些功夫次第呢？我现在只能够这样说，止于至善这个方法里头有一定功夫次第，槐轩经常提到这个，（它是）一步一步走的，一梯一梯爬的。用槐轩的话来说呢，就是这八个字——动静交修（或内外交修）、本末交养。分清楚哪个在前，哪个在后，什么叫动，什么叫静。止于至善是静，而周知民情是动。我们讲到下面的时候还要说到这个问题，这就是动静交修、本末交养。也就是说，“在明明德，在亲民，在止于至善”不是并列的三句话，“在亲民”是“在明明德”的主要内容。孔孟教人的大学之道，来学为人，学做人，就是要解决这个问题：复性！

复性——周知民情（内容）——止于至善（方法）

“在止于至善”，静的；“在亲民”，动的。我们可以这样理解，这就叫作动静交修，与宋儒谈的只静不动，是完全不同的。槐轩认为二程和朱熹对《大学》最根本的（思想）没有掌握到，不理解就是指的这个东西。所以才会出现对格物理解的错误，导致后面的致知、修身、齐家、治国、平天下一连串都讲不通了，这个我们后面要讲到。

因此我们今天首先把“在明明德，在亲民，在止于至善”这三个的关系搞清楚。

这个动静的观点体现了槐轩对于孔孟之道的概括，叫作“动静交修，本末交养”。有时候他提的是“内外交修，本末交养”，（他们是）一个意思。他提得最多的是动、静。实际上动静与内外是一个意思，静就是内，动就是外。所以槐轩说“止于至善”，就是孔孟教人入道之始，学习大学之道、理解大学之道、掌握大学之道的开始是什么？就是这个东西：止于至善。

知止而后有定，定而后能静，静而后能安，安而后能虑，虑而后能得。①

止于至善，这个叫作方法（或）功夫次第。那么以上这一节，就重点在谈它的作用，为什么功夫次第开始于止于至善？止于至善又能够对我们学习孔孟之道的人起一个什么样的作用？如何通过止于至善来达到复性的目的，达到返还先天、天人合一的目的？

下面我就说明止于至善的步骤，也就是我们前面说的功夫次第。槐轩认为“止于至善”这一句话，是用功之始，实

① 《大学恒解》：“申言止至善之故。心易动而性本虚明，知所止之地而止之，则心存而理聚，性定而不摇。定久而后至静不纷，静久而后形神安泰。安则道心渐明，可以筹度事理，故能虑。虑则审慎之意得，得其理，凡理皆统于明德者也。”（《十三经恒解（笺解本）》卷之一，第9页。）

践在复性路上的一个开始、一个起步。那么有了这个起步就会出现一步一步的功夫次第，（这个功夫次第）究竟是怎么样的呢？孔子就讲了："知止而后有定。"请大家注意，这个（止）字很重要。止，停止。光晓得止不行，要知止，所谓知止就是了解止，了解止的道理，了解止的地方。为什么要停到太极之所的那个地方？按照槐轩的理解，孔孟讲的"人之所以异于禽兽者"就在这里。

禽兽大而至于虎豹，小而至于鱼鳖，也是自然生的，没有自然也没有禽兽。同样，没有自然也没有人。但是天赋予禽兽和人的东西，有相同的有不相同的。人有嘴巴要吃要喝，禽兽何尝不是。同样，禽兽也有七情六欲，这点和人没有区别，老虎还要养育后代嘛，这点和人没有什么不同。

但是，有一条不同，孟子说："人之异于禽兽者几希。"[①] 所谓"几希"就是那么一点点不同。天给予自然界的生物和给予人（的）东西没有区别，但是（天）赋予了人一个特殊东西，就是"性"。也就是《大学》"在明明德"当中所谓的"德"，又叫作"仁"，槐轩把它说得更浅显易懂，就叫作"天理良心"，这个（是）禽兽没有的。人有性是在先天，到了后天，为什么有句俗话说你简直变成禽兽了呢？甚至还说，你连禽兽都不如！那么孟子讲有颗赤子之心，就是人还在母腹中，没有生下地的时候，他是纯善的。"人之初，性

---

① 《孟子·离娄下》："人之异于禽兽者几希，庶民去之，君子存之。"

本善”，就是从这（里）来的。但是一下了地，七情六欲给他一干扰，由于家庭影响、社会影响，有些（人）保存这颗心保存得好，只有一些缺点错误，有些（人）从缺点错误就发展到罪过，变成坏人恶人，善恶就区分了，这就是后天和先天的区别。而禽兽不存在这个问题，因为自然本就没有给它一颗天理良心，孟子讲的“人之异于禽兽者几希”，就是指的这个东西。

我们现在学习《大学》，要明明德，要亲民，要恢复先天，就要守住自然赋予我们与禽兽不同的那一点，叫止于至善。而止于至善的关键在哪里呢？一个要“知”，一个要“止”。“知”是了解了、晓得了，“止”就是在那个地方要停止。所以槐轩讲，懂得了止于至善，这叫作用功之始，就是明明德、亲民，最后（是）复性的开始。

那么接下来，说知止以后，它的功夫次第是怎么样的，它的作用是什么呢？孔子就讲了：“知止而后有定。”知止是关键，晓得地方了，也晓得要停到那个地方了，就是这么两个意思。晓得停，晓得停到那个地方，就是知止的全部意思。只要能够知和止，晓得停到那个地方了，而后就有“定”。一步一步地按照功夫次第来走，就会出现一个定（的状态）。

那么，什么叫定呢？我们现在就进一步来研究。我守住至善不动，知止了，我也晓得“在止于至善”是开始了，那么知止就要出现定的状态，就要达到定的目的。什么叫作定？止叫作“止而不迁”，定叫作“定而不摇”。关键是在懂得止，晓得止（在）了那个地方，我就不动了，我就守住它了。知止是晓得那个地方，守到那个地方，做到这样就会出现一个定的状态。什么叫定？是方法，也是结果，定就是不动了。想去想来你都只守到那个至善之地了，一切杂念心尽可能排除。

这就谈到槐轩的静养功了，我一说，我们在座有些同学一下就能悟到了。知止而后有定，你脑筋不动了，把杂念尽量除去了，（杂念）少了，（是）什么的作用？（是）知止的作用、定的作用。所谓“定”，晓得那个地方了，定而不摇，像钉子钉到木头上那样，摇都摇不动了，没有其他东西来影响你了，这叫作“知止而后有定”。“定而后能静”，我就想知道什么叫“静”。所谓“定”，晓得至善之地，而所谓“静”，用槐轩的话来说叫作“静而不扰”，没有一切其他的私心杂念，没有一切不符合道理的东西来干扰你了，就叫静而不扰。所谓不扰者，没有私欲来干扰你、来扰乱你，这个叫作“定而后能静”。

第三句：静而后能安。这是一步一步的。我们讲大学之道，给你指了一个总的道路就叫“在止于至善”。在止于至善的时候，就会逐渐出现这几种境界（结果），叫作“知止而后有定，定而后能静，静而后能安”。用现在通俗的话来说，气也出得匀净了，心里也不慌不乱了，一切思想，管它好的、坏的，都恍恍惚惚像没有了。为什么呢？关键你只想到那个地方，止于至善，所以静了以后，就会做到安。用槐轩的话来说，也是四个字，叫“安舒自得”[①]。

什么叫安舒自得？心也不慌了，也静下来了，自己感觉形神安泰了，很舒服了。我们在座的恐怕都有这种感觉，假如真正到了那个境界是非常舒服的。佛家讲明心见性，道家讲修身养性，我们儒家讲穷理尽性。所谓穷理尽性就是明白天理良心来实现复性嘛，所以三教的根本精髓是一致的。说法不同，万法归宗。

槐轩很大一个功劳是阐三教之精微，对于佛祖、老子，他不仅不反对，而且还认为都是圣人，这个是立了一个大功劳的。后世的僧羽之流，你戳我的鼻子，我戳你的眼睛，互相打仗，互相攻击。“性外无道”，槐轩解决了这个问题，他对三教精微的阐释是最精粹的。

后来的儒家，走了弯路，有些变了；后来的和尚，走了弯路，有些变了；后来的道士，走了弯路，有些变了。因而才造成儒释道三教你戳我的鼻子，我戳你的眼睛，闹得不可开交，我说我正确，你说你正确。

在座有些学佛的同学，我们可以来把你们以前学的佛家讲的那些东西拿来对照，（佛家）确实也要讲“静而后能安”，形神安泰了，静而不扰了。

第四句：安而后能虑。什么叫“虑”？即考虑、思考。到了形神很舒服的时候，你遇到事物一来了，你就有充分的

① 《大学恒解》：“静久之后，内无情欲之纷，外无形骸之役，安舒自得。”（《十三经恒解（笺解本）》卷之一，第 11 页。）

精神去考虑它。用什么去考虑它？用自然之理去考虑它。一切私欲没有了，从天理良心这个角度来考虑任何问题。为什么安才能够虑呢？槐轩说，安了，道心就生了。什么是道心？道心者，仁心也；道心者，天理良心也。你就有把尺子了，那么遇到事物，你就用这把尺子去衡量它。

安，就能够虑了，他就能够拿这把尺子，排除私心杂念，用天理良心来考虑问题。虑者，思考也，考虑也，能够区别正误了。经过考虑，用天理良心这把尺子来衡量，就晓得哪些是正确、哪些是错误、哪些做得、哪些做不得、哪些想得、哪些想不得。

“虑”用槐轩的话说叫作“虑其是非”。所谓“虑其是非”，就是用天理良心来衡量，遇到一个事情，究竟是是还是非，是的做，非的不做，就能够安，道心就生，天性就恢复，良心就出现，因而就能够区别正误、判断是非。

最后一句：虑而后能得。得到了真理，就谓之得。所谓真理是什么？就是天理良心。所谓得到了天理，就是你的一言一行、一举一动都合乎天理，合乎大学之道“在明明德”的那一个“德”了。

所谓“得”，是得其理，就是指合乎德的要求。那么你在处理各种问题、各种事情的时候，都能够符合天理良心，“虑而后能得”。虑而后能得，用槐轩的话来说叫作“得其至理”。所谓“得”，就是得到这个东西了，得到大学之道“在明明德”的那一个“德”了，得到了天理良心。任何事情都处理得合乎于德，没有私心杂念，完全用天理良心作为尺子来评判一个事物。

上面所谈的就是孔圣人讲的在止于至善的功夫次第，就是这样子一步一步来的。首先必须“知”，“知”是了解、懂得。懂得什么？懂得“止”。“止”了过后，就要懂得“定”，懂得“静”，懂得“安”，懂得“虑”，懂得“得”，功夫次第一步一步就在这里面。

物有本末，事有终始，知所先后，则近道矣。[①]

第三节这四句实际上是一个小结，小结前面这么几句：“知止而后有定，定而后能静，静而后能安，安而后能虑，虑而后能得。”槐轩的静养功实际上就是按照《大学》的功夫次第来的，是从孔孟之道来的。槐轩的静养功讲收放心也好，养浩然之气也好，都是按照《大学》《中庸》对于成己成人这个问题（的论述）来的，根本还是在这里。

“物有本末，事有终始，知所先后，则近道矣”强调一个什么东西？世间有万事万物，都有本有末，任何一个事情，都有开始有结果，有先有后。你不要去越级，要知所先后，哪个在先，哪个在后，哪个该前头做，哪个该后面做，自然有一条路，有一个功夫次第。你只要懂得先怎么做，后怎么做，按照顺序来做就叫作“知所先后”，能够做

① 《大学恒解》：“承上而言。凡物皆有本末，为事必有终始。知止者，非寂守而遗事物也。先知止，心则静，可生明，事物易明其理，可以近道。”（《十三经恒解（笺解本）》卷之一，第9页。）

到这样，就接近大学之道了。

请大家注意，“物有本末，事有终始”，是说的自然、天地的道理。“知所先后”这句话的关键问题是什么？就是知止。“知”者，懂得也；“所先后”，这就涉及文言文的语法了，我顺便也提一下。先和后是形容词，凡是在形容词前面加“所”的，就变成了名词，（比如）所先、所后、所说、所谓。所是动词，所说，就是说的；所谓，也就是说的。所先就是前面的，所后就是后面的。形容词和动词凡是前面加“所”的，词性变了，变成名词了。“知所先后”，就是晓得前面的（和）后面的。

“知所先后”，就是知道哪个在前，哪个在后。你知道哪个在前，哪个在后，哪个是本，哪个是末，“则近道矣”，你就基本懂得了“大学之道，在明明德”（的道理），所以这个很重要。

再重复一下，“知所先后，则近道矣”，“知”字很重要，要晓得哪个在前、哪个在后，就是我今天强调的，它有个次第、有个先后的问题。为什么有个先后？因为物有本末，事有终始，所以就必须（懂得）哪个在先，哪个在后，哪个该先做，哪个该后做，不能把先后次序搞乱了。所以，做到了“知所先后”，结论就是“则近道矣”，接近于大学之道了。

古之欲明明德于天下者，先治其国；欲治其国者，先齐其家；欲齐其家者，先修其身；欲修其身者，先正其心；欲正其心者，先诚其意；欲诚其意者，先致其知，致知在格物。[①]

这一段紧承上文来说明“物有本末，事有终始”的道理，它说明，要“明明德于天下”，你必须“先治其国”，国家都没治好，天下你就治不好。要治理好一个国家，就必须“先齐其家”，家庭都没有搞好，你治什么国呢？

“欲齐其家者，先修其身。”（如果）你自己都是乱搞的，你怎么把家里整理好呢？这是反起来问，反起来说。

“欲修其身者，先正其心。”所谓“正心”是什么意思？你的心应该符合天理良心，不能有邪心妄想。

“欲正其心者，先诚其意。”那么欲正其心者，又有个前提条件，叫作“先诚其意”。心和意是不同的，意是刚刚冒出来的那个念头。心呢？我已经在考虑要干什么事情，或者处理什么问题，心是已经基本上定下来的了，意是刚刚冒出的念头，心与意的不同（就）是在这个地方。

诚意，要多说两句。什么叫作诚意？这个念头一冒出来，还不一定做了决定，做了决定就是已经有心了。曾子在

① 《大学恒解》：“意，心之动几。诚，不欺也。致知，推致其好善恶恶之明。物，物欲。孟子曰：物，交物者也。格，扞御意。《书》曰：格其非心。司马温公曰：扞也。张子曰：去也。”（《十三经恒解（笺解本）》卷之一，第10页。）

下一段阐述孔子诚意的时候，阐述得太漂亮了，说得太好了，在这（里）我简单说一下。诚意是要解决个问题，就（是）你念头一冒出来了过后该怎么办。你用这一把尺子去衡量，哪把尺子呢？就是“毋自欺也”。

下一节第一句，曾子在阐述孔子诚意的时候，第一句话就是“所谓诚其意者，毋自欺也”。首先自己不要欺骗自己，一个念头冒出来了，你用尺子去衡量，用良心去衡量，你这个念头（是）好（是）坏，你自己清清楚楚的。首先把第一关，就是冒一个念头我就要先拿尺子来衡量，不要让它成为一个意见。“欲正其心先诚其意”，这个下一节我们再来详细讲。

“欲诚其意者，先致其知。”重点来了，后两句是重点。冒一个念头，我就用天理良心这把尺子去衡量它，在它还没有在我脑筋里头成为心的时候。所谓心就是意见，在没有成为成熟意见之前，先用天理良心的尺子去衡量它，叫作不欺。如果一个念头冒出来，拿“勿自欺也”这把尺子去衡量，发现有哪一点不大对，那么就请你首先把这个不合乎天理良心的念头，消灭在一闪念的时候，消灭在刚刚冒出来的时候，所以叫作不欺、不欺骗自己。当冒出来的念头有点不对的时候，赶紧诚意，做到真诚不欺。不欺谁？不欺骗你自己。这个是诚意。

那么怎样才能够用这把天理良心的尺子，把不符合天理良心的东西消灭在一闪念之间呢？答案是：“欲诚其意者，先致其知。”什么叫“致”？就是获得、得到；什么是

“知”，就是了解好和坏。当你脑筋里头冒出一个念头的时候，怎样使它合乎天理良心呢？就要“先致其知”，你就要了解这一闪念的东西究竟是好的还是坏的。也就是说，一闪念之间一个东西冒出来了，你必须要（通过）致知去衡量它（的好坏），用天理良心来衡量它的好坏，这就叫作致知。

“先诚其意”，“诚其意”又涉及一个文言语法。“意”，是这个念头，“诚”字本身是形容词，形容词怎么能够带宾语呢？动词才能带宾语嘛。上一次我就讲过了，形容词一带宾语，就变成了使动词。“诚其意”，就是使念头诚。诚，真诚，就要使念头真诚，就是要喜欢好的、符合天理良心的，去掉那个不好的，叫作“好善恶恶”，就是喜欢好的，不要坏的。什么是天理良心？也就是孔孟讲的仁。因此我们说到这个地方，就请大家注意一个问题，致知是修身的前提。

怎么样才能够获取真知呢？一句话：“致知在格物。”这是重中之重。先讲“格物”这两个字。所谓“格”，去掉也，抵御也。抵御、去掉什么？（去掉）物欲。请注意物欲都是坏的。私欲、私心，都是与天理良心相违背的。致知最后归结到格物上，所以格物就是重点。

槐轩与朱熹在理解《大学》上，尤其在格物这个问题上可以说是基本相反的。槐轩认为，因为宋儒没有把《大学》本经这一章搞通，所以整个《四书》就找不到根本了，这个是槐轩的结论。宋儒认为格物就是从“半日读书，半日静坐”做起，读《四书》《五经》，读了半天的时间，他就来格物。他所谓的“格物”是什么？就是每一件事情，他都要去研究一下，所以曾经闹过一个笑话：陆九渊去格物，他半天坐到书房里面，看到房子外面的竹子，他就一根一根地去研究，说竹子生成的道理在哪里呢？为什么要长叶子呢？为什么要（长）杆呢？杆当中为什么有结？他格来格去格了一天、两天、三天，都没有格出个道理出来。这就说明格物这两个字的真正意思他根本不懂，他怎么格得出来呢？茶杯、烟缸能格个什么道理出来？

所以槐轩认为宋儒根本不懂格物。所谓格者，不是当研究讲，而是当抵御讲。物（欲）者，是私心杂念。格物者，即抵御私心杂念。这样和前面的合在一起就讲得通了，串联起来了，宋儒在格物上始终解决不了的问题，槐轩把它说清楚了。格，即格去、抵御。物，即物欲、私欲。“去私存理”，去掉私欲，完全存一片天理良心。

为什么归根结底要回到“致知在格物”这个问题上呢？为什么要格物才能够致知，才能够获得真正的知识呢？因为一个人私欲多了，某些时候还要（冒）出点损人利己的心，只想到自己的这种私心，这个东西一多了的话，你的天理良心就昏（没有）了。

用槐轩的话来说，就是“人心蔽于物欲则昏”，私心杂念把你的脑壳占领了，你的天理良心轻则昏了，重则失去了，什么坏事都能做出来。因此要获取真知，必须格物，格物就是去掉物欲，这是根本，或者叫作根本的根本。止于至善的最终目的在哪？就在这里。格去物欲，见到了天理良心，那就算真正恢复了你的良心了。

所以，你不管起什么意，存什么心，都是要合乎天理良心的。要平天下，必须治国，治国必须齐家，齐家必须修身，修身对于你自己来说还有几个功夫次第，就要从正心诚意开始，最后落到格物上，格物是关键。

所以接着孔子就讲："物格而后知至，知至而后意诚，意诚而后心正，心正而后身修，身修而后家齐，家齐而后国治，国治而后天下平。"功夫次第就是这样子的。要做一个好人，对国家有所贡献，必须从哪（里）开始呢？（应从）格物开始。什么叫格物？格就是格去私欲、物欲，格去后天不好的东西，恢复上天给你的本来面目。上天给你的本来面目是什么？（是）性。真正做到了大学之道所谓的"复性"，才叫返还先天，才叫天人合一。

物格而后知至，知至而后意诚，意诚而后心正，心正而后身修，身修而后家齐，家齐而后国治，国治而后天下平。[①]

"物格而后知至"，这里我想把这个"至"字提出来说，"至"，应该当成极点讲。至就是到了极点了，你就彻底明白了，明白什么？明白这个道理了。

---

① 《大学恒解》："即上文而正言其义。私净而后理明，故知至。知至而后不肯为恶，故意诚。诚于为善，而后渐化其气质之偏，故心正。心者，身之主；身者，家之主也。家之教通于国，国通于天下，理一而功用不同耳。"（《十三经恒解（笺解本）》卷之一，第10页。）

底下几句，不说都好讲了。知至才能够意诚，意诚才能够心正，心正而后才能身修，身修而后才能家齐，家齐而后才能国治，国治而后天下平。这是倒过去来说的。要治国、平天下，你必须从格物开始。前面反着说："古之欲明明德于天下者，先治其国；欲治其国者，先齐其家；欲齐其家者，先修其身；欲修其身者，先正其心；欲正其心者，先诚其意；欲诚其意者，先致其知。致知在格物。"落到格物上，然后倒过来说，反复地说，生怕大家听不懂，所以孔子反复地说，为什么要反复说？（为了）强调（功夫次第）。

自天子以至于庶人，壹是皆以修身为本。①

从格物一直到平天下，关键问题是什么啊？孔圣人接着就给我们讲："自天子以至于庶人，壹是皆以修身为本。"请注意这个"壹"字，"壹是皆以修身（为本）"，修身是最根本的。说那么多，从平天下一直到格物，核心是修身。这里我们就可以提出问题了，为什么修身会是核心呢？

我们画一张图，这张图一画出来后，它们之间的关系就清楚了，最后的关键还是在于做人：

---

① 《大学恒解》："明明德以及于天下，其序不一，要皆统于修身，身修则德明矣。贵贱一理，故学亦无二。"（《十三经恒解（笺解本）》卷之一，第10页。）

物格（去私存理）——知至（私净理明）——意诚（不肯为恶）——心正（天良已复）——身修（动静皆正）——家齐（为家之范）——国治（国人被化）——天下平（天下来王）

格物、致知、诚意、正心，这（些）都包括了什么内容呢？修身，就是说你自己嘛。那么用槐轩的话来说，是解决了一个成己的问题。要齐家、治国、平天下首先看你自己，你自己都不是好人，还想齐家、治国、平天下，简直是开玩笑。为什么说修身是核心呢？知至了，私欲干净了，把私欲去掉了，理明了，天理良心发现了，这个是从格物来的，物格而后知至，就这样讲。那么既然物格然后知至，知至了以后，意就必然诚了，你跳出来的想法、坏主意就没有了，想的尽是好的了。物格，你已经恢复了天理良心，天理明了，知就至了，知至的时候意就诚了。意诚的时候，你脑子里头想的办法，每一条都合乎天理良心了，意诚就心正了。心正以后，你每天所想、所做的都合乎天理良心的要求了，难道你身还不修吗？身当然就修了。所以格物、致知、诚意、正心这四条都归总到修身，不然后面怎么说，“自天子以至于庶人，壹是皆以修身为本”。“修身”为什么是本呢？身不修，前面的几条就没有了。没有前面的格物、致知、诚意、正心，也不存在身修了。身修前后，用四个字来概括，就是“成己成人”。从格物到修身、成己，你自己成为好人了，成（就）了（自）己。当然成己以后，家庭会搞好，国家会搞好，天下会（大）治，（这就是）成人了。

所以格物、致知、诚意、正心、修身——成己，齐家、治国、平天下——成人，没有前面，就没有后面，这叫作本末。本是格物，末是天下平，所以“知所先后，则近道矣”，要把先后搞清楚。不要说我出来就治国平天下，你自己都还是肇事（不守规矩）的人，你怎么治国、怎么平天下？自己做一件事情，说一句话都是错的，请问你怎么齐家？爱人看到你，父母看到你，甚至儿女看到你一天到晚都在打烂条（鬼混），请问你怎么给家庭当模范？在家庭你都不能当模范，请问你又怎么去治国呢？（怎么）去当县上的、省上的甚至国家的领导？所以为什么叫“家齐而后国治，国治而后天下平”。格物是本，是修身之本，但是格物、致知、诚意、正心都是属于修身的范畴，所以他就说：“自天子以至于庶人，壹是皆以修身为本。”修身之始就是格物，然后就是致知，然后就是诚意，然后就是正心，你把这几条都做好，就修身了。所以修身是本，而齐家、治国、平天下是末，“物有本末”就是这样讲的。

所以“自天子以至于庶人，壹是皆以修身为本”，最后落实到成己上，不能成己就不能成人。孔子说“不能正己，焉能正人”，你去教人家，（人家）底下戳你的背脊骨：你都没有做到，你让我们做。

这种情况不仅在朋友之间经常出现，而且在家庭中

（也）经常出现。我有一个朋友，经常扯大话。有一天他的儿子顶撞了他母亲，他就打儿子，说："你为什么都不孝顺奶奶呢？你还要去顶嘴。"那个娃娃憋慌了，说："你经常和妈妈说奶奶的不是。"这是一个非常生动的例子，他学到了，你叫我孝顺，但你就不孝顺。修身为本怎么来理解？为什么修身才能够家齐，家齐才能够国治，国治然后才天下平？（这是）慢慢扩大（的）。所以修身是本，最后落实到修身上。

"物格而后知至，知至而后意诚，意诚而后心正，心正而后身修"——这是指的成己；"身修而后家齐，家齐而后国治，国治而后天下平"——这是指的成人。孔孟教导你推仁推爱，你自己都不仁爱，你拿什么来推呢？你对自己的家庭都不好，你和同事关系好有什么用？确实道理就是这样子的，《大学》是说透了的，所以"壹是皆以修身为本"，这个很重要！

请大家注意，"壹"就是毫无例外的意思。自天子以至于庶人，皆以修身为本，这个话也是通的，他为什么要加个"壹"字呢？这个"壹"字表示毫无例外，只有这种，不存在二、三、四、五、六，只有一条。"壹是皆以修身为本"，即毫无例外地以修身为本！

其本乱而末治者否矣，其所厚者薄，而其所薄者厚，未之有也。此谓知本，此谓知之至也。[①]

"其本乱而末治者否矣。"（这）就是我前面说的，你身都不修，休谈齐家、治国、平天下。而末治者，哪个是末？修身是本，齐家、治国、平天下是末。成己是本，成人是末。圣人苦心孤诣，反复说"自天子以至于庶人，壹是皆以修身为本"，先强调修身为本的重要，然后再告诉你"其本乱而末治者"，（是）不可能的。意思就是说，身都不修，休谈家齐、国治、天下平，不要作假。齐家、治国、平天下，相对起来是末。那哪个是本？修身才是本。本都乱了，身都不修，能治国、平天下是不可能的。

为什么不可能呢？"其所厚者薄，而其所薄者厚，未之有也。"厚的你把它薄待了，薄的你把它厚待了。所谓厚薄是指修身是"厚"，齐家、治国、平天下是"薄"。他反复地在和你说，强调"修身为本"，修身应该厚的,你却薄视、轻视修身，而应该搁到后面薄视的，你却把它厚了。你这样一弄，应该厚的，你没有厚待它，应该薄的，你没有薄对它，把功夫次第弄混乱了，（弄）颠倒了。要使薄的厚，是

① 《大学恒解》："身，本也，身外之理为末。身不修无以端本，而末何以治焉？盖天下事物之理，皆本身而推。不知修身，则五性、五伦身内天理之事反不知行。其所厚者薄矣，而欲凡事物之来能以天理行之，不失于薄，未之有也。此谓知修身即为知本，即为知之至。前言知所先后者如此。"（《十三经恒解（笺解本）》卷之一，第 10 页。）

不可能的！

槐轩对于修身，用了两句话来概括，概括得相当好："所谓修身者，天下国家，由身而推；格致诚正，为身而设。"[①] "此谓知本，此谓知之至也。" 所谓"知本"是指什么？（是）指"修身为本"。所谓"知本"，他总结了两句，就是"自天子以至于庶人，壹是皆以修身为本"。

"此谓知本，此谓知之至也"，就是你懂得知至了，到了彻底了解的程度，到了最终理解的阶段了。

"此谓知之至也"，这个"至"，当成"彻底"讲。"知之至也"，就是彻底了解了，彻底了解什么？四个字——修身为本！《大学》的重点就在这个地方。

这个是经文，都是曾子述之。曾子又进一步地来阐述，但是孔子的原话实际就只有这一段。在孔子的原话当中，我们看得出来，他强调的一个东西是什么？（是）"修身"！"修身"！[②]

---

① 《大学恒解》，《十三经恒解（笺解本）》卷之一，第12页。

② 《大学恒解》："右《经》一章。盖孔子之言，而曾子述之，以存古圣教人之法也。其下五章，则曾子发明孔子未尽之意，而以诚意为要功，又析心与意之别、诚与正之所以不同，及乎家国天下措施之实。"（《十三经恒解（笺解本）》卷之一，第10页。）

《传》之一章

从第二章起，我们称为传，就是曾子对孔子《本经》的阐发。实际上《本经》只有《大学》开头的这一段，就是“大学之道在明明德”到“此谓知本，此谓知之至也”。在《本经》当中，孔子把成己成人的所有问题以及功夫次第，说得是那么清楚。而从第二章开始，是曾子在《本经》的基础上再来阐述，进一步地举一些《五经》上的话，举一些事实来证明孔子《本经》的思想。所以，学习《大学》应该反复把《本经》搞清楚。

上一次学习了《大学》的《本经》，今天我们就开始学习曾子对《本经》的解说，一共分为五个部分，称之为五《传》。《本经》是一章，是孔子的原话。

《本经》一章，孔子已经把《大学》的功夫次第说得很清楚了，那就是从格物起，到致知、诚意、正心、修身、齐家、治国、平天下，把《本经》所谓的本和末、终和始说得很清楚了。那么为什么《大学》后面还有曾子的五个《传》呢？这是因为曾子认为，虽然孔子的《本经》已经把修身、齐家、治国、平天下（等）大的方面的问题说得很清楚了，把功夫次第讲得很清楚了，但是还有必要进一步来申解孔子对大学之道的阐发，因此就有了下面的五个《传》。

今天我们就先来学习曾子五《传》当中的首《传》，这是曾子对“诚意”的申解。

所谓诚其意者，毋自欺也。如恶恶臭，如好好色，此之谓自谦，故君子必慎其独也。[①]

这是诚意《传》的第一节。“所谓诚其意者，毋自欺也。”毋，不要。“毋自欺也”，不要自己欺骗自己，这就叫作诚意。这是使用的“者……也”句式，“者……也”句式在文言当中相当于现在的“什么是什么”。那么把它翻译出来就是：什么叫诚其意呢？就是不要自己欺骗自己。这就（用）一句话，把诚意的内涵说得很清楚了。不要自欺，就是诚意。那么什么叫作不自欺呢？下面两句就是举例来具体

① 《大学恒解》：“恶、好，上字皆去声。谦，读为慊，苦劫反。曾子因夫子之言而标诚意以为的，恐人骛于知而忽于实也。毋自欺，不自欺其善恶之明。恶恶二句，真心力行也。必如此而后为诚，快然自足，故君子必慎其一念之发，独己所独知也。”（《十三经恒解（笺解本）》卷之一，第18—19页。）

说明。

“如恶恶臭”，第一个“恶”读［wù］，动词，讨厌的意思。“臭［xiù］”，在古文当中，凡是出现臭字，都是指气味，它的本意是气味，不分香味、臭味都叫作臭［xiù］。但是在这个地方，臭［xiù］字前面有一个字限制它，叫作恶［è］，什么叫恶［è］臭［xiù］呢？就是很臭的味道。恶［wù］是讨厌的意思，“如恶恶臭”，就是讨厌很臭的味道。

“如好好色”，第一个“好”读［hào］，爱好的意思。“好［hǎo］色”，漂亮的颜色，也可以把它理解成为漂亮的人。

“如恶恶臭，如好好色”的意思就是：讨厌很臭的气味，喜欢漂亮的颜色或者漂亮的人。

这是每一个人都有的（本能），喜欢好的，不喜欢差的，这个是自然的。

用“如恶恶臭，如好好色”这两个例子做比喻，说明每一个人都是这样的，每一个人都共有的，这是每一个人真心诚意（的）、真实的那颗心。对于“恶恶臭”“好好色”的这种本能，曾子就说：“此之谓自慊［qiè］。”什么叫作“自慊”呢？就是对一个问题的认识，自己感到很满足，没有一点遗憾了，意思就是真实地认识到某一个事物的真正的东西了。我们把它说得更简单一点，更容易理解一点，那么什么叫作自慊呢？“如恶恶臭”，那个臭的我就不去闻它；“如好好色”，好的我就要去欣赏它，就要看它。这是每个人真实的东西，一点不虚假。没有谁说喜欢闻臭气，喜欢看那个很丑的颜色、很丑的人。这个是人的真心，这个真心就是什么？就是诚。所谓诚者，（是指）能够分清善恶。因为孔孟之道有个基本点，这个基本点就是每一个人都是善良的。他是讲性善的，所以不虚假就是诚。什么叫作不虚假？好的就是好的，坏的就是坏的，不能把好的说成坏的，坏的说成好的。假如把好的说成坏的，坏的说成好的，这就是虚假了，虚假了就是不诚了。所以这个比喻打得很好。什么叫作诚意？诚者真也，真实的意思，就是“如恶恶臭，如好好色”。曾子给它取了个名字，叫作“自慊”。我们再把它翻译出来，更容易理解，所谓“自慊”就是自己不会感到遗憾，那就是八个字：“知善必为，知恶不为”。这是每个人本身具有的，好事就去做，恶事就不做。每个人从先天性善这个角度上来讲，都应该做到“知善必为，知恶不为”。

那么总体来讲，“所谓诚其意者，毋自欺也”，就是举个例子来证明“如恶恶臭，如好好色”。曾子说这个就叫作自慊，就是真实表达了自己的思想，晓得善（的）就去做，晓得恶（的）就不做。

这只是一个认识问题，那么又怎么才能够使意诚，从而保证不虚假呢？所以他最后的结论就出来了：“故君子必慎其独也。”那么什么叫作慎独呢？“慎”，谨慎的意思。独自一个人在一个地方，没有其他人，叫作“独”。慎独，就是当你一个人独居的时候，都要能够保持“如恶恶臭，如好好色”（的本心），这一点很不容易。一个人好和坏，往往都是在别人面前表现的。一般我们所说的伪君子，他刚认识你的时候不会说我们去杀人放火，他都要说杀人放火不对，表面上做好人。但是在独居的时候，原形就显出来了，什么坏思想都冒出来了，什么坏行为都做得出来了。所以曾子就给我们指出，要怎样才能够真正保持念头是纯善的。“意”就是念头，诚意就是真实的念头，上天给我们的仁心、给我们的真诚的念头，怎样才能够保持？不是在行为上去保证，而是要在念头上保持好。君子就是要真正保持在没有人看到的时候，他的念头都是好的。小人就是行为上有时候表现出来是好的，（但）念头不一定是好的，这个就是君子和小人的区别。

那么君子又怎么能够做到在独居的时候保持念头是纯善的呢？所以曾子就讲：要真正诚意，就必须做到慎独。所谓慎独者，即当你一个人在独居的时候，产生一个念头，你就能够区别它是好是坏，是坏的，马上去掉，是好的，就去做。

曾子举这个例子叫作自慊，所谓“自慊”就是“知善必为，知恶必改”，而要能够做到自慊，就有一个很重要的功夫，曾子说就是“诚意”。你一个人在独居的时候，都能够把善恶分得清清楚楚，善的你就去继续想，恶的你就去除（掉），能够做到这样子就是君子，就叫作自慊了，就不会惭愧了，自己不觉得对不起天地人生了。

“故君子必慎其独也。”请大家注意这个“必”，必者，一定也。一定要在慎独上下功夫，所谓在慎独上下功夫，就是当你一个人的时候，能够把善恶的念头区别清楚，善的就去做，恶的就去掉，做到这点就是君子。

小人闲居为不善，无所不至，见君子而后厌然，揜其不善，而著其善。人之视己，如见其肺肝然，则何益矣？此谓诚于中，形于外，故君子必慎其独也。[①]

第二节就用小人来做对比。

（第一节和第二节）前后两个“故君子必慎其独也”，一个从正面说，一个从反面说。正面来说，就是要自慊，就是在独居的时候都不要欺骗自己，那才是真诚。但是小人就不同，“小人闲居为不善”。一个人平时在家里独居的时候，在自己屋里坐着休息的时候，就谓之闲居。小人独居的时候，他做起坏事情（来），（就是）无所不为，什么坏事情他都能干（得）出来，没有什么坏事情是他不干的。

“见君子而后厌然。”“厌”字本意是藏着、闭藏的意思。“厌然”就是他看到了君子的时候，就把自己真实的那面闭藏起来，不让君子看到，就（开始）作假了，具体的表现是“揜其不善，而著其善”。“揜”字当成遮盖讲，看到君子，他就厌然，就把他真实的东西掩盖起来。“而著其善”，“著”就是表现，把真实的东西、坏的东西掩藏起来，把那个假的、伪善的东西表现出来。在君子面前，在群众面前，他就把坏的掩盖掉，把好的尽量表现出来。

曾子说“人之视己，如见其肺肝然”，就是说你不要作

① 《大学恒解》：“意动即形于外，不慎即入于小人，故即以反形再言必慎其独。朱子曰：厌然，消沮、闭藏之貌。诚于中，自欺之实如见肺肝，则不惟难以自欺，亦不能欺人。”（《十三经恒解（笺解本）》卷之一，第19页。）

假，你不晓得别人在观察你，把你的肠肠肚肚都看得清清楚楚，假的就是假的，伪装是装不下去的，你“揜其不善而著其善”起不到作用。你的伪装欺骗不到别人，作假有什么益处呢？这是曾子举小人的例子，从反面来证明必须诚意。作假是行不通的，你还要像君子那个样子，恶恶臭、好好色，实实在在的，没有一点虚假才对。君子是诚，小人是伪，这是对照着讲的。

为什么一看君子就晓得他是君子，一看小人就晓得他是小人呢？曾子就进一步进行阐释：“此谓诚于中，形于外。”真诚（或虚伪），都要表现出来，你内心深处的东西不可能不表现（出来）。正因为你在别人面前做不到假，那么在什么时候做得到假呢？一个人独居的时候。你一个人在屋里坐着，谁都看不到你，你是真是假，（只有）你自己才晓得。

所以这里又再次强调：“故君子必慎其独也。”在你独居的时候，你一定要问心无愧。你自己问心有愧就叫作自欺，问心无愧即不自欺，就叫作自慊。君子是自慊，小人是自欺。自欺、自慊的分界线如何能够一下就看得出来呢？就是一条：慎独。因此曾子两次强调：“故君子必慎其独也。”通过一正一反来说明必须诚意。怎样才能够去除假的，怎样才能够保持真的？只有慎独。孔子讲的“诚其意者”，曾子解释透了，解释具体了。什么叫诚意？就是不要欺骗自己。所谓欺骗自己是什么？你自己对善恶是分得清楚的，却要以恶为善，这就在欺骗自己。

因此《传》的前两节，是从一正一反来说明要诚意就必须慎独。所谓“诚其意者，毋自欺也”，保证不自欺者，慎独也！实际上就这么两句话，他翻来覆去说那么多，得出的结论就是这个道理。

曾子曰："十目所视，十手所指，其严乎！"[①]

第三段的意思很清楚，曾子进一步强调说，假如你作假，十只眼睛把你看到，十个手指把你指到，你敢不敢作假？上天和所有与你一起生活的人，都把你看到的，叫作"人神共见"。"见"，就是都把你看到的。人也看到你，上天也看到你，"十目所视，十手所指"，这个多么严（厉）！言下之意，你不慎独，你作假，你的原形（是）要毕露的。

富润屋，德润身，心广体胖，故君子必诚其意。[②]

作假欺骗不到人，（所以）诚意的关键就在慎独。曾子进一步说，你真正做到了自慊，自然要表现出来，怎么表现呢？他打了个比喻："富润屋。"有钱，他住的房子一定很漂亮。"润屋"，这是使动句，使房子润，"润"就是漂亮。

---

① 《大学恒解》："承上文而叹其严，欲人畏天命而致其慎。十目十手，指视森严，即《诗》亦临亦保之意。天地人神，本一气相通，君子畏天命，则必慎独。曾子曰，犹《左传》君子曰之例也。"（《十三经恒解（笺解本）》卷之一，第19页。）

② 《大学恒解》："润身，充实而有光辉之意。广，无愧怍。体胖，其一端即易见者以晓人也。胖，谓丰美冲和。意，心之动。心，身之主。故意诚则形于身，而有此君子必诚其意。"（《十三经恒解（笺解本）》卷之一，第19页。）

"富润屋"，富使屋润，就是使你住的房子很漂亮。"德润身"，你真正诚意了的话，真正（做到）明明德了的话，就润身，就要在身体上表现出来，就使身体（丰）润起来、漂亮起来。"润"是漂亮、美丽的意思。"富润屋"是打的一个比喻，"德润身"才是他要说的（意思）。"德润身"的表现是"心广体胖［pán］"。这个胖不是胖瘦那个胖，这个胖的意思是表示很有精神，就是我们所说的红光满面。我以前看见不少修养功夫很深的人，一个个都是红光满面的，眼睛有光泽，确实是这样子的。我们中有几位曾经见到过周老（周元邠），周老的外表就是这样，眼睛有光，红光满面。还有我们成都有一个姓李的（李永清），刘世兄看到过，陈世兄也看到过，他们都是眼神有光，脸色红润。所谓"心广体胖"，是因为他内在有东西，外在（就）要表现出来的。

"富润屋"是打的一个比喻，"德润身"是要说明的问题，表现出来的是"心广体胖"。曾子以之来证明他前头（说）的"诚于中"就要"形于外"。诚于中，形于外；坏于中，也要形于外，所谓"胸中正则眸子了焉，胸中不正则眸子眊焉"。这个（是）孟子说的，胸中正，你的眼睛都是发光的；心里头不正的时候，你的眼睛里头都是浑浊的，即"眸子眊焉"。

"所谓诚其意者，毋自欺也"，"小人闲居为不善"，"曾子曰：'十目所视，十手所指，其严乎'"，"富润屋，德润身"，从道理到实际，反复强调诚意的重要。指出诚意的功夫在慎独。请大家注意，前四节主要是谈诚意必须慎独。

《诗》云:“瞻彼淇澳,绿竹猗猗。有斐君子,如切如磋,如琢如磨。瑟兮僩兮,赫兮喧兮。有斐君子,终不可諠兮。”如切如磋者,道学也。如琢如磨者,自修也。瑟兮僩兮者,恂慄也。赫兮喧兮者,威仪也。有斐君子,终不可諠兮者,道盛德至善,民之不能忘也。[①]

从“《诗》云”起,曾子又进一步申解孔子前面所说的三方面的问题:致知、格物、诚意。

“《诗》”就是《毛诗》,“《诗》云”,《诗经》上说,“云”就是说。《诗经》上说:“瞻彼淇澳,绿竹猗猗。”“瞻”,就是看的意思。“彼”,那个。“淇奥”,淇水转弯的地方。“奥”,就是弯弯曲曲(的地方)。“绿竹猗猗”,长了很多绿竹。“猗猗”,长得很茂盛(的样子)。凡是在《四书》《五经》里面说的《诗》,都是指的《诗三百》。“《诗》

---

① 《大学恒解》:“朱子曰:《诗·卫风》。淇,水名。澳,限也。猗猗,美盛貌。斐,文貌。切以刀锯,琢以椎凿,皆裁物使成形质也;磋以鑢锡,磨以沙石,皆治物使其滑泽也。治骨角者既切而复磋之,治玉石者既琢而复磨之,益致其精也。瑟,严密貌。僩,武毅貌。赫,光明。喧,宣著也。諠,忘也。道,言也。上文反复言意之必诚,此乃详诚意之功。曾子以诚意为明明德之要,故详言明明德事即诚意事,而致知、格物等义皆在其中矣。引武公之德极其盛,由明明德之功极其密。学则致知也,自修则格物也。恂慄则诚意,威仪广胖之意。盛德至善,民不能忘。结言德者,人之所同。德盛者,其明德时已能亲民,故民亲之。盛德至善,德极其明,言德之盛,而即以夫子至善名之,以明德之极功由止至善而驯致也。”(《十三经恒解(笺解本)》卷之一,第19页。)

云”就是《诗三百》篇上说的。

“有斐君子，如切如磋，如琢如磨。”“斐”，很文雅、不粗鲁的样子。“切”是切断，“磋”是把它磨光，“琢”是用磋把它磋光，“磨”是指打磨。

“瑟兮僩兮，赫兮喧兮。有斐君子，终不可諠兮。”“瑟”，表示很严密。“僩”，表示一个人很威武的样子。“赫”是很光明的意思，“喧”是清楚的意思。“諠”，是忘记了，“终不可諠”，始终忘不了。

到这为止是《诗经》的原文，下面是曾子的阐释。

“如切如磋者，道学也。” “道”，把它翻译出来就是“说”。“道学”，说的是学。“如切如磋”说的是学。那么道学究竟是道（说的）什么学呢？这个学应该怎么理解呢？曾子解释《诗经》所说的“如切如磋”，是说的学习，但还是没有说清楚。槐轩进一步指出，这个“学”就是指的致知。“如切如磋”，就是说的致知。

为什么如切如磋，就可以致知呢？因为切就是把好的和坏的分开，就是要分清是非。所谓“磋”呢，就是坏的不要了，好的把它打磨光，让这个善越来越纯，一点没有掺杂坏东西，成为纯善。所谓“致知”，就是要分辨善恶，如切如磋就是致知，这是打的比喻。

“如琢如磨”又是指的什么呢？曾子说“如琢如磨者，是自修也”。这个“自修”应该怎么理解呢？槐轩说，“所谓自修者，格物也”。

说到格物，就说到槐轩的功夫上了。格物就是去掉了人欲。(此)格物，跟宋儒讲的那个格物有本质的不同。所谓格物者，是要格去人欲，而所谓人欲指的是私欲、坏的东西，好的东西不叫人欲，请大家把这些概念搞清楚。格物是格去物欲，(格去)后天的私欲，格去不符合仁义礼智信的那种想法、那种念头，只是去掉这个东西，不是喊你好坏一起去掉，就当个木头人，不是这个意思，所以这个比喻打得很好！

"如切如磋"，"切"，不是叫你完全丢弃，而是分出好的坏的。好的留下，坏的去掉。留下了好的，你需要做什么？就要磋，就要使它进一步发出光明，使它没有一丁点掺杂的东西，这个比喻打得相当好！"如切如磋者，是道学也；如琢如磨者，是自修也。"所谓"自修"就是格物，把坏的去掉，好的留下来，让它更加光明。

"瑟兮僩兮者，恂栗也。赫兮喧兮者，威仪也。""瑟兮僩兮"，曾子解释为"恂栗"，什么叫恂栗呢？恂栗的意思是非常谨慎、严肃。作为君子，要使自己慎然，要经常让自己的心境、内在的东西，处于谨慎的状况当中。所谓谨慎，(就是)慎独。

那么槐轩对恂栗是怎么理解的呢？用槐轩的原话说，就是"常怀戒惧之心"。经常心里头都要想到"十目所视，十手所指"，干不得坏事情，连一个坏的念头都不能产生，就是这个意思。

"瑟兮僩兮"，表面上是在说要严肃、要谨慎，实际上是指当你独居的时候，当你在大庭广众的时候，都一定要有诚意，所以，“瑟兮僴兮”实际上是指的诚意。

“赫兮喧兮者，威仪也。”“威仪”，实际上就是指前面所说的“富润屋，德润身，心广体胖”，就是指的精神面貌。假如说“瑟兮僴兮”是说内在的东西，心静、诚意了，那么它表现出来就是“赫兮喧兮”，“赫兮喧兮”就是指“心广体胖”。所谓“威仪”，是指表现出来的样子。“仪”，仪表。“威仪”，表现出来“盛德至善”的那种样子。

“瑟兮僴兮者”，诚意（心情，内在的），这个叫作诚于中；“赫兮喧兮者”，威仪（精神面貌，外在的），这个叫作形于外。

槐轩说，“道学、自修、恂栗、威仪”把诚意、格物、致知一下都说（到）了。总体来说，曾子举《诗经》的诗句来阐明孔子的格物、致知、诚意、正心。

“有斐君子，终不可諠兮者”，又应该怎么去理解呢？曾子的理解就是：“道盛德至善，民之不能忘也。”“道”当成“说”讲，说的是盛德至善，人民忘不了他，人民永远怀念他，人民永远学习他，人民不能够忘记这个君子。所以《诗经》上说的“有斐君子，终不可諠兮。”因为他已经明明德了，因为他从格物、诚意、正心、修身一直到齐家、治国、平天下的本末功夫都具备了，所以人民不能够忘记他。“终不可諠兮”，諠是忘怀，永远不能忘记他，为什么永远不能够忘记他呢？因为他（达到了）盛德至善（的境界）。

那么我们小结一下，他（曾子）所举的“如切如磋，如琢如磨”，“瑟兮僴兮，赫兮喧兮”，“有斐君子，终不可諠兮”，槐轩进一步（将其）比较浅显地联系了前面的本末功夫，从格物、致知到诚意，都包含到《诗经》上所说的几句话当中。《诗经》的话说得笼统，曾子做了解释，槐轩更结合本末功夫以及功夫次第，明白地点出来哪个是在重点说格物，哪个（是）在重点说致知。

《诗》云："于戏，前王不忘。"君子贤其贤而亲其亲，小人乐其乐而利其利，此以没世不忘也。[①]

《诗》云："于戏，前王不忘。""于戏"是叹息，与"呜呼"同义。"前王不忘"是宾语提前，就是不忘前王的意思。古汉语否定句中代词做宾语，宾语就要提前。前王不忘就是不忘前王，为什么不能够忘记他，具体表现是什么？就是下面的两句话："君子贤其贤而亲其亲，小人乐其乐而利其利，此以没世不忘也。""此以"，就是所以。"没世"，就是一辈子。所以一辈子不会忘记他，为什么不会忘记他呢？因为君子（通过）学习最后达到的目的，（是）诚意、正心、修身、齐家、治国、平天下。这个君子是指在位的，指在上

① 《大学恒解》："上文言明明德之功而及民不能忘，恐人疑其阔远，故引《诗》申言民不能忘，止是德极其明，自然见诸事功，洽于民心。知《诗》言不忘前王之故，则知齐治均平皆由明德。而下文乃言明明之义，以古证也。朱子曰，前王，谓文、武。君子，后贤后王。小人，谓后民也。于戏、呜呼同，叹美词。亲民者民亦亲之，至于没世不忘，则由明明德时便已亲民。凡贤亲乐利之事无不周知，故能然。"（《十三经恒解（笺解本）》卷之一，第20页。）

的人。在上的人“贤其贤而亲其亲”，在下的百姓“乐其乐而利其利”，这两句结构是一样的。“贤其贤”，以他的贤为贤。“贤”字是形容词，形容词作为谓语的时候就提前，以他的贤、把他的贤当成贤。“君子”，在上的人，文（王）、武（王）、周公以及后世君子，他们都以贤为贤，以亲为亲，使得国家长治久安，因此，君子之德，“极其盛而臻于善，民之不能忘也”。

而“小人”呢？这个“小人”指的是一般人，而不是指的坏人，是一般的老百姓。一般的人，沐浴文武之化，身享文武之治，教化与福泽遗留后世。因为社会风气变好了，老百姓因此都来跟着（圣人）复性做好人。“乐其乐”，得到了快乐，不仅自己得到利益，而且泽被久远，子孙后代也因此得到了长远的利益，因而，“小人乐其乐而利其利，所以没世不忘也”。

以上，从“从瞻彼淇澳”到“于戏，前王不忘”，（讲）诚意的是四节，“于戏”之后是两节。（前面）四节重点是在解决“诚意”这个问题，诚意：一正一反，说明慎独为诚意之功。另一部分（后面两节），是曾子进一步地申（言）格物、致知、诚意的功夫，引《诗》申言德极其明，以文武证实之，言贤亲乐利，只是己德已明，自然见诸事功，洽于民心。

《康诰》曰：“克明德。”《大甲》曰：“顾諟天之明命。”《帝典》曰：“克明峻德。”皆自明也。汤之《盘铭》

曰："苟日新，日日新，又日新。"《康诰》曰："作新民。"《诗》云："周虽旧邦，其命维新。"是故君子无所不用其极。[①]

《康诰》是《书经》上的一个篇名，《周书·康诰》篇有一句话叫作"克明德"，"克"当成"能"字讲。"明德"，就是"大学之道在明明德"，让天理日渐明白。"德"就是天理，也就是天理良心，让我们的天理良心一天一天地在我们心里生根发芽、开花结果。所谓"克明峻德"，串起来讲就是，天理良心不断在我们的思想上显明，亦即《康诰》说的"克明德"。

《大甲》曰："顾諟天之明命。""大"，读作泰。"大甲"，是成汤的后人，也是《书经》上的一个篇名。"顾"，内视。内视就是内顾，就是止于至善的意思。顾，我

---

① 《大学恒解》："大，读作泰。諟，古是字。峻，《书》作俊。朱子曰：《康诰》，《周书》。克，能也。《大甲》，《商书》。顾，常目在之也。天之明命，天理，天之主宰，故曰明命，而人独得之。《帝典》，《尧典》。峻，大也。盘，沐器。铭，名其器以自警之词。苟，诚也。鼓之舞之之谓作。上文言明明德之功，引《诗》将夫子格致诚、亲民等义皆包括其中，已极详备矣。此乃言夫子言明德，又言明明以功，必自尽而且必明之又明，然后合天命而德极其至也。克，能也，精进不息之意。顾，内视。諟，是也。心目内顾即自明，人不能贷，畏天命也。峻，高大也。《盘铭》即明而又明之义，《康诰》言作亦此意。德与天合，故命亦新。极明之至，言必明而又明也。天命亦通，则明德自然之效，而上文所以言民不能忘也。极即明德，皆自明也，言皆自诚。其明明之功，无所不用其极，成己成人，皆本德明也。德者，人人所同具，故明明德之外，无学业。"（《十三经恒解（笺解本）》卷之一，第20页。）

再稍微说清楚点，就是用意识眼睛看，心静下来你就晓得了，我就不再说了。“諟天之明命”，“諟”者，此也。“天之明命”是什么？（就是）天理良心。就是说你内视的就是天之明命，就让你要随时保存上天给你的那一个心，也就是天理良心。把它翻译出来就是，经常内视上天给你的天理良心，这个就是初功。

“《帝典》曰：‘克明峻德。’皆自明也。”《帝典》也是《书经》上的篇名。“克明峻德”怎么讲呢？“克”就是能够，“峻德”就是大德。能够使大德在你的大脑里头不断地明白，就是明明德，明而又明之意。使天理良心不断地在你的思想上闪现，而且散发光明。“明峻德”，是文言当中的使动用法，使德不断明。使这个大德，就是天理良心不断在我们思想上一天一天地更加明白，这个就是天之明命。“克明峻德”，就是能够使天理良心不断地在思想上发光。“皆自明也”，包括了前面所说的“克明峻德”“顾諟天之明命”。“克明峻德”，就是指你要不断使自己的思想恢复天理，复性，不断复性，就是这个意思。这几句话重点说的就是功夫，总的来说，这几句话说的（是）要明明德。

前面几句话说得很明白了，就是要明明德。那么“汤之《盘铭》曰”以下这几句该怎么理解呢？“汤之《盘铭》”，是成汤的洗脸盆上刻的铭文。它上面就有这么几句话：“苟日新，日日新，又日新。”“苟”，假如的意思。“日日新”，一天一天地新。“新”，就是明德的意思。一天一天地要明德，仍然还是说的明而又明，不断地明，不断地使自己的天理良心得以发现，不断地使它发出光明。“苟日新，日日新”，“日日”就是天天，天天都要新，随时随地都要新。这个又是明而又明的意思。这几句话就是说你要不断地明而又明。

“《康诰》曰：‘作新民。’”“作”，是振兴、奋发之意。鼓之舞之也，就是要鼓舞他、鼓励他，使他不断地明明德，鼓舞那种不断明明德的人做新民。“民”，指人。意思就是使你以外的那些人不断地明明德。那么这句话就不仅要使自己明明德，而且要使别人都能够明明德。

“汤之《盘铭》曰：‘苟日新，日日新，又日新。’”(是指）你使自己（明明德)，而《康诰》曰“作新民”，就是你不仅使自己明明德，（还）要使你周围的人、使你认识的人都要明明德。这就是槐轩所讲的不但要“成己”，而且要“成人”。所以槐轩讲的成己成人，功夫全在《大学》。光成己，没有明明德。

《大学》开头的两句话就包含了两个意思，第一句是“大学之道，在明明德”，第二句就是“在亲民”，缺了亲民不能够明明德。我们转回去理解前两句，（就）更深刻了。“大学之道，在明明德，在亲民”，亲民功夫就是明明德的重要内容之一，“在明明德”只是说你自己，“在亲民”就是要使你所接触的人都（要）明明德。缺乏了亲民，明明德的功夫是不全的。这里就已经包含了不但要成己，而且要成人(的思想)，就是槐轩讲的成己成人。

怎样才能做到“在明明德”和“在亲民”呢？方法就只

有一个，“在止于至善”，（这）就是功夫。就要讲功夫次第，就要讲格物、致知、诚意、正心、修身，这个是从“自修”说起。从修身推出去，（就是）齐家、治国、平天下，不仅要搞好自己，而且要搞好别人，从家开始，从家到国，从国到天下，这就完全说清楚了“在明明德”“在亲民”的道理以及他们的关系了。方法只有一个，“在止于至善”，从你自己做起，成己才能够成人。孔子说“不能正己，焉能正人”，你自己都没有正，你怎么去正人？你说得再好，还要看你做得怎么样。

这个是成己成人的学问，槐轩提出的成己成人就是根据这个来的。所以“汤之《盘铭》曰：‘苟日新，日日新，又日新’”。自己首先要不断地明明德，要明而又明。“《康诰》曰：‘作新民。’”要使别人都能够日日新，这个就是亲民的功夫。

第三个举的（例子），（是）《诗经》上说的。“《诗》云：‘周虽旧邦，其命维新。’是故君子无所不用其极。”引这一句话是说明它的效果，文王、武王他们能够做到“克明德”，“顾諟天之明命”，“克明峻德”，他们能够自明，能够明明德，同时他们又能够“苟日新，日日新，又日新”，而且最后做到“作新民”，所以文王、武王就都成了圣贤，《诗经》上就赞美文王、武王。周朝八百年，虽然是旧邦，建立朝代很久了，但是其命维新，他们能够明明德，他们所采取的一些治民的措施都是新的。所谓“新”者，就是符合当时社会的要求，符合当时人民的福利。

在《孟子》上，齐宣王问，怎样才能把国家治好，最后能够平天下。孟子就用《诗经》答复他说："周虽旧邦，其命维新。"前面他说了很多了，最后也引了这么两句。孟子就跟齐宣王说："子力行之，亦以新子之国。"照着文王、武王的办法去做，怎么做呢？就是"克明德"，"顾諟天之明命"，"克明峻德"，就是"苟日新，日日新，又日新"，"作新民"，你齐宣王一定能够达到平天下的目的。孟子专门举了这个例子来教育齐宣王，意思就是说：现在的齐国很强盛，但你要想统治天下的话，就必须要跟着文王学，跟着文王学什么？就要从自己明明德（开始），然后亲民，最后你才能够"新子之国"，使你的国家出现崭新的面貌，你就可以平天下。关键就在这里。

所以从"《康诰》曰：'克明德'"，到"皆自明也"这几句，重点是在说必须明明德。从"汤之《盘铭》曰：'苟日新，日日新，又日新'"，到"《康诰》曰：'作新民'"这两句，说明不但自己必须明明德，必须明而又明，而且要使周围的人也能明明德。

最后一句"是故君子无所不用其极"，只要是能够明明德的，他什么办法都要想到。"无所不用其极"，"无所"，没有哪一处地方；"不用其极"，"其极"是什么呢？就是指明而又明的那个天理良心。把它翻译出来就是，作为一个君子来说，他没有一处地方没有用天理良心。这个又是一节，从"《康诰》曰"到"是故君子无所不用其极"，是申"明德"及"明而又明"之义。

诚意四节、《诗》二节、《康诰》一节，都是紧紧抓住知止、诚意、正心这几个问题在证明。

《诗》云："邦畿千里，维民所止。"《诗》云："缗蛮黄鸟，止于丘隅。"子曰："于止，知其所止，可以人而不如鸟乎？"《诗》云："穆穆文王，于缉熙敬止！"为人君，止于仁；为人臣，止于敬；为人子，止于孝；为人父，止于慈；与国人交，止于信。[①]

（以上）这一节在谈什么呢？每句（都）有一个"止"字，就是进一步来阐释"在明明德"，"在亲民"，"在止于至善"。为什么要止于至善？他进一步来申明，因为前面已经有了，诚意也有了，致知也有了，怎样才能够格物？怎样才能够致知？怎样才能够诚意、正心一直到修身呢？最关键要有个基础，修身是为人的开始，而知止就是为人之基础。

"邦畿千里，维民所止"，这是《诗经·商颂·玄鸟》那一篇当中的两句话。"千里"，是指广大；"畿"，是指京城。一个国家都有京城。"邦畿千里"，京城有千里那么大，表示

① 《大学恒解》："上文言明德之义已详，此乃言止于至善之义。邦畿为万民所止，至善为万理所归。鸟尚知止，人安可不知止？止兼内外而言，非徒空寂也。但外本乎内，文王缉熙敬止于内，故仁敬孝慈信，能得其道于外，所以《大学》必止至善而后明德。有基即意发而诚之，亦易易也。朱子曰：邦畿，王者之都。止，居也。缗蛮，鸟声。穆穆，深远意。于，叹美词。缉，继续也。熙，光明也。丘隅，山曲之处。"（《十三经恒解（笺解本）》卷之一，第20页。）

京畿之大，国家的首都之大。“维民所止”，都是老百姓所看到的地方，都是他们眼光所止、意识所止、所关心的地方。老百姓都关心京城，这个也叫作止，思想集中到那（里）。

这两句话是《诗经》上说的，但是也是打个比喻，我们说《诗经》上都是打比喻的，所以《诗经》上的风、雅、颂、赋、比、兴这个“比”字很重要，读《诗经》首先要了解“比”，它都是用人们所看到的、所知道的、所关心的这些东西来打比喻的，读《诗经》要懂得“比”。

“邦畿千里，维民所止”，这实际上是说人民关心京城，重点在一个什么字上？“止”字！人民都要关心京城。

“《诗》云：‘缗蛮黄鸟，止于丘隅。’”（《诗经·小雅·缗蛮》）“缗蛮”是指那个黄鸟的声（音），鸟声。黄鹂鸟喳喳喳喳地叫，（称作）“缗蛮黄鸟”。

“止于丘隅”，鸟儿是要找个地方休息的，它又停在哪里呢？在丘隅那个地方。“丘隅”，山弯弯口，山旮旯里。喳喳叫的那个黄鸟，它也晓得止，它也晓得要安居下来，就要在山旮旯里头去筑个窝。这也是比喻。

“子曰：‘于止，知其所止，可以人而不如鸟乎？’”“于”，当成“在”字讲，在停止。鸟在丘隅停止，人民的思想在哪（里）停止呢？在京畿停止。孔子说，人也好鸟也好，他们都要找个地方停止。“可以人而不如鸟乎？”鸟都晓得找个地方停止，难道人连鸟都不如吗？

举《诗经》上这两句话，孔子提出了这个问题，这个问题没有回答，但是不回答等于回答了。言下之意是什么？人还是应该在思想上有所止。“大学之道，在明明德，在亲民，在止于至善。”这一节不言而喻，就是在阐明“止于至善”的问题。

“《诗》云：‘穆穆文王，于缉熙敬止！’”（《诗经·大雅·文王》）这一句话是举文王（为例）来说明必须要有所止。“文王”，古代的圣贤之君。“穆穆”者，是指道德高尚，道德高尚的样子就是穆穆。道德高尚的文王，他以天之名，在为老百姓做事，但是他也没有忘记“于缉熙敬止”。“缉”是继续的意思，“熙”是光明的意思，“敬止”，恭恭敬敬地停止在至善之地——止于至善。这个了不起的文王，他不断地、继续地停止在至善之地。

停止在至善做什么？格物，然后致知，然后诚意，然后正心，最后到达修身。修身是始于什么？格物！（从）格物、致知、诚意、正心到修身，这五个功夫次第都起于止于至善，（所以，“知其所止”，是）强调“止（于）至善”。

前面《本经》已经说了，怎样才叫修身呢？正心！怎样正心呢？诚意！怎样诚意呢？致知！怎样致知呢？格物！怎样格物呢？不言而喻，知止，止于至善。所以这一节是说，修身所做的第一件事，就是要止于至善。

“为人君，止于仁；为人臣，止于敬；为人子，止于孝；为人父，止于慈；与国人交，止于信。”这是（对）修身以外的推爱来讲的。孔孟讲，修身还没有到最后，修身只（是）半截。槐轩讲，修身只是成为一个君子、成为一个了不起的人的半截，修身只解决了成己的问题，而后面半截——齐家、治国、平天下，（是）推爱、成人，这个才是全的圣人，全的君子。

所以从“邦畿千里，维民所止”到“穆穆文王，于缉熙敬止”，都集中在谈“止（于）至善”，说明它的必要。那么光是止于至善（还）不够，所以曾子（还要）进一步把它推出去。

最后这一部分“为人君，止于仁；为人臣，止于敬；为人子，止于孝；为人父，止于慈；与国人交，止于信”，就把推爱的内容说了。曾子认为止于至善只是功夫次第的半节，只是本，还有个末。本是先，末是后，既要知本，也要知末。槐轩就（用）八个字（把它）概括了，叫作：“动静交修，本末交养。”成己成人的全部学问（本末之功夫、先后之次第）就在这里面。

对内应该“止于至善”，对外就是“为人君，止于仁；为人臣，止于敬；为人子，止于孝；为人父，止于慈；与国人交，止于信”。这就要求在五伦当中去贯彻。槐轩教我们：“五伦果然敦，天地一气接。”具体的就是在五伦当中来贯彻，这个就叫推仁，也叫推爱。

子曰：“听讼，吾犹人也。必也使无讼乎！”无情者不得尽其辞，大畏民志，此谓知本。[①]

① 《大学恒解》：“引子言以明己标诚意为本，仍是夫子知本意也。格致诚一切功能皆必以诚，诚而后可臻于修身齐治平，本身而推实本一诚耳。即如讼生于不诚，善听不如使无讼。无诚之人不敢欺，心畏敬天命，是人皆革心而诚，齐治平胥可矣。修身所以无不可以此，此谓知本。情，诚也。”（《十三经恒解（笺解本）》卷之一，第21页。）

结束诚意一章，孔子打了一个比方，他说："听讼，吾犹人也。"（《论语·颜渊》）"吾"，我。"犹人"，和人一样。"听讼"，"讼"就是争论，双方争论的时候，我去听讼，我去当法官裁判，"吾犹人也"，我还是和其他人一样，跟法官一样，我做得到。

但是有一条："必也使无讼乎！"我（孔子）当法官的时候，就和一般（人）当法官的不一样。一般（人）当法官的就是（判断）哪些对哪些不对，裁判了就完了。孔子的想法是"必也使无讼"，希望整个世界都不要出现（诉）讼。这个就高级了，就是要使人人都成为圣贤，人人都没有（诉）讼了，法院都要关门了，公安局都要关门了，尧舜之治（就实现了），当然这个是孔子的希望、理想。

那么怎样才能够不出现诉讼呢？关键问题是要做到："无情者不得尽其辞。"没有诚意的人，"不得尽其辞"，说谎的人自己都不好意思把他的理由说完。"无情者"，就是没有诚意的人，（就是）坏人、小人。"不得尽其辞"，（有）两个可能：一个（是）他说的话别人都不听，他没有必要说；另外一个可能是他本人良心发现，他不说假话了。这句话的言下之意，就是希望所有的人都能够诚意，都能够真诚。

"大畏民志，此谓知本"，推开来（阐述）。"畏民志"，这在文言当中叫动词提前，使人的想法都能够时时刻刻处于敬畏当中。处于敬畏当中，让人想到"十目所视，十手所指"（的窘况），说不得谎话，说不得瞒心昧己的话。

“此谓知本”，这个也叫知本。那么恐怕大家有一个疑问，前头说的是“壹是皆以修身为本”的，曾子在这里怎么又说诚意是本呢？究竟知本这个本是诚意还是修身？我们可能有这么一个想法，就要提出这么一个问题了。

这个问题槐轩把它解释（清楚）了。槐轩说，《大学》上所谓的修身，只从修身这两个字来讲，没有具体内容，那么修身只是一个概念。怎样才能够修身呢？前面那几个就是修身的具体内容：正心、诚意、致知、格物。这四个合拢，格物、致知、诚意、正心合起来才有“修身”这两个字。这个话说得很通泰，不然为什么曾子在这（里）又要强调“此谓知本”呢？那是不是和孔子所说的“壹是皆以修身为本”不一致了呢？槐轩认为是一致的，此谓知本包含了修身，（修身）具体地说有诚意、正心、致知、格物（等功夫次第或内容）。因此槐轩就得出结论：所谓修身者，即诚身也。说具体一点，修身就是诚身。修身是不具体的，修身只是个方法，怎么修？正心、诚意、致知、格物，就这样修，一步一步来的。

所以，曾子在这里再一次地强调，所谓知止，就是要修身，修身就是诚身，诚身首先（要）解决正心的问题、解决诚意的问题。那么心与意的区别又在哪呢？《大学恒解》以心的发动处为意。心者，身之所确定的一个看法。念头跟看法有区别，看法是已经成了一个概念了，意是什么呢？（是）一闪的那个东西，（是）念头。

《豫诚堂家训》上有两句话："念头好而是非分明，实践乃为诚意。"就把这个道理说清楚了。念头，一闪念的东西，慎独就是让一闪念的好的东西成为意见，不好的东西马上就放掉了、消灭了、去掉了，善恶清楚。

所以从意到心最后表现在你身上、你的行动（上），作为诚身来讲，是指你有所理解、有所行动，做得好不好（已经）从你身上表现出来了。但是，你的身有没有诚，必须要从意和心两方面去研究。从意到心，就是脑筋形成的一个概念、做的一个决定了。这个东西本身就是修身的过程，修身必须有这个过程，不然修身是一句空话。把修身翻译出来就是你要使自己合乎德，合乎天理良心。但是（这样说）不具体，怎样才能修身？必须通过格物、致知、诚意、正心（的过程来实现），修身是结果。

既然修身是本，怎么诚意又是本呢？因为修身就是诚身，修身是空的，诚身具体了。修身和诚身两个看起来是不同的，修身是你要很好地修持自己或者修炼自己，但是如何修炼？达到目的需要（做）什么？必须诚身。从意到心，最后反映到身上，身必须是诚的！所以在《传》的最后，为什么又要提"此谓知本"就是这个道理。

《大学》的《传》之一章，重点谈的（是）诚意。在整个《大学》的功夫次第当中，诚意是一条很重要的内容，用槐轩的观点来说叫作"立德之基"，诚意是基础。通过格物和致知，就能够实现诚意。但是，诚意是作为《大学》整个功夫次第的基础，因此我们上一次所学习的，不仅谈了诚意，而且谈了格物，谈了致知，谈了最根本的一个方法：止于至善。[①]

① 《大学恒解》："右《传》之一章。言诚意为明德之要，而并详明德之功，凡所以发明夫子未尽之意。盖《大学》之理尽于明明德，德在于身，子故言修身为本。而主身者心，心之动为意，意不诚则心无由正，身亦不修。故曾子特标诚意为要，而并详明德、止至善等义，无不该于诚焉。"（《十三经恒解（笺解本）》卷之一，第21页。）

《传》之二章

今天要和大家一起学习《传》的第二章，重点谈正心。上一章我们学习了诚意，为什么《大学》谈了诚意，还要谈正心呢？这里首先要解决一个问题，就是心和意是不是一个东西。心和意用槐轩的观点来讲，是有所不同的，尽管都是属于一个人的思想，但是，意只是一个念头，意只是一闪念的那个东西。心，那就是从一闪念当中形成的一个概念、一个认识。因此我们在学了《传》之一章，重点谈诚意之后，必须还要把正心这一章作为一个专题（来）学习，曾子之所以把它列为《传》之二章，是有这么一个道理的。

槐轩关于修身这个问题，恐怕和宋儒理学，和二程、朱子以及陆王心学，都有一些差别，这个差别主要在哪呢？就在先天、后天之分。宋儒理学以及陆王心学所强调的，槐轩认为都是后天之学，而槐轩所强调的，是先天之心。什么是先天之心呢？我们在学习《大学·本经》那一章的时候，已经反复强调了，那就是性，所以先天之心是谓性。槐轩很严格地把心、性做了非常明确的区分，心在先天叫作性，在后天的时候才叫作心。作为心、性这两个概念来讲，是划（分）得很明白的，这是很重要的一点。我们来研究学习槐轩的学说，这一条是一个前提，不了解这一点，槐轩的东西有很多就看不懂了。把这个前提搞清楚了，你就晓得槐轩所谓的心与所谓的性是有区别的。

按照槐轩的观点，（就是）先天之心为性，（是）纯善的；后天之心为心，有善也有不善的。这是第二个应该掌握的观点。了解到这个观点之后，我们再来学习槐轩的学说，特别是学习《七经恒解》，学习他有关心性之说，先天、后天之说，我们才能够理解。因此我们今天所学的《传》之二章，就要具体谈到这个问题，这个问题不解决，《传》之二章根本学不通。（如果）把心、性混为一谈了，就解释不通了。

《传》之二章很短，但是内容相当丰富。现在我们就开始来学习这一章。刚才谈了槐轩的观点，心在先天谓之性，在后天由于父母的遗传，由于气质的决定，由于日常的习染，因此后天就谓之心。性纯善，心有善有不善，这个可以说是一个很重要的观点，不然槐轩所讲的内容有些我们就理解不到。那么我们把它说得具体一点，所谓后天之心、所谓气质、所谓心性，究竟指的是什么？我们说性是纯善的，《槐轩全书》当中谈到的“中”就是这个东西，槐轩的书上所谈到的性、中、道都是指的这个东西，提法不同而内涵一致。那么掌握到这个正确的含义以后，我们所谓的后天的心，会有些什么表现呢？先天之心是纯善的，后天之心是有善也有不善的，那么善与不善表现到哪些方面？《礼记》上面曾经讲："喜、怒、哀、惧、爱、恶、欲七者，弗学而能。"这个话的意思是什么呢？就是所产生的七情，七种感情，喜、怒、哀、惧、爱、恶、欲，（是）后天的。一个娃娃生下来以后，父母对他有很深的影响，气质有所不同。一般我们说某人的禀赋怎么样，那个就是气质的影响。再加之有七情，娃娃一生下来都具有这七种感情，这个不是上天给的，不是自然给的。那么生下来以后由于气质有差异，禀赋有差异，再加之所接受的东西有区别，这就慢慢地分出了好的和坏的。由于气质、禀赋、七情的影响，分出了好坏，这个是槐轩的基本观点。

所以，先天之心为性，后天之心为心。槐轩在他的书当中经常提到性与心的区别，性是纯善，心有善有不善。正因为基于这种观点，所以，我们今天来学习《传》之二章，谈到"所谓修身在正其心"，我们有些东西就能够理解，现在我们就先解决字面（上）的一些问题。

所谓修身在正其心者，身有所忿懥，则不得其正；有所恐惧，则不得其正；有所好乐，则不得其正；有所忧患，则不得其正。[①]

---

① 《大学恒解》："朱子曰：忿懥，怒也。饶氏曰：忿者，怒之甚；懥者，怒之留。愚按：身谓气质，七情亦性之用，而气质所困，易失其正。诚意之后，心专于善矣。而气质之心感物而偏，则足以累清明之体，而道心不得其正，有所情为物役也。此言身之有欲，足以累心如此。"（《十三经恒解（笺解本）》卷之一，第27页。）

“所谓修身在正其心者”，说明要修身，必须正心。那么这里又有一个问题，还要先提出来解决。上一次我们学习了诚意，诚意就是我们能够正确处理眨眼间冒出来的一个念头，分清善恶是非，善者成之，恶者去之，那么为什么还有一个正心的问题呢？因为诚意重点在于不自欺，希望大家把这一点弄清楚，所谓“诚其意者，毋自欺也”，一闪念（出现）那个念头的时候，一定要保持最符合性（善）要求的那个善念。而要区别善恶，关键就在于不作假，不要自欺。君子与小人的界限非常明白，说穿了小人作假，君子真诚。所以诚者真也，是真实的，就是善。因此我们把这几个基本观点搞清楚，下面我们就容易理解了。

修身首先要正心，正心又必须（建立）在不欺的基础上。假了，心不能正，当然身也不能修，更谈不上齐家、治国、平天下。《大学》的功夫次第是非常明确的，从“止于至善”开始，教给你最根本的方法，（然后）格去私欲，格去私欲然后就是致知，善者为之，恶者去之，再加之以不作假，（就做到）诚意了，心正就有了最坚实的基础。

那么就有一个问题出来了，通过止至善，“知止而后有定，定而后能静，静而后能安，安而后能虑，虑而后能得”，分清了是非，也使自己的意念、一眨眼的念头真诚了，（就像）“如恶恶臭，如好好色”（那样），是不是这样身就修了呢？不一定！真是这么简单，那后面的所谓正心、修身就不存在了，为什么？人一生下来以后就有心性之分了，从纯善的性到心，心又由于气质、七情（喜、怒、哀、惧、爱、恶、欲）的影响，尽管意很诚，能够分清是非，但是具体形成一个意见、一个见解、一个观点，心还是会出问题。

会出什么问题呢？就是："身有所忿懥，则不得其正。""忿懥［zhì］"：发怒、发气。朱子把它分得更细一些，槐轩引用了他（的）这个解释："忿者怒也，饶氏曰，忿者，怒之甚。懥者，怒之留。"所谓"忿懥"就是发怒，当你在发怒的时候，则不得其正。那么从字面上来讲，凡是发怒都是错误的，该发的怒都不能发？那下面还有快乐都是错误的，不快乐也是错误的，喜欢什么也都是错误的，讨厌什么也都是错误的，也就是七情所表现的都是错误的——这样理解就错了！我们前头把先天和后天、心和性之分搞清楚了，接下来这个就讲得通了。我曾经在市面上看到有些书对《传》之二章的一些解释，始终把它说不圆，怎么会说有感情就不能够得其正呢？忿懥就不得其正，好恶就不得其正，始终把它说不圆。槐轩把它说圆了，就是从性和心的区别上把它说圆了。

而"身有所忿懥，则不得其正"以及下面的"有所恐惧，则不得其正；有所好乐，则不得其正；有所忧患，则不得其正"，都是心所表现的而不是性（所表现的）。因为性本身没有七情，七情是后天的，先天、后天一分就明白了，先天、后天的界限一划，它就通了。那么所谓"有所忿懥"怎么就不是正心呢？这个"忿懥"指的是什么？你自己的心不能沉静下去，表现出来就是你的涵养不好，涵养不好的动辄就要生气。这个忿懥是指涵养不好而动辄生气，不是指一般的生气。（在这）七情当中不能说生气都是错，说生气都错那人（就）成了傻瓜了，没有七情的表现那不是成了木头人了吗？槐轩说的七情有正的有不正的，这样我们就好理解了。这个忿懥是指不该生气而生气，遇到一个问题的时候不能够沉静下来思考，轰的一声就生气，是指的这种（情况），所以这个界限要搞清楚。正因为你不冷静，遇到事情你一下就跳起来了，这样就不得其正，槐轩是这样理解的。

所谓“忿懥”，使之不能沉静、冷静，不管它正确还是错误，只要合你的要求，你就喜欢，不合你的要求就发气，是指的这个。没有一个标准在，以你的好恶为标准，当然是错的。不晓得我说清楚没有，是指的这种情况。

“有所恐惧，则不得其正。”附带说一下，凡是文言当中，形容词做动词，前面加“所”的即变成名词。“有所忿懥”，就是有使人生气的事情；“有所恐惧”，就是有（令人）害怕的事情，有这种表现的不得其正。“有所恐惧”，槐轩是怎么理解的呢？所谓“有所恐惧”，恐惧是害怕，你自己害怕了，你还是有一点善心，你准是做了见不得天理的事情，不然你怕什么呢？槐轩解释这个恐惧，叫作“内省多疚”。好坏还是分得清楚的，内省多疚，自己的心里头虚了，自己做的事情确实对不起天理良心，或者伤害了天理良心。自己感觉到歉然，才产生恐惧的心理，不然你怕什么？为什么会有恐惧的感觉？是因为内省多疚。睡觉的时候还要想想我今天做了一件什么事情很歉然、很后悔、很害怕，就产生了恐惧心理，这个不得其正，不是正的。

第三句：“有所好乐，则不得其正。”同样，与上头一样，有“好乐”的感情，有喜欢的、爱好的、快乐的感情，则不得其正。那么这一个“好乐”又是指的什么呢？单独只说喜欢、快乐，怎么会“不得其正”？槐轩（对此）的解释是：“有如好乐，苟不以礼节情，则遂为所惑，沉溺其中。”①

这里头有两个问题：一个（是）应不应该快乐？一个（是）快乐过不过头？遇到喜事为什么不应该快乐？只要合乎礼的，那你应该快乐，你点头也好，鼓掌也好，甚至于跳起来都可以，怎么不可以呢？这只是感情，感情本身不分好坏，因此所谓“好乐”，是指超过了，沉溺于其中，过头了，不能够用礼来节制它，不能恰到好处。快是愉快，乐是欢乐，假如不以礼节制而沉溺其中的话，那也是不得其正（的）。（比如）到舞厅跳下舞，活动下身体，听、唱一点很好的歌，这个本身不错。（但是）不分昼夜，不以礼节之，沉溺于其中，这种好乐是错的，是不得其正的。

“有所忧患，则不得其正。”“忧患”，是忧愁、担心的意思。为什么忧愁这种感情也不得其正呢？这个“忧愁”又是指什么呢？槐轩解释它是患得患失。患得患失的人一天都愁眉苦脸的，把得失看得很重，或者叫得失心很重，他就要考虑，他就要着急，他就要忧愁。那么忿懥、恐惧、好乐、忧患这四种表现之所以不得其正，都是由于后天的七情不能够正确处理其所带来的东西，当然就不得其正。所以并不是说有这种感情的人不得其正，这点很重要！槐轩说，假设这种

① 刘沅：《大学恒解》，《十三经恒解（笺解本）》卷之一，第28页。

感情都不得其正的话，也不符合喜、怒、哀、惧、爱、恶、欲这七情是不学而能的（道理）。娃娃谁教他哭，谁教他笑？生下来就晓得笑，生下来就晓得哭，七情是不学而能的，不能够把喜、怒、哀、惧、爱、恶、欲否定了。喜、怒、哀、惧、爱、恶、欲因为产生于后天，只要分清楚善恶，就是对的。这一节当中，所谓“有所忿懥”“有所恐惧”“有所好乐”“有所忧患”，那都是偏了的人，所以才不得其正。

这是《传》之二章的第一节。这一节，曾子给我们分析所谓正心，他先从心不正来讲，就是所谓忿懥、恐惧、好乐、忧患，从反面来说明它的表现和原因，这个是第一节。

为什么忿懥也不对，恐惧也不对，好乐也不对，忧患也不对呢？这是因为没有归到善（的）一面，是有私欲在主导你，（而）不是用仁义之心，不是用天理良心来衡量，是你自己出于个人的需要、个人的爱好而表现出来的。

这先从反面来说，这些都不得其正，那怎么才得其正？后面第二节曾子从正面把它说清楚了。

心不在焉，视而不见，听而不闻，食而不知其味。[①]

“心不在焉”，请大家注意，心不在不是没有心了，是不

① 《大学恒解》：“此乃正言正心之功。心本易动，惟止至善之久而性定，则心亦不动，凡非礼之来，见如不见，闻如未闻，不必却之，自不能入，与诚意之待克治者不同。曾子即易见者以言心正之状，非屏聪黜明强制其心也。”（《十三经恒解（笺解本）》卷之一，第27页。）

在七情当中了。“不在”，是指你的心不再被后天不好的七情影响了。“心不在焉”是指什么呢？指止于至善，不动心。孟子所讲的不动心，就是这个东西。所谓不动，是不为私欲所累，不为不正确的东西所累，你的出发点，今天想做的事情究竟是为了什么？是为己还是为人？为善还是为恶？所谓“心不在焉”不是没有心，而是让心不动。心不动这个要说到《本经》上面去了，光是这样讲还是讲不清楚，心不动就是止于至善，止于至善就能够分清善恶，格物下来就（是）致知。所谓致知者，我们上一次说了，致知者就是分清善恶，懂得什么是好的，什么是坏的。

“视而不见”，看（到了）都像没有看到；“听而不闻”，听到了就像没有听到；“食而不知其味”，吃了（食物，连）味道都不晓得。难道是傻子啊？曾子举这个例子，是要把“心不在焉”这个重点提出来。

槐轩的注解说得很清楚，他说：“此乃正言正心之功。”这个是正面而言，前面第一节是反面（而言）。怎样才能够心正呢？心本来是易动的，只有止至善久（了），心就不动了。通过止至善、格物，然后致知，分清善恶，所谓心不动，恶的来了不动，善的来了动不动？动！（面对）善的都不快乐了，这个太不符合实际情况，太不懂人情了。因此“心不在焉，视而不见”云云，是根据上节说的那四条不正而提出的解决办法。对反面的那些影响，对后天的那些不正确、不符合善的东西的影响，就要做到“视而不见，听而不闻，食而不知其味”。那么，怎样才能做到如此不动心呢？

（就要练就）止至善的功夫。这个止至善的功夫就是分清善恶以后，做到“如恶恶臭，如好好色”。分清善恶以后，属于恶的，就像我不该闻臭气一样，我不去闻它。这个“视而不见，听而不闻，食而不知其味”就是“如恶恶臭”。那么好的呢？好的当然要见，当然要闻，当然要尝味道。

因此，我们说第二节（是正面）“言心正之状，正心之功”，（是阐释）止至善（知止，诚意）。

什么才叫作心正呢？前面第一节所说的“身有所忿懥”等都不对，第二节就给你指出你只能够通过长时期止至善、静养的功夫，（才）能够分清是非，然后诚意，不自欺，然后才能够正心。功夫次第是一步一步来的，不能超越。没有止至善的功夫，没有致知、诚意的功夫，你是分不清是非的。“物有本末，事有终始，知所先后，则近道矣。”你连先后、本末都搞不清楚，你说你怎么去走？

此谓修身在正其心。①

第三节（用）一句话总结前面的两节。前面的两节总体来看涉及三个东西：知止——诚意——正心（不动心）。

就和诚意那一章曾子在阐发它的时候也涉及了格物、致知两个功夫（一样），这里谈正心、修身，仍然从止至善到

① 《大学恒解》：“此谓修身在复性之后，又加涵养。至于不动心，乃自然而正，不为气质所累矣。”（《十三经恒解（笺解本）》卷之一，第28页。）

诚意到正心重复地说，所以正心，（就是对不好的观念、事物要做到）“心不在焉，视而不见，听而不闻，食而不知其味”。什么叫不动心？就是正心。

关于《传》之二章最后我还想要强调一个问题，要理解《传》之二章曾子所说的道理，就必须要把槐轩关于先天、后天的观点掌握住。人秉天地之心而生，在先天为性，在母腹中为性，在后天为心，心有善有恶。为什么心有善有恶？善是秉承性给它的纯善的东西，而（各种）影响往往是七情、气质、环境带给他的。自始至终掌握这两个最基本的东西，《大学》就很好理解了。那么我们再阅读槐轩《大学恒解》当中的《贯解》也好，《附解》也好，就容易懂得他所说的道理。我们学的是《古本大学》，程子篡改《大学》之处，你对照一看，也就清楚了。为什么他有些说不清楚呢？就是由于程子把《大学》篡改了。一般来讲，《四书》朱子的解释都是用程子的。我们现在学的是《古本大学》，槐轩的《恒解》是依照《古本大学》（来）解释的，因此有好多观点、有好多解释确实和朱子不同。至于谁是谁非，这个东西我就不说了，大家（自行）分辨。①

① 《大学恒解》：“右《传》之二章。释正心、修身乃知止、诚意，动静交养而不动心也。”（《十三经恒解（笺解本）》卷之一，第28页。）

《传》之三章

《传》之二章（要）学的那么多东西，实际上可以用《中庸》的两句话（来概括）：“喜怒哀乐之未发谓之中，发而皆中节谓之和。”实际上就是让你要“发而皆中节”，并不是说不能发。你怎么能够制止七情六欲让它不发呢？“未发”，纯善；“发而皆中节”，善心。心有善也有不善，（是）槐轩的观点，“发而皆中节”就是善心，就是纯善出来的，就正了。

学这一段，我们（先应）从《本经》“格物、致知、诚意、正心、修身、齐家、治国、平天下”的功夫次第细致去研究一下，每一个功夫次第都很明确，只有一个功夫次第没有说得很清楚。格物不好说，没说清楚，因为格物是止至善的功夫。物是什么？朱子把它理解成是格物穷理。我们理解的格物，（是）格去私欲。格物致知，就能够使我们分辨清楚善恶。诚意，所谓诚者，真也；所谓意者，一闪念的那个念头，（诚意就是念头）要真，不要自欺，程子把它解释清楚了。正心，心要正，这个也说清楚了。就是修身有点不清楚，身怎么修？没有（说）。意就是诚，心就是正，身就是修，怎么修呢？没有说。这里所谓的修身，包含了格物、致知、诚意、正心这四个内容。只不过功夫次第是从格物起，由格物而致知而诚意而正心。因此，修身的概念包含了格物、致知、诚意、正心（等功夫）。我们在学习《传》之三章的时候，首先要把这个概念搞清楚，（即）格物、致知、诚意、正心就是修身。

既然是这样，为什么曾子要专门用一个《传》来讲修身呢？那他又在说什么呢？请注意《传》之三章的内容，实际上还是（要）说到诚意和正心的问题。所谓修身是通过格物、致知、诚意、正心的（功夫次第）来实现的。所以《本经》上说："自天子以至于庶人，壹是皆以修身为本。"

所谓齐其家在修其身者，人之其所亲爱而辟焉，之其所贱恶而辟焉，之其所畏敬而辟焉，之其所哀矜而辟焉，之其所敖惰而辟焉。故好而知其恶、恶而知其美者，天下鲜矣。[①]

① 《大学恒解》："朱子曰：人，谓众人。之，犹于也。辟，犹偏也。身修则自反无恶矣，而施之于人，自恃无过，好恶已陷于偏，故历言五者之情，以见知好、知恶之难如此。"（《十三经恒解（笺解本）》卷之一，第30页。）

《传》之三章仍然还是涉及正心、诚意的问题。因为离开了格物、致知、诚意、正心，修身就是空的，你修什么？修身在修心，因为你身体所表现出来的都是你的心，身体的动作是心的表现。所以，我们在学习这一段的时候首先要把它弄清楚。槐轩认为，心正，身就修了，因为身是心的表现。槐轩《蒙训》指出："心正而身修。"所谓修身没有具体的东西，就是诚意、正心。诚意、正心从哪里来的？（是从）格物、致知（来的）。（这就是《大学》的）本末功夫，或者叫作功夫次第。

"人之其所亲爱而辟焉。"这个"人"，（是）指所有的人，指众人，是指一般的老百姓，而不是指天子，不是指国君。在《四书》《五经》上，凡是说"人"一般都是指众人。"之"，当成"对于"讲。过正了偏了，谓之辟，这个地方读［pì］（《说文》：僻，误也，邪僻也。辟，上同）。"人之其所亲爱而辟焉"，意思就是，众人对于他所亲爱的人有偏。所谓偏就是不正的意思，所谓有偏就是发而不中节。我们经常说，你偏爱某人，你爱得不正，就是那个"辟"字的意思。这一句话翻译出来就是，众人对于他亲爱的人是有偏的，有偏爱的现象，这不是正，这不是修身。你偏爱某一个人，就不是修身的要求，是心不正的表现。

"人之其所亲爱而辟焉"与下面的文字只有两个字不同："之其所贱恶而辟焉"。所谓"贱恶"，"贱"者，轻贱也，把人家看得很轻，把人家看得很贱。"恶［wù］"者，厌恶［wù］也，讨厌某人，厌恶某人，厌恶某一个事。

“之其所畏敬而辟焉。”“畏”，是指心里（敬）服某一个人。孔子《论语》上说的：“君子有三畏，畏天命，畏大人，畏圣人之言。小人不知天命而不畏也，狎大人，侮圣人之言。”“畏”字不能够仅把它解释成为“怕”，畏者是从心里（敬）服了而产生的一种感情。我们对某人产生敬畏之情，敬是尊敬，这个很好理解，畏是心服，从心里头服了。

“之其所哀矜而辟焉。”“哀”，可怜；“矜”，同情。“矜孤恤寡”，“恤”是可怜、怜惜，“矜”是可怜、矜怜。“而辟焉”，（是指）偏了，过于了，或者不及了。

“之其所敖惰而辟焉。”“敖”，傲慢，是指轻视别人。敖对别人来说就是轻视，对自己来说就是骄傲，骄傲要有个对象。“惰”，不是懒惰的那个惰，而是怠慢，就是瞧不起人家。因为你轻视人家，客人来了坐都不让人家坐一下，怠慢人家了。敖惰就是这个意思。

这四句话的意义我们都理解了，现在就来说它的意义。什么叫“之其所亲爱而辟焉”？用两个字来概括，（就是）偏爱。爱是对的，偏爱就不对了。偏者过正也，不恰当了，心不正了。那么既然偏爱不对，怎样才对呢？槐轩认为，这一句话是批评偏爱，而从正面来讲，应该做到不姑息。《大学恒解》在《贯解》和《附解》当中指出，所谓“人之其所亲爱而辟焉”是不对（的），不要姑息，不要溺爱，就正了。

“之其所贱恶而辟焉。”轻贱、厌恶人，是过于了，（但）并没有否定轻贱，并没有否定厌恶。不是说见到（坏）人的时候，一点厌恶之心都没有，对于坏人你应不应该厌恶，应不应该轻贱？当然应该，但是这个也不能过正，过正都叫作偏。那么正确的态度应该是什么呢？槐轩说：“应不念旧恶。”我们再解释一下，就是要抱与人为善的态度，对犯了错误的人，你不能够过于轻视、讨厌人家。

前面第一句（说的）是偏爱，（正确的做法是）勿姑息溺爱；第二句（说的）是偏贱，（正确的做法是）应不念旧恶。（前面说的）都是偏的，都是心不正的表现，正就应该是后面那句①。

“之其所畏敬而辟焉。”这个叫作偏敬，也是偏，也是过于了。那么什么才叫作正呢？槐轩说：“应不屈从，过则谏。”什么叫不屈从呢？不要因为他是父母、是官长、是上辈、是老师，不正确的我都要去帮着他说正确，明明晓得不对还要照着他的话去做，这个叫屈从。不但不应屈从，而且应“过则谏”，不管父母也好，尊长也好，老师也好，上级也好，他有错误，我就好言相劝，这个是心正的表现。“畏敬而辟焉”——偏；“应不屈从，过则谏”——正。

槐轩的解读也是有根据的，不是槐轩随便想到的。《论语》：“事父母几谏。见志不从，又敬不违，劳而不怨。”父母错了，我们要好言好语慢慢和他说。他不听，继续说，劳而不怨，一直说下去。假设完全偏了的话，大舜老早（就）该死了，他所畏敬的人，他父亲、他的兄弟都要他死，他干脆死了算了。“完廪，捐阶”，盖房子的时候他晓得跳下

① 后面那句，指“故好而知其恶，恶而知其美者，天下鲜矣”。

来，逃走；“使浚井，出，从而掩之”，在井里，他晓得逃出来。假设他偏敬父母，就死了算了，那就偏了。事父母要几谏，事君也要几谏。所谓“几谏”者，你所尊敬的人有错，不能屈从。还要给他指出来，这个谏和反对不同，反对是明目张胆地去反对。几谏者，是你用道理慢慢地说。对你所敬畏的人，做到这一点，就正了。

“之其所哀矜而辟焉。”这个叫作偏矜，过也，是过于了。用槐轩的话来讲：“应分功过，不优容。”可怜（同情弱者），（是）对的，但是“辟”就不对了。正确的应该是什么？（是）是非清楚，功过清楚。所谓“优容”者，就是原谅他、优待他。那么也就是说，仍然还是有个标准，这个才叫作正。善恶要分清楚，功过要分清楚。举个很简单的一个例子，（有人）犯了罪，杀了人，该如何对待？第一该杀，（因为）他犯了该杀的罪。但是我们还是有怜悯之心，这就把功过分清楚了，这个就正了。我们可怜他，是因为他道理懂少了，书读少了，法律学少了，不晓得怎么做人，我们还应有个怜悯之心。所谓“不优容”，（是指）是非清楚，功过明白，这叫作正。

“之其所敖惰而辟焉。”“敖”是轻视、惰视、怠慢。偏傲不对，那么所谓正又是什么？（是）应重其人，纳其言。《论语》上讲“不因人废言”，别人和我讲话，只要说的（是）好话，我绝不因为他是坏人，就不理睬他，不能够这样子。不因人废言，坏人也不是完全良心丧尽，有时候他说了一句好话，你也还是应该听。你不能因为他是坏人，他说的话你就不听。与前面两种情况恰恰相对，好人、你所敬畏的人，不一定一言一行都是你的楷模。对于（以上）这几种人，我们不是以人作为判断标准，而是以天理良心为准绳，才能够避免这几点。我们可以进一步这样来理解，所谓“之其所亲爱而辟焉”，这种情况我们天天都要遇到，比如对待妻室儿女或者最好的朋友会有偏爱。“所贱恶而辟焉”就是对待那些有缺点的、表现很不好的人，包括你的儿女你也可能去贱恶。听话的儿子我喜欢，不听话的儿子我还是贱恶的。所谓“畏敬”者，在家里就是父母，在外头就是你所尊敬的老师或者你的上级。所谓“哀矜”者，就比如在旧社会，人家在你这里当丫头帮你，人家都是没法了，很苦才到你家里的。那就应该哀矜她，但是也不能辟。

所谓“敖惰”者，就拿家里来说，在你的父母、兄弟、姊妹、子女当中，你认为自己比其他人高就看不起、轻视人家，这种人也有。所以基本上所谓亲爱者、贱恶者、畏敬者、哀矜者、敖惰者，应该说在你家里都找得到，大家庭更不用说，现在就是只有两口的小家庭也不好说。但对于某个事情，有可能出现这种感觉。就是两个人对于某一件事情也可能出现“而辟焉”的这种情况，即出现偏爱、偏贱、偏敬、偏矜、偏敖这五种情况，（这些）都是属于不正的。而“勿姑息溺爱”，“不念旧恶”，“应不屈从，过则谏”，“应分功过，不优容”，“应重其人，纳其言”这些正的，是按照孔孟之道来的，这是止唐公的发明，是我们处理五伦关系所应该采取的一些措施。

所以最后一句话很重要："故好而知其恶，恶而知其美者，天下鲜矣。"最后结论出来了，什么叫正？就要做到你爱他、喜欢他，你也要看到他的缺点，晓得他的不足之处；你讨厌（他），你也要能够看到人家的优点。两边都能看到，既要看到好的，也要看到不好的。做到了这一点，在对待人上，在对待人的感情上，就能做到心正不偏了。

偏	正	
偏爱	勿姑息、溺爱	好而知其恶 恶而知其美
偏贱	应不念旧恶	
偏敬	应不屈从，过则谏	
偏矜	应分功过，不优容	
偏敖	应重其人，纳其言	

故谚有之曰："人莫知其子之恶，莫知其苗之硕。"[1]

人是指一般人。莫，没有。"人莫知其子之恶"，一般人为什么不晓得他儿子的缺点、错误呢？偏爱嘛！因为是自己的儿女，我爱他爱得不得了，他就是错了，去打人，我都很喜欢："我的乖乖也会打人了。"

---

① 《大学恒解》："苗，谷之始生者。引谚以明辟之为害。不察其恶，故偏好；竟忘其美，故偏恶。类此则身不修，故下文直指之。"（《十三经恒解（笺解本）》卷之一，第30页。）

“莫知其苗之硕”，也没有人晓得自己田里种的秧子的好处。硕者，大也。苗，就是我们所说的秧子。这是从另外一面来讲，他只看到秧苗像一把草，不晓得苗慢慢长大，最后（就）长成可以吃的（谷）了。所以你只看到一面，只看到苗当时无用，但是你就不晓得它最后长成谷子是可以供养你的。

所以这两句话，实际上只是一句话，就是一个知善不知恶，一个知恶不知善。“人莫知其子之恶”，看不到事物的坏处；“莫知其苗之硕”，看不到事物的好处，说明人们在认识上会出现种种“偏”的情况，往往只看到一面，没有看到事物的两面。

此谓身不修不可以齐其家。[①]

此句就是对前面两段的总结。如果人们在好恶方面出现偏差，不能做到“好而知其恶，恶而知其美”，不能做到不以自己的好恶为标准客观全面地认识事物，就不能达到修身的目的。[②]

---

① 《大学恒解》：“承上莫知而言。好恶一偏，身即不修，不可以诚正自恃也。”（《十三经恒解（笺解本）》卷之一，第 30 页。）

② 《大学恒解》：“右《传》之三章。释修身齐家。”（同上。）

《传》之四章

之前，我们学习了《大学》的《本经》，学习了诚意、正心、修身三《传》。今天我们开始学习《传》之第四章。之前，我想还要先说两点。

第一点，我们以前所学的《本经》和三《传》，首先要解决修身这个问题。修身是根本，通过止至善，通过格物、致知、诚意、正心等功夫次第逐步实现修身。我们之所以要止至善，目的也是为了修身，没有修身，后面所谓齐家、治国、平天下（就）都没有了。因此我们的重点应该是（通过）学习《大学》解决修身的问题，修身是本，齐治平是末，这就是《本经》所谓“物有本末，事有终始，知所先后，则近道矣”。要把本末分清楚，没有本，就没有末。说得更通俗一点，没有修身，齐家、治国、平天下统统不存在。学习《大学·本经》以及前面的三个《传》，其核心都落实到修身上，这是我在讲“所谓治国必先齐其家”以前，应该明确的第一个问题。

第二个必须明确的问题，就是在格物、致知、诚意、正心、修身、齐家、治国、平天下一系列功夫次第当中，（要）始终以修身为中心。我们所谓的格物、致知具体表现在修身上，而修身以后，其所表现出来的（效果）就是齐家、治国、平天下，就是这么一个关系，所以《本经》特别强调："自天子以至于庶人，壹是皆以修身为本。"请大家注意《本经》上这个"壹"字，所谓"壹"，是从根本上说，要能够齐家、治国、平天下，关键在修身。而要能够修身，就必须从止于至善（开始），然后到格物、致知、诚意、正心，慢慢一步一步地走。我们可以这样说，修身是核心，修身解决了成己的问题，齐家、治国、平天下解决了成人的问题。槐轩讲的修身，是解决一个为好人还是为坏人的问题，解决一个人一辈子的生活问题。所以我想，我们在学今天讲的"所谓治国必先齐其家者"这一段的时候，首先要把这两个问题明确了。我们最后学习《传》的第四、五章也始终没有脱离修身这个问题，也就是槐轩讲的，成己而后成人，不能成己也就不能成人。我们看后面的两个《传》，一个是"所谓治国必先齐其家者"，一个是"所谓平天下在治其国者"，都落实到"身修"这个问题上。假如不懂得这点，我们就掌握不到核心，就不（能）理解《本经》上面给我们强调的"自天子以至于庶人，壹是皆以修身为本"（的意义），（就）不懂得"壹"这个字的含义。从第四个《传》起，就是从成己到成人，从推己到及人，（要）解决这个问题。

所谓治国必先齐其家者，其家不可教而能教人者，无之。故君子不出家而成教于国。孝者，所以事君也；弟者，所以事长也；慈者，所以使众也。[①]

“所谓治国必先齐其家者。”“者”，表示是前面所说的这一句话。“其家不可教而能教人者，无之。”“其家”，他的家，这个人的家。这个人的家都不可教，而能够去教别人，是没有这种情形的，是不可能的。请大家注意一下，“教”（是指）教化，不是教书。“可”当成“能”字讲，就是不能够教化自己的家庭，却要去教化别人是不可能的。这个教读［jiào］不读［jiāo］。教［jiào］化，就是用自己的言行去影响、教育别人。

“其家不可教而能教人。”“家”是指他的父子、兄弟、夫妇，（是指）家里所有的人；“人”是指家外的所有人。意思是说，你要教化别人，首先要教化你自己，教化你自己的家人。而你要使你家里的人和你一样都得到教化，受到教育，首先自己要修身。所以我们一直强调修身。离开了修身，其他所有的一切都没得谈。不修身，不能够推己及人，不能成己更不能成人，所以修身是核心。

所以结论就出来了：“故君子不出家而成教于国。”故，所以的意思。作为君子来讲，包括一家之主，也包括国

① 《大学恒解》：“家非不可教，身不修则欲教而不可。不出家而成教于国，即一家而教，国之理已裕。人，国人也。孝弟慈三句，正言其实。”（《十三经恒解（笺解本）》卷之一，第31页。）

家的国君，你不出家就可以成教于国，这是为什么？因为你的家已经成为一个仁孝之家了，你的家人已经得到了教化，那么你出去就不是一个人去接触所有的人，而是你的家人来接触所有的人；不是你亲自去感化别人，而是你家里的人都受到了你的教化，你家里的人都去教化别人。这个话的意思就在这里，一个人修身再好，只是一个人成为圣贤，孔孟之道是否定了这种看法的。

我没有专门学过佛法，我觉得佛家讲的同样是这个道理。“度尽众生方成佛”，众生都成佛了，你才能够成佛，他的目标就是这样子的。一人成佛不算佛，那么一人成圣成贤，这不是成圣成贤的目的，还应该推己及人。孔子讲“吾道一以贯之”，（这个“道”）是什么？（是）忠恕。恕者，推己及人，推爱，那个才是真正的圣人。你只是一个人想要成为圣人，你不可能成为圣人，你不能够及人，不能够感化别人，你就不是圣人。普度众生的原因恐怕就在这，它的精粹之处就在这里。

所以，自己要真正成为一个君子，成为一个圣贤，你的家人必须受到你的教化。大圣人舜有不争气的父亲、母亲和兄弟，但是我们看到，舜之所以了不得，还不在于他个人是圣人，而在于自始至终他是尽力去帮助他的父母、兄弟成为圣人。他之所以成为圣人，不仅是他本人成为圣人。孟子专门就这个问题作了非常透彻的阐述，假如舜对他的父母都忤逆，对他的兄弟都以牙还牙的话，舜就不是圣人。

儒家讲推己及人，认为恕是最根本的，所以孔子说“吾道一以贯之”，曾子一下就懂了，回答说：“唯。”孔子其他的弟子还没有懂得这个道理，孔子出，门人就问：老师说的“吾道一以贯之”这个“一”是什么意思？曾子一句话概括出来：“夫子之道，忠恕而已。”“忠”者诚意也，真心诚意；“恕”者推己及人，不只自己要懂，而且所有人都要懂。孔孟之大道，就是“忠恕”两个字。

为什么“不出家而成教于国”？他一个人真有那么大的能量？不是的！因为“不出家而成教于国”者，他的家已经齐了，已经齐了家了，不然“家齐而后国治”（就）讲不通了。

那么怎样才能齐家呢？曾子给我们提出了三点：“孝者，所以事君也；弟者，所以事长也；慈者，所以使众也。”

能够做到不出家就能够成教于国，首先要使你自己的妻儿、你的父母、你的兄弟姐妹都受到教化，那么用什么去帮助别人使其他的家也能够齐呢？曾子提出了三个字：孝、弟、慈。

“孝者，所以事君也。”这个话就要转个弯才能理解。孝是对父母，曾子就说，只要你能够在家里孝（敬）父母，你就必然可以将这个孝推爱出去，推己及人，就可以事君。

这个话的意思是什么？父母是生你的，君是养你、教你的，你能够对你的父辈尽孝，你就可以把它推出去来事君，孝推出去就是忠。古话说求忠臣必于孝子之门，忠臣都是孝子。为什么忠臣都是孝子？因为他之所以能够对君忠，（来源于）他对自己父母的孝，他忠君是推孝出来的。

《孝经》上，曾子问什么是孝，孔子告诉他三句话："夫孝，始于事亲，中于事君，终于立身。"孝的含义也就包括了忠君和修身，所以百善孝为先，就是从这里来的。"始于事亲"，孝的开始是孝顺父母。

"中于事君"，中是中间，你把孝推出去的话就是事君。我们现在没有君了，没有皇帝了，但还有国家。你对父母好，你把这个孝推出去就是对整个国家都好，对整个民族都好。

最后"终于立身"，就落到立身上，这是孝之终也。你既能够事亲孝亲，又能够忠于国家，最后落实到你自己，立身行道，扬名于后世。

所以为什么说百善孝为先呢？你连自己的父母都不孝顺，生你的人、养你的人你都不孝顺，你能够去对别人好，那是假的。为什么强调孝？道理也在这个地方。

第二句："弟者，所以事长也。"在家庭当中，所谓弟，就是对平辈来讲（的），而平辈就要互相和顺、互相和爱，这包括夫妻关系。在这个关系当中，你即使是哥哥，也应该尊重弟弟，这个是相互的，（即）所谓和。作为一个修了身的人，你对你的哥哥、嫂嫂，对你平辈的这一些人，都能够尽弟道，那么你出去的时候，对你的同事、朋友这些人，也都可以用弟道，（互相）尊重，互相辅德，互相辅仁。所以在家里能够"弟"的人，能够尊重平辈的人，他到社会上去处朋友关系，一定处得很好。

打个比方来说，我离开家到社会上去工作，对单位的人，我都能够尊重，用“弟道”去对待，哪有搞不好（关系）的。“弟者，所以事长也。”“所以”，凡是在文言当中都要把它倒起来念，（即）“以所”，“以”者依靠，“所”者就是代词，“所以”者就是依靠这个。现在说的因为这个所以这个，都是从这（里）来的，因为他好，所以就靠这个来得到众人拥戴，就是这样来的。“弟者，所以事长也”，靠“弟”（道）来事长。

第三句：“慈者，所以使众也。”这是对下，慈就是慈爱。对我的儿女，对我的侄儿、侄女，对下一辈，我都有一颗慈爱的心。那么有了对家人的这种慈爱之心，我到了社会上就会“使下”。什么叫使下？（就是）役使、指挥、命令底下的人，因为你是从慈爱出发，所以底下的人也就听你的话了。

孝是对上，弟是对平辈，慈是对下辈。我在家庭里就用孝、弟、慈，我出去工作孝就拿来事君，弟就拿来事长，慈就拿来使众，没有搞不好的。（那么）怎么推出去？就是推己及人、推爱，（这是）我们孔孟之道讲的。

同时也就更说明一个什么问题呢？治国和齐家是一个道理，只不过你在家里上有父母，中有兄弟、夫妇，下有子女；你到了社会上，上有上级，中有同事，下有你的下属，只不过名称不同而已，你所使用的方法、所存的心都是一样的，自然而然就得出一个结论了：“治国在齐其家。”你能够齐家就能够治国，这就说明处理家国，（是）一个道理。曾子就提出了孝、弟、慈这三个字，这三个字既能够齐家，也能够治国，家国一样。

要懂得修身、齐家、治国、平天下，修身是本。能够在上，就像尧舜，不能够在上，就如同孔孟。孔子一辈子最高（的官是）当了个司寇，所谓司寇只不过是鲁国的一个法院院长，也没有当多大的官，他也没有真正起到治国、平天下的作用。所以我们学《大学》的关键是修身，让你达而在上，可以平天下，穷而在下，仍然可以教化民众。如果你像尧舜一样达而在上，你当然可以用这个道理去治国，去平天下。但是，不是所有人都能够治国、平天下，（当）你穷而在下的时候，也可以用治国、平天下的道理，（用）修身、齐家的道理来教化别人。每个人都应该去做到孝、弟、慈，不是一定要去当了官、当了国君、当了皇帝你才这么做。有人说，我不想去当官，又不可能去当国君，更不可能当皇帝，学到齐家以后，兴趣就不大了，我以前也有这个想法。槐轩讲了：达而在上，我明白了道理，可以治国、平天下。我就是管一个县也好，管一个局也好，管一个科也好，都适用。那么穷而在下呢？就是当个平头老百姓，我也可以齐家，可以教化别人，这个也是圣人之道，所以把这点道理弄清楚很重要。

这个是第一节，第一节应该是重点，我们把它概括一下。第一节以孝、弟、慈为例说明家国相通。真正能够齐家，就能够治国，家国一理。家国一理表现在孝、弟、慈三个方面。孝、弟、慈好像只是齐家的问题，实际上孝就（是）事君，弟就（是）事长，慈就（是）使众，（道理）

是这个样子，家国一理。

《康诰》曰:“如保赤子。”心诚求之，虽不中，不远矣。未有学养子而后嫁者也。[①]

现在我们看第二节。《书经·康诰》有这么一句话:“如保赤子。”就像保护婴儿一样。这是《书经》上成王教他的儿子康王的话:你去治理国家，对待底下的子民，要像爱护婴儿一样，(要像)爱护你的娃娃一样。

“心诚求之，虽不中，不远矣。未有学养子而后嫁者也。”曾子说这个话，实际上是再进一步来申解:如保赤子，人人都可以做到。但是有个前提，叫作“心诚求之”。心诚求之的意思就是必须使你的心要真诚地求得这样。“之”是这样，代词。哪个父母不爱自己的子女呢?就是动物，它生了孩子，它还要去爱、去舔它的孩子。动物都有这点慈心，当然作为人来说，(应该)不存在(这个)问题。因为人爱他自己的婴儿，这是天性，天性就是槐轩讲的天理，上天给你的那个东西，在座的每个人都有。这一点再坏的人也不会泯灭，坏人生了娃娃(难道)他不爱吗?这一点(天性)恐怕坏人都没有泯灭。为什么呢?因为他有个诚，所以关键是在心诚求之，这个诚是上天给你的。诚是真诚，真诚

---

① 《大学恒解》:“申言孝弟慈三者，必尽其诚而后可以教家。引《书》而释之，即慈可以知孝弟矣。”(《十三经恒解(笺解本)》卷之一，第31页。)

是什么意思呢？在《四书》上我们叫它忠，或者叫仁。忠也好，仁也好，不是现学的，槐轩讲的在你还在娘肚子里的时候上天就给你了。曾子就指出，保赤子是人人做得到的，只要心诚求之。虎毒不食子，老虎那么凶狠都不吃孩子，何况人呢？这里有个什么道理在里头呢？这就是人有个诚，有上天给它的一个仁心，就是槐轩讲的性。所以曾子就说如保赤子，如娘保护自己的婴儿一样，是因为你的心里就有慈爱之心，这个慈爱之心是上天给了你的，你只要认认真真去做，把它体现出来。“虽不中不远矣”，“中”是百分之百的好，即使是没有做到百分之百，离那也不远了，因为这个是自然的。

曾子怕读者没有懂得这个意思，他又举了一个例子，举得相当通俗：“未有学养子而后嫁者也。”“未有”就是没有，没有学了生娃娃她才来嫁（人的），世界上找不出来这种人。我先去学了怎样喂孩子奶，或者怎样去生娃娃，去学了怎样去保护他、去爱他，有没有先学了这些以后才去嫁的呢？找不出来。你既然还没有学，你就去嫁了，那么你生娃娃的时候，怎么懂得爱娃娃呢？这是天性！叫作仁，叫作诚。你心里诚了，只要去求“之”，只要去做，“虽不中不远矣”，基本上可以做到了。回到前面那句“如保赤子”来看，就是说每一个人都有天理良心，你们治国也好，齐家也好，都要像保赤子一样，这个是你们本身具有的，不需要学的。孝、弟、慈都是不需要学的，这个就完全符合了槐轩所讲的性。这个仁心（天理良心），人人都有，这也就是孟子所说的“人皆可以为尧舜”最好的注解、最好的依据。

这个是第二节，我们小结一下：（此节）举孝、弟、慈为例，引出“诚”（忠）字。诚是人固有的，孝、弟、慈既能够齐家，又可以治国，而齐家、治国用孝、弟、慈则不需要去学，是你本身就有的，你只要做到复性，就可以了。

一家仁，一国兴仁；一家让，一国兴让；一人贪戾，一国作乱。其机如此。此谓一言偾事，一人定国。[①]

要能够治国，就要先齐家，而齐家首先要“心诚求之”。只要有诚（曾子提出了一个“诚”字，就是提出了一个“忠”字，忠诚），就可以把你的爱推出去，从你本身推到你的家庭，推到国家，推到天下。“一家仁，一国兴仁；一家让，一国兴让。”“兴”，是兴起的意思。只要让你一家人都懂得仁，以仁来待人，以忠诚来待人，就会兴起谦让之风，就会影响到一个国家里的人，都学会仁爱，都学会谦让了。

曾子所处的那个时代，国家的范围是比较小的。所谓一国，一般方圆四十里，范围很小。所以只要你这一家仁，一

---

① 《大学恒解》：“朱子曰：一人谓君也。机，发动所由也。偾，败也。承上言诚孝弟慈，则仁、让矣，国即化之；否则贪戾，而国亦作乱。盖家国相应之机如此。故古人谓一言可以偾事，一人可以定国。而成教于家者，其身不可不端，如下文所云也。”（《十三经恒解（笺解本）》卷之一，第32页。）

国就兴仁了；一家让，一国都兴让了。从你家里推之于国，就是推己及人了，效果就出来了。现在有一句话说，从本身做起，从个人做起，就是这个意思。

接下来从反面讲："一人贪戾，一国作乱。"仁是好的，贪戾就是坏的。为了自己，看到好东西就想要，看到钱就想要，这个谓之贪。贪就是贪婪，戾是狠毒、下毒手。所谓"贪戾"就是只要他想要得到的，他就会采取各种各样的手段达到目的。一人贪，一人戾，一国就作乱。特别是你在上面，下面就看你做的（是）什么，你贪，底下人跟着贪；你要狠毒了，下毒手了，不择手段来争钱争物了，底下人也就跟着来了，这（就）叫作"一人贪戾，一国作乱"，也就是孟子讲的"上有好者，下必有甚焉者矣"。领导者这样做，那下面人做得比你还过分。"一家仁，一国兴仁；一家让，一国兴让"，是从正面讲；"一人贪戾，一国作乱"，是从反面讲。一句话，做好事也有人跟着你，做坏事也有人跟着你，就看你带了什么头。

"其机如此。""机"，原因、关键的意思。关键就在这儿，关键在哪里？关键在你带的那个头，带的好头还是带的坏头。"其机如此"，关键原因就是这样。

"此谓一言偾事，一人定国。"偾者，败也。使事情失败了，没有做好叫作偾事。"一人定国"，一个人就会把国家搞好，使国家安定。

一正一反说了这么多，归根结底一句话，看你带的是好头还是坏头。就是这么一句话。曾子只不过反复地从正反两方面来说，就是要紧承上面提出的“诚”字，一定要忠诚，不能做坏事，做好事也有人跟着你，做坏事也有人跟着你，报应快得很。

我们还是把这一段概括一下：承“诚”（忠）字，言其报应之速。说报应很快，做好事得到好报应，做坏事得到坏报应。你作为要去齐家治国的人，看你做好事还是做坏事。做好事国家兴，做坏事国家亡；做好事家庭亲，做坏事家庭亡，就说明这么一个道理。这一段是作进一步地（申）说。

尧舜帅天下以仁，而民从之；桀纣帅天下以暴，而民从之；其所令反其所好，而民不从。是故君子有诸己而后求诸人，无诸己而后非诸人。所藏乎身不恕，而能喻诸人者，未之有也。[①]

“尧舜帅天下以仁，而民从之。”“尧舜”，古之贤君。“帅天下以仁”，“帅”，带领的意思。他用什么带领天下的人呢？用仁心，“而民从之”，所以老百姓都跟着来讲仁。

“桀纣帅天下以暴，而民从之。”桀纣，指夏桀王、殷纣王，是历史上著名的昏君。他们带领天下的人“以暴”，施行暴政，“而民从之”，老百姓就跟着来了。就是前面所说

① 《大学恒解》：“承上文机字言。帅天下之仁暴异，而民之从亦异，是以君子反求其身，不敢徒以责人。藏身者恕，谓孝弟慈实践于身，恕以待人也。喻，晓也。”（《十三经恒解（笺解本）》卷之一，第32页。）

的，“上有好者，下必有甚焉者矣”，你爱钱，老百姓跟着你来爱钱；你用仁心来对待人，那么老百姓也跟着用仁心来对待人。这也就是紧接着上面说的“其机如此”，即报应、感应，有感必应。你带头做件什么事，底下人就跟着来了。这是证明你上头怎么样，底下就怎么样，“其机如此”：“尧舜帅天下以仁，而民从之；桀、纣帅天下以暴，而民从之。”

“其所令反其所好，而民不从。”这句话要搞清楚。“尧舜帅天下以仁”，大家都跟着兴仁；“桀纣帅天下以暴”，大家都跟着兴暴，那么有没有这种情况呢？“其所令”，他所发出的命令、所发出的号召，而“反其所好”，什么叫“反其所好”呢？就是我想钱，我却命令（号召）你们老百姓都不要想钱；我施行暴政，我却命令（号召）你们老百姓要行仁政；我是坏心，喊你们都来行好心，这（就）叫作“其所令反其所好”。在这种情况下“而民不从”，老百姓没有（人）肯从。你只晓得赚钱，只晓得害人，却喊我们当好人，“反其所好”即与你的爱好相反，你下的命令与你的爱好相反，老百姓就不从，老百姓就不干。

“其所令反其所好，而民不从”，这一句话的重点在哪儿呢？重点就是针对桀纣，尧舜不存在这个问题。尧舜“帅天下以仁”，所以人民都跟着他（们）。“其所令反其所好”就是口是心非。有一句话叫作“满口仁义道德，一肚子男盗女娼”，就是“其所令反其所好”。

“是故君子有诸己而后求诸人，无诸己而后非诸人。”“是故”者，因此也。什么叫“有诸己而后求诸人”？在

《孟子》那部书上，孟子也用过“有诸己”这三个字。“诸”在文言里一是表示“之于”的意思，一是表示“之乎”的意思，“有诸己”的“诸”用的是“之于”的意义。“于”当成“对”字讲，“之”当成“它”字讲。“有诸己”，有它在自己身上就是“有诸己”，“无诸己”就是没有它在自己身上。“有诸己而后求诸人”，你身上有的，你才要求别人；“无诸己而后非诸人”，你身上没有的，你不要去要求别人。那么我们联系前后文来讲，你有仁心，这叫“有诸己”，有仁心在你身上，你才来要求别人有仁。你都没有仁心，你就不要去指责别人，“非诸人”就是指责别人，“非”是指责。

这个话把它说得浅显一点（就是），自己有这个仁心，才能要求别人有仁心；自己有坏心，你就不要去指责别人有坏心[①]。前面是说仁心，后边说坏心。你自己有好心（“有诸己”）了，你才能要求别人有好心。你自己都没有做到，都是坏心的话，你就不要去批评人家的坏。“有诸己而后求诸人”是指（有）好心，“无诸己而后非诸人”说的是（没有）坏心，一个说好事，一个说坏事，对照起来说的。

先说“有诸己而后求诸人，无诸己而后非诸人”，下面就给你解释了：“所藏乎身不恕，而能喻诸人者，未之有也。”这个“藏”字当作“存在”讲。“所藏乎身不恕”，就

① 《大学恒解》：“是故君子之动民以实不以文，虽己有求人、非人之责，然必孝弟慈之道，实有诸己而后令国人以善；不孝不弟不慈之事，实无诸己而后责国人以不善。于己则惟恐有失，于人则不遽相绳，所谓恕也。”（《十三经恒解（笺解本）》卷之一，第33页。）

是存在于你自己心里的不是恕道，所谓恕道者就是“推己及人”。“而能喻诸人者”，却能够去“喻诸人”，这个“喻”字当成“晓喻”讲，晓喻就是使人明白的意思。这一句话把它翻译出来就是，你自己都没有恕，却要去教人恕道，“未之有也”，（是）找不出来的。“有诸己”，你有仁心，你才要求别人有仁心，这叫榜样的作用。“无诸己而后非诸人”，你自己没有坏心才能够去责备人家，“非诸人”，就是责备人家。

我们再举个例子：你不贪污，就是“无诸己”，你去指责人家贪污。这个就是“而后非诸人”，是对的。但是，你都没有仁心，你去批评人家：你怎么没有仁心？这样是没有说服力的，因为你没有以身作则。“有诸己而后求诸人”，这个从好的方面讲，有仁心你才要求别人有仁心，人家才服。你都有坏心，你要喊人家讲仁心，人家服不服？不服！所以“无诸己而后非诸人”，你没有坏心，你才可以去指责别人，这两句话一个是说好的，一个说坏的。最后就说“所藏乎身不恕，而能喻诸人者，未之有也”。你都不讲忠恕之道，却要使别人懂得忠恕之道的重要，叫人家去讲恕道，“未之有也”，是找不到的。言下之意，你要叫人家讲恕道，你自己首先要讲恕道，这个叫作推己及人。

说到这儿，最后落到一句话：要起带头作用，求人非人，必先求己。就这么一个意思。你批评、要求别人，必须求己，求己就是推己及人，就是恕。我们说上一节在谈忠，这（一节）主要就谈恕，自己带头，就这个意思。

第四节即求人非人，必先求己。推己及人。

故治国在齐其家。[①]

最后总结一句："故治国在齐其家。"家国一理，要齐家、治国，离不开"忠""恕"两个字。槐轩讲成己成人，成己，必须忠。"所谓诚其意者，毋自欺也。"没有诚，有了自欺，不能成己，一切都枉然。为什么要格物致知？致知是分辨是非，分辨是非以后第一个提出来的是诚意，诚就是忠。不要自己欺骗自己，老老实实的，这个是忠。

第二个（是）恕，特别是在推己及人的时候，（你自己）不讲恕道，你（就）不能去说别人，去要求别人。很简单，人家一句话就把你顶回去了：你叫我们这样子，（但）你都（是）那个样子的。这是我们经常遇到的。所谓带头作用就是恕，就是恕道，就是推己及人之道。所以从修身到治国、平天下，不外乎两个字，（就是）忠和恕。要能够推己及人，就必须施行恕道，离开了恕道便不能够推己及人。所谓推己及人者，就是你想要求别人做到的，首先自己（要）做到。"尧舜率天下以仁"，"桀纣率天下以暴"，老百姓都跟着来了，好的尧舜带了头，坏的桀纣带了头。成己，重点用

① 《大学恒解》："本身以齐家，而喻于一家即可喻于一国，故经文云然。"（《十三经恒解（笺解本）》卷之一，第 32 页。）

忠来解决；成人，重点要用恕来解决，当然我这个话不是说成己就不用恕了。槐轩讲，成人必先成己，成己必须要始终抓住忠诚不放，而成人就必须抓住恕道不放。推己及人，都是孔孟书当中说的，很多都涉及忠恕——责己严、责人宽，是不是恕道？我们现在说的带头作用、榜样作用是不是恕道？应该都是恕道。孔孟讲“不能正己，焉能正人”，这些都是恕道。严格要求自己，也是恕道。这不是谁发明的，是孔孟早已经说了的，榜样的力量是无穷的，正是恕道的表现。所以最后说，“所藏乎身不恕，而能喻诸人者，未之有也”。自己都不是那种人，要去教育人家成为那种人，是不可能的。你要叫人做一个好人，你自己首先要做一个好人，齐家如此，治国更是如此。

《诗》云：“桃之夭夭，其叶蓁蓁。之子于归，宜其家人。”宜其家人，而后可以教国人。①

“《诗》云”以下就是用《诗》来证明前面关于忠和恕的观点。《诗经·周南》有一篇《桃夭》，凡三章，此处引用的是第三章。“夭夭”，形容桃花又嫩又好。“桃之夭夭”，即桃花开得又嫩又好。“其叶蓁蓁”，上一句说花，这一句是说

① 《大学恒解》：“上文言修身而本诚恕以行，故教家即可治国。第家之难齐，首在妇人，次惟兄弟，故又引《诗》而咏叹之，使人自领。”（《十三经恒解（笺解本）》卷之一，第32页。）

叶子，桃花的叶子非常茂盛。因为《诗经》经常起兴，看到一个事物就想起某一个事情，下面两句才是《诗经》要表达的意思："之子于归，宜其家人。"这是他要说的重点。所谓"之子"，"之"字当成代词"这个"讲，"子"是女子，"之子"即这个女子。"于归"，就是出嫁的意思。这个女子出嫁了，就"宜其家人"。"宜"，和气、和顺的意思。"其家人"，她的家人、她家里的人。什么叫"宜其家人"呢？（就是）使她一家人都和气、和顺。曾子举这四句（诗）要想说明夫妇和顺的重要性。

"宜其家人，而后可以教国人。"① 《诗经》为什么讲要使她一家人都和顺呢？因为（只有）使她一家人都和顺了，才可以做榜样，使国人都和顺。他举这个例子，就想证明这么一个道理。

《诗》云："宜兄宜弟。"宜兄宜弟，而后可以教国人。②

"《诗》云：'宜兄宜弟。'""宜"，当成和顺讲，"宜兄

---

① 《大学恒解》："夫家之最难化者，妇人也。古之王者，莫不正身修德，资于贤配。故女子能宜其家人，而后正位乎内，正位乎外，可以教国人也。不特此也，夫妇为人伦之始，而手足实父母之遗。"（《十三经恒解（笺解本）》卷之一，第 33 页。）

② 《大学恒解》："宜兄弟之道，恩义两尽而已。然能宜者有几？"（《十三经恒解（笺解本）》卷之一，第 32 页。）

宜弟"，使哥哥、弟弟和顺。然后曾子就解释说，"宜兄宜弟，然后可以教国人。"配偶、兄弟都是家里除了父子而外最重要的成员，只要夫妇和顺、兄弟和顺，你就可以教国人，就可以施行恕道，推己及人，前提是你必须要起带头作用。

《诗》云："其仪不忒，正是四国。"其为父子兄弟足法，而后民法之也。[①]

"《诗》云：'其仪不忒，正是四国。'""其仪"是指他的表现，"仪"是威仪，威仪就是他所表现出来的，表现出来的有好有坏。"忒"是错误、差错，"不忒"，（是）没有差错。他所表现出来的对人也好，对事也好，没有差错，叫作"其仪不忒"。

"正是四国。""四国"，四方国家，泛指天下。"是"，当成"这"讲，就是使这些周围的国家都能够"正"。"正"字仍然是使动词，就是使四国正，使周围的国家都正起来。为什么能使四国都正起来了呢？因为"其仪不忒"，你的表现没有一点差错，当然四国的人就正了，周围国家的所有人，都跟着你正。

---

① 《大学恒解》："忒，差也。仪不忒，纯乎礼度也。父子兄弟足法所该者广，盖三诗之意各有所主，而曾子引之则欲人慎于夫妇、兄弟之间而自尽其可法，咏叹无穷之旨，其亦以词有难尽者欤？"（《十三经恒解（笺解本）》卷之一，第32页。）

“其仪不忒，正是四国”，是《诗经》上的原话，曾子解释为：“其为父子兄弟足法，而后民法之也。”只要你的行事、举动没有错误，那么所有人都要来向你学习，曾子说这种情况就是“为父子兄弟足法”。我们先把“足法”说清楚：“足”者，值得也；“法”者，效法也，“足法”，值得学习的样子（表率）。把它翻译出来就是，值得给一家当中的父子、兄弟做榜样。因为你的言行没有差错，能给家里的父子、兄弟做榜样，所以“而后民法之也”。民是指这个国家的人，国人都来向你学习，都来效法你。如此，就不仅使你家正了，而且使四国都正了。

此谓治国在齐其家。[①]

最后还是归结到这个问题，家不正，你要正人就不可能，当然更不能治国。你家都不正，你去治国、治人，其家不可教而能教人者，未之（有）！还是回到这个上来，首先要齐家。而用什么来齐家？两个字，一个是“心诚求之”的“诚”，另一个就是后面说的“是故君子有诸己而后求诸人，无诸己而后非诸人”的“恕”，推己及人，自己做榜样。所以最后他举的这三句诗，一个是举夫妇，一个是举兄弟，最后一个全面来说，不仅兄弟、夫妇，而且连父子都包

① 《大学恒解》：“承上三诗言无所不宜，可以为法，斯家齐而国亦治。此谓治国在齐其家，非空言家国相通而已。”（《十三经恒解（笺解本）》卷之一，第32页。）

括在里头了，“其仪不忒”了，那么全国的人都要向你学习，你就可以治国。齐家、治国靠的就是忠和恕两个字。所以最后就总结了，这就叫作“治国在齐其家”！因为家国是相通的。

至于下一章“所谓平天下在治其国者”，曾子举了很多例子，但是很多例子都涉及治国、平天下（所涉及的）财的问题、用人的问题，好像看起来与我们老百姓没有关系。但是有一条绝对相同，不管治国也好，平天下也好，都是在做人。作为一家，在于一家之主；作为一国，在于一国之君；作为天下，就在于皇帝。

最后我还是把它总结一下，六、七、八节引诗申言必以诚（忠）恕自足为法，齐家而后可以治人（国）。

举《诗》的意思就是最后总结，必须做到“忠”“恕”，（做到了）就实现了齐家、治国，家国相通，这个问题就解决了。[①]

① 《大学恒解》：“右《传》之四章。释齐家治国。”（《十三经恒解（笺解本）》卷之一，第32页。）

《传》之五章

《传》的第五章，主要是曾子根据《本经》来阐发治国平天下的道理。曾子的五个《传》，都是根据孔子的《本经》来进行具体的阐发。最后这一个《传》，是解释治国平天下的。在学这一段的时候，首先要说明一个问题，在古代，所谓“国”和“天下”是有区别的。所谓天下，在周代是指周天子统治的区域，包括我们在读古书当中所谓的四夷——东夷南蛮、西戎北狄。东方的称为夷，南方的称为蛮，西方的称为戎，北方的称为狄。

第二点就是曾子的这五个《传》是有侧重的，第一个《传》——“所谓诚其意者，毋自欺也”，主要是往本上谈。所谓本就是修身为本，诚意属于本，修身也属于本。那么也就是说《传》的第一、二章都谈的是本。而第三、四、五章，实际上谈的是末。修身为本，齐家治国平天下属于末，属于推己及人，即孟子所谓“推己安人”，推己安百姓。“物有本末”当中的“末”，是由“本”推出去的东西。上面所谓正心、诚意、格物、致知都是为了修身，修身以后推出去来齐家治国平天下。因此，“所谓诚其意者，毋自欺也”，“所谓修身在正其心者”这两句应该是本，是重点，那就是人人都应该严格要求（自己做到）的。那么，是不是等于说既然齐家治国平天下是末，我们就（可以）不重视了？不是！齐家治国平天下仍然有一根红线贯穿，这个红线还是由本来贯穿的，这个本（就）是修身！那么也就是说，没有修身，齐家治国平天下根本不可能。第三章“所谓齐其家在修其身者”，还是继续强调修身是本，没有修身，齐家治国平天下就都没有了。你身都不修，你怎么去齐家、怎么去治国，更说不上平天下（了）。所以，我们在学习最后这一章的时候，先把本末、先后的关系搞清楚。先后都搞不清楚，你就说想治国平天下，那是不可能的，修身还是为本。因而在这五个《传》当中，脱离不了修身，都是谈的该怎么办，都是将修身作为本，先后次序要搞清楚。

所谓平天下在治其国者，上老老而民兴孝，上长长而民兴弟，上恤孤而民不倍，是以君子有絜［xié］矩之道也。[①]

---

① 《大学恒解》：“老老、长长，自爱敬其亲长。兴，感动、奋发。幼而无父曰孤。不倍，亲爱之。絜，度也。矩，匠人为方之器。承上章治国而言。一国之人心即天下之人心，但天下较国广远，风土人情不一，必以同然之理揆［kuí］不一之情状，如以矩度木而成器也。”（《十三经恒解（笺解本）》卷之一，第35页。）

“所谓平天下在治其国者”，要平天下，必须先治其国，国都不能治，天下也不能平。那么“平天下在治其国”的内容是什么呢？（就是）下面这三句：“上老老而民兴孝，上长长而民兴弟，上恤孤而民不倍。”

“上老老”，以老人为老人。“老老”，前面那个老是动词，（是）名词动用，所谓“老老”就是以老为老，什么叫以老为老？就是把所有的老人都看成自己的老人。上老老，推出去即：我孝顺我的父亲，把我父亲的同辈人都当成我的父亲，这不是推爱吗？“上老老而民兴孝”，你所统治的老百姓都兴孝。“兴”，时兴、兴起的意思。

“上长长而民兴弟。”以长为长，把年龄稍微比你大点的当成你的哥哥姐姐一样，而民就跟着兴弟了、讲弟道了。所谓弟道者，就是尊敬，用尊敬的态度来待平辈。

“上恤孤而民不倍。” “上”，是指在上的人。 “恤孤”，“恤”就是怜惜的意思，同情他，关怀他；“孤”，既指老的，又指小的。孤有两个含义，一个就是孔子讲的“幼”而无父曰孤，我们现在所说的孤儿就用的这个意思；一个就是孤“老”，岁数大了，无儿无女，成了孤人。孟子说，鳏寡孤独是“天下之穷民而无告者”。你作为在上的人，就应该怜惜他们，只要你能够带头怜惜他们，“而民不倍”，你所统治的老百姓就不会背叛你。

这三句话实际上概括了我们上一节学习的“所谓治国必先齐其家”当中（孝、弟、慈）三个字：“上老老而民兴孝”，说的是孝；“上长长而民兴弟”，说的是弟；“上恤孤而民不倍”，说的是慈。上一节我们学习的重点是治国，（也是这）三个字：孝、弟、慈。也就是说你治天下的话，仍然像治国一样，要解决孝、弟、慈的问题。解决孝、弟、慈就解决了三层关系：上一层关系老，中一层关系长，下一层关系孤。上一章强调孝、弟、慈，这一章仍然是强调治国平天下都要解决孝、弟、慈的问题，否则不但不能治国，甚至不能齐家，不能齐家不能治国，更谈不上平天下（了）。

齐家治国平天下，尽管三个概念不同，但都是从一个最根本的东西出发，就是修身。修身解决成已的问题，然后推出去，推到家、推到国、推到天下，就是一个推爱的问题。（是）由本到末（的过程）。那么，由于家和国、天下大小有所不同，处理国家的事情，处理天下的事情，就比齐家的范围更大了，因此，最后他就说，君子必须有"絜矩之道"。"絜"，衡量的意思，是一个动词。规和矩是古代木匠用的两个不同的东西，规是圆的，解决圆的问题；矩就是直尺，解决方的问题。孟子讲："规矩，方圆之至也；圣人，人伦之至也。"那么"絜矩"的意思是什么呢？就是用规矩来衡量一个东西，这是一个比喻。处理一切问题，衡量一切问题的规矩，就叫作絜矩。

那么作为国君来讲，作为天子来讲，衡量的规矩就是他的一切政策、政令、法律。车开快了，就罚款、扣分，这也是规矩。大而言之，国家的政策法律、处理一切问题的规矩，叫作絜矩，那么为什么在最后这一段提出絜矩的问题？因为从齐家起，治国平天下要面对的人越来越多，各地的风俗习惯、风土人情，就需要有更多的政策法令。从家到国，从国到天下，所接触的事情越来越复杂，就特别强调

（要制定）适合当时情况的政策法律。

但是，不管有再多絜矩之道，归根结底还是要人去执行，而执行的人最后还是要归到修身（上来）。所以下面并没有谈具体的政策法令，谈的仍然还是人，道理就在这个地方。

所恶于上，毋以使下；所恶于下，毋以事上；所恶于前，毋以先后；所恶于后，毋以从前；所恶于右，毋以交于左；所恶于左，毋以交于右：此之谓絜矩之道。①

"所恶于上，毋以使下。"什么叫"恶于上"？讨厌你上面的人所做的那些事情。比如，你上面的人瞧不起你、轻视你，甚至侮辱你，你作为下级是不满意的，不满意上级对待你的方法、态度，那么你就"毋以使下"。"以"，用来。"毋"，不。你对领导有意见，你就不要把领导对你的那一套拿来对待你的下级。

"所恶于下，毋以事上。"你的下级或者不服从你的命令，或者与你顶嘴，或者对你无礼，那么你就"毋以事上"，你不要用下级对你的那种态度去对待你的上级。

"毋以事上"，这个"事"有恭敬的意思。以前说事君，带有恭敬对待的意思，所以才能用"事"字。

---

① 《大学恒解》："天下之人情风俗不一，必絜其好恶，以理断之，适得其平。絜矩不外好恶，而恶尤易见其真。矩无定而絜有定，故即上下、前后、左右以形其状。此之谓者，言必如是而后为尽善也。"（《十三经恒解（笺解本）》卷之一，第35页。）

“所恶于前，毋以先后。”什么叫“先后”呢？你对前面的人所做的事情不满意，那么你就不要“先后”，就不要用这种态度来对待你后面的人。

“所恶于后，毋以从前”，仍然是这个意思。你对后面的人做的那些事情不满意，你就不要用这种态度来对待你前面的人。

“所恶于右，毋以交于左。”你讨厌站到右边，你就不要去让左边的人和你交换位置，交换到右边来，你去站左边。“所恶于左，毋以交于右。”你不愿意站左边，就不要把右边的人弄来站左边，你去站到右边。

曾子作为圣贤，生怕你不懂，反复给你举例子，实际上就是说你不要把你不满意的事情来强加于人，这就叫絜矩之道。那么究竟什么叫作絜矩呢？用孔孟的话来说就是“己所不欲，勿施于人”。你自己不喜欢的就不要拿来对待别人。

“己所不欲，勿施于人。”就要与别人同好恶，后面反复强调这个问题，实际上这个含义非常深。[①] 孔子说“吾道一以贯之”，曾子说他懂了，他懂了什么？他懂了两个字，一个（是）忠，一个（是）恕。“己所不欲，勿施于人”，是恕道当中最重要的一点。

---

① 《大学恒解》：“絜矩者，以己度人，无处不得其平。如所恶于上我者，非礼凌虐之类，则毋以使下；所恶于下我者，欺伪不恭之类，则毋以事上；所恶于前我者，坏法贻害之类，则毋以先后；所恶于后我者，侵越不恭之类，则毋以从前；所恶于右之碍左，则毋以交于左；所恶于左之妨右，则毋以交于右。要使身之所处，上下四旁，各得其平，此之谓絜矩之道，即所恶而所好可知矣。天下虽大，民情岂能外好恶哉？”（《十三经恒解（笺解本）》卷之一，第38页。）

现在我们先把这两节总结一下。第一节就是"所谓平天下在治其国者"，提出了絜矩之道，絜矩之道以孝、弟、慈为根本。第二节，以各种"所恶"为例，解释絜矩之道（以己度人之道），（就是）恕道。

"己所不欲，勿施于人"，是恕道当中的一个重点。恕道另外还有"宽恕"别人的问题和"责己严，责人宽"的问题。

《诗》云："乐只君子，民之父母。"民之所好好之，民之所恶恶之，此之谓民之父母。《诗》云："节彼南山，维石岩岩。赫赫师尹，民具尔瞻。"有国者不可以不慎，辟则为天下僇矣。①

"《诗》云：'乐只君子，民之父母。'" "乐只君子"，"乐"者，快乐也；"只"，是语气词，没有意义。快乐的君子，是民之父母。引用《诗经》这两句想说明什么呢？

曾子下面就来解释，要做什么才真正是民之父母。就

① 《大学恒解》："只，语助辞。节，喻其高。岩岩，喻其危。师尹，周大师尹氏。具，俱也。辟，偏也。申言絜矩之道，在于以民之好恶为好恶。天下之大，风气异齐，民生异俗，而好安全、恶危乱同也。如父母之爱子，必同其好恶而又不失乎中正，则民亦父母之。否则徒以威民，不公好恶，如尹氏所为，则必为天下大僇。甚言不絜矩之不可也。"（《十三经恒解（笺解本）》卷之一，第35页。）

是："民之所好好之，民之所恶恶之。""好"是喜爱，人民所喜爱的，你就要喜爱，人民所讨厌的，你就要讨厌。什么叫"民之父母"？（就是与人民）同爱好。人民不喜欢的，你去喜欢，人民喜欢的，你不喜欢，这样做的结果，就是后面所说的"菑必逮夫身"。

"《诗》云：'节彼南山，维石岩岩。'""节"，形容山高。"维"是语气词，没有意义。这两句翻译出来就是高高的山，石头又大又高。《诗经》经常有这种比喻，它是起兴，前面我们说过，就是先说看到的一个东西，再用那个东西来比喻他所要表达的意思。

"赫赫师尹，民具尔瞻。"当时周朝有一个太师，叫作尹氏，其地位相当于宰相，尹氏的所作所为被人民反对。"节彼南山"这首诗主要讽刺尹氏这个大官。"节彼南山，维石岩岩"，山很高很大，比喻尹氏一世声名显赫，就像山那样很高大，形象也很高大。"赫赫"，就是显赫的意思。

"民具尔瞻"，"具"当成"都"讲，人民的眼睛都看着你。把它翻译出来就是，你声名显赫，官职很大，地位很高，人民都看着你的。

本来应该是"民具瞻尔"，人民都看着你。这个语序反了不奇怪，因为诗要讲平仄、讲韵律，有时候只有把文字倒置（才符合诗律），作对子也好，作诗也好，它都有不符合文法的倒装。这个在一般文章当中基本上都有，在《诗经》当中，更是屡见不鲜。

这句诗包含了警示和讽刺之意，是讽刺太师尹氏的。曾子举这个例子说明了什么？前一句“乐只君子，民之父母”，你是人民的父母，第二句是你的地位很高，身份很显赫，但是请你注意人民都能看到你犯的错误。

引用这两句诗无外乎就是要说明：“有国者不可以不慎。”你不要认为你的权力大，你的身份显赫，你有钱有势，人民（就会）都听你的。有国家的人就是统治者，不能不谨慎。

“辟则为天下僇矣。”“辟”读［pì］，同“僻”，僻就是偏的意思，就是不中正了。假如说你不中正的话，处理任何问题偏了的话，就“为天下僇矣”。“为”当成“被”字讲，“僇”和“戮”是相通的，戮就是杀，你要是不中正的话，天下人就（会）把你给杀了。

“乐只君子，民之父母。”强调你是民之父母，大家的眼睛把你盯着的，假如你采取不中正的政策、不中正的方法来统治国家，人民就要起来造反。

那么，引这两句诗是想说明“有国者不可以不慎”，暗暗就提出了一个“慎”字。要慎德，（就要）随时拿中正、拿明德来检查自己。在《大学》当中曾子谈了两个东西：一个提出“慎独”，一个人独居是最容易犯错误的，因为没有人看到，所以就提出慎独；一个提出“慎德”，就是这一段提出来的。慎德是什么意思呢？随时拿规矩、拿明明德这个东西来警示自己。

《诗》云："殷之未丧师，克配上帝。仪监于殷，峻命不易。"道得众则得国，失众则失国。[①]

《诗》云："殷之未丧师，克配上帝。仪监于殷，峻命不易。"这里引的是《诗经·大雅·文王》第六章："无念尔祖，聿修厥德。永言配命，自求多福。殷之未丧师，克配上帝。宜鉴于殷，骏命不易。"当时纣王无道，武王与八百诸侯会盟孟津，把殷朝推翻了，把纣王消灭了。"殷之未丧师，克配上帝。"殷是成汤的江山，又称为商。"殷之未丧师"，在殷朝没有丧失民众的时候，就"克配上帝"，能够符合上天的要求。"丧"，丧失。"师"，众也。"克"当"能"字讲。"上帝"者，上天也。这个"配"字把它理解为对得起，当成"对"字也讲得通，他就要对得起上帝，他（就要）遵循天理，符合上天的意思。

"殷之未丧师，克配上帝，仪监于殷，峻命不易。""仪监于殷"，"仪"，应该；"监"，借鉴。应该监于殷，监的本意是镜子，在这里的意思是把它当成镜子来使用，照照你自己。"仪监于殷"，把殷朝当成一面镜子，作为自己的警戒。言下之意，殷失掉了民心，所以它亡了。"峻命不易"，"峻

---

① 《大学恒解》："朱子曰：师，众也。配，对也。监，视也。峻，大也。不易，言难也。引《诗》以明上文之意。配帝之德，由于公好恶；丧师之故，由于辟好恶。是故民心即帝命所凭，得失之分、天下之平否视之矣。仪、宜同。道，言也。"（《十三经恒解（笺解本）》卷之一，第35页。）

命”者是指天命，得到了峻命，就是上天让你来统治天下，（这）是不容易的。意思就是说，上天喊你来当这个国君是不容易的，你当国君了，就应该要把前朝之所以覆灭的原因弄清楚，你不能够再去走亡国的老路。

而殷朝亡国亡在哪儿呢？前面已经说了，“殷之未丧师”，殷朝没有失掉民心的时候，是能够“克配上帝”的。但是纣王最后失去民心，人们不再拥护他了，所以他就垮了。现在周朝来替代殷朝，就要把殷朝亡国（之因）作为一面镜子，总结治国平天下的得与失。所以下面曾子就把结论总结出来了：“道得众则得国，失众则失国。”道理很简单：得到民心就得国，失了民心就亡国。

从《诗》云“乐只君子，民之父母”到“失众则失国”，提出了一个问题，怎么样才能够得众呢？答案就是与民同好恶！所以与民同好恶这个问题，对治国者相当关键。做好民之父母，做到“民之所好好之，民之所恶恶之”即可，你不要去和人民唱反调，而要与人民同呼吸、共命运。

是故君子先慎乎德。有德此有人，有人此有土，有土此有财，有财此有用。[①]

---

① 《大学恒解》：“承上言絜矩必本于明德，是以君子必先慎德。德慎而民归之，版图式廓，财用充盈，言平天下之实如此也。”（《十三经恒解（笺解本）》卷之一，第35页。）

“是故君子先慎乎德。”（再次）提出了慎德的问题。不管是治天下还是治国，都是人在治，而能不能够把国家治理好，就看治理天下的人有没有德，所以君子就要“先慎乎德”，就是把德这个问题，看得十分谨慎，随时都要考虑到我这个（行为）合不合乎德。所谓“德”，就是合乎中正的意思。在文言当中“乎”放在中间的都相当于“于”字，当成“对”字讲，“乎”字放到最后表示感叹。“先慎乎德”就是先慎于德，就是要注意德。下面就来解释为什么要“先慎乎德”。

因为“有德此有人，有人此有土，有土此有财，有财此有用”，这是治国缺不得的。要成为一个国家，首先要有人，必须有人，才能够成为一个国家。怎样才能有人？你首先要有德，人家才能来。《孟子·滕文公上》说：“劳之来之，匡之直之，辅之翼之，使自得之，又从而振德之。”《论语·尧曰》：“兴不国，继绝世，举逸民，天下之民归心焉。”所谓天下归心，就是你这个地方的人都到你这儿来了，不是你这个地方的人也来了，人越来越多，你的国家就越来越大了。那么，你要使所有的人都来（归附你），就需要以德治国。那些不以德治国的君主，他的人民都会跑到你这儿来。

有人了，就有土了，就有地方了，就有人耕田了，就有吃的了。有土就有财，财富也就有结余。有财就有用，有了钱，那么其他各项事业都可以兴起了。

《孟子》七篇当中谈这个问题谈得非常深刻，说当时尧舜治理天下就是这样子；周朝文、武、周公，他们治理天下也是这样子，然后天下人都归心了，都来了。这些圣贤以德治国，然后国家慢慢地富裕起来了，富裕起来后，各项事业兴起了，慢慢天下就平了。《孟子》七篇讲这个东西很多，我们今天涉及不到，主要是说有了德，就有了一切。德是本，有了本，自然末的东西就来了，财是末，后面也要谈。

德者本也，财者末也。外本内末，争民施夺。是故财聚则民散，财散则民聚。[①]

什么是本？"德者本也"，德是本。"财者末也"，你再有钱，但那不是根本，而是末。

"外本内末，争民施夺。"就是从反面来讲，你眼睛只看到钱不看到德的话，就是"外本内末"，把应该是本的德看成末，看成外的东西；把应该是末的财货看成最根本的东西，看成内的东西，如果（是）这样，就会"争民施夺"。

"争民"，就是使民争，就是你带头使老百姓都去争夺钱（财）。"施"，就是施行，强盗就是施夺。你使大家都去争夺，眼睛只盯着钱，有钱的不择手段争钱，没有钱的说他自己赚不到钱，就去抢。"争民施夺"（的）情况是这样，其实

---

① 《大学恒解》："慎德以絜矩，而民归财足，乃自然之效也。然君子则惟知有德，非先有求财用之想也。恐人不察，故特申明本末，而深著其争夺之害，戒人不可聚财。"（《十三经恒解（笺解本）》卷之一，第36页。）

有好多现实例子可以说明这个问题。要避免这种结果，就要看你的絜矩之道用不用得好，看你是不是把德看成本，把财产看成末。

“是故财聚则民散，财散则民聚。”治理一个国家当然要增财，要积聚钱财，你连财货都不重视，然后大家不是都要饿死了么？国家也不可能兴盛。但是有一个本末的问题，有个内外的问题，“外本内末，争民施夺”要不得，那么怎样才能够避免这种情况呢？那就应该要“内本外末”，要“内本外末”就要以德为本、以财为末。那么要怎样才是以德为本，以财为末呢？结论就是：“是故财聚则民散，财散则民聚。”

一个国家怎么能不积蓄财货呢？当然要积蓄财富，但是问题在哪呢？财是生产出来的，生产出来的财货应该怎样安排或处理？不是聚而是散。散财就是重视民生，对老百姓肯花钱。假如把钱、财、货都用到你一个人身上，老百姓就会饥寒交迫。《孟子·梁惠王》那一篇说透了：你一人快乐，你一个人有钱，老百姓都饥寒，你看国家会治理成什么样子？作为一个国君来说，聚财是必要的，但有个用的问题。有财你就应该散于民，让老百姓都有钱，而不光是国家有钱，看起来财是散了，但是把人民凝聚在一起了。所以“财聚则民散，财散则民聚”，把财与人民的关系说得非常清楚。

是故言悖而出者，亦悖而入；货悖而入者，亦悖而出。[①]

这句话是举例子来证明。“是故”，所以。“言”，说话。“悖”，违背。违背什么？违背道德，违背中正之道。“言悖而出者，亦悖而入”，就是说你说出去的话是违背中正之道的，那么你听到的也必然是违背道德的话。

“货悖而入者，亦悖而出。”你通过违背中正之道得到的财货，最后也会保不住，还是会“悖而出”。这句话是来证明“德者本也，财者末也”。你说了不好的话，你以后听到的、得到的还是不好的话，因为臭味相投；你的钱来得不正当，最后花出去必然也是不正当的。这是举的一个例子，证明德是本、财是末。得财必须是正当的，正当的财该得，得的不正当，花的也不正当，就是这个意思。

《康诰》曰：“惟命不于常。”道善则得之，不善则失之矣。[②]

---

① 《大学恒解》：“引古语以证之。悖，逆也。言且不可悖，而况财货乎？故财聚即争民施夺也。”（《十三经恒解（笺解本）》卷之一，第36页。）

② 《大学恒解》：“道，言也。内本外末为善，否为不善。善不善，而天命得失分焉。君子所以必先慎德，而不以财为务。”（《十三经恒解（笺解本）》卷之一，第36页。）

《康诰》是《书经》上的一个篇名。什么叫“惟命不于常”呢？“惟命”，就是说命是上天给予你的；“不于常”，就是说没有一定的规矩。那么这句话究竟是什么意思呢？上天给你的东西，要让你当皇帝也好，让你当国君也好，这些都是上天之命了，都是上天决定的。但是，为何又“不于常”呢？怎么又会没有一定的常规呢？“常”就是常规。

曾子给出的答案是：“道善则得之，不善则失之。”“道”，当成“说的是”讲。说的是什么意思呢？说的是“善则得之，不善则失之”。你要是用德去治国，这个就是善，那你就得到了天理，你就会做得好，老百姓也拥护你。不善就失之矣，你要是做坏事，那就失掉了天理。

《康诰》说的这个话把它串起来讲就是，让你当国君也好，让你当皇帝也好，都是天命。但是这个天命给予你，并不是没有一定的规矩。你做得好，你就得到天命了，做得不好，就失掉天命了，不要认为当了皇帝就可以为所欲为。言下之意是这个意思。

关键问题不在于天命，在于你自己如何去做，主要是说明这个问题。因为上天让你做皇帝，让你当国君，这个是天命。但是上天并不能够保证你就当得好，当得好或当得坏是靠你自己。“善则得之，不善则失之”，曾子引用《康诰》里的这个话，意思就在这里了。

《楚书》曰："楚国无以为宝，惟善以为宝。"舅犯曰："亡人无以为宝，仁亲以为宝。"①

"《楚书》曰：'楚国无以为宝，惟善以为宝。'"这是《国语·楚语》上的一句话。"惟"，只，只有。只有善才是宝，其他都不是宝，强调了善的重要。

"舅犯曰：'亡人无以为宝，仁亲以为宝。'"舅犯是晋文公的舅舅，就是狐偃，姓狐名偃。在晋献公去世以后，公子重耳（晋文公）被晋惠公撵出了国，逃亡各地，最后跑到秦国他外甥秦康公那儿去了。这个故事就是《诗经》"渭阳之情"典故的来源，《诗经》里《秦风·渭阳》这首诗我背给你们听：我送舅氏，曰至渭阳。何以赠之？路车乘黄。我送舅氏，悠悠我思。何以赠之？琼瑰玉佩。②

以后"渭阳之情"专指甥舅情谊。重耳的舅舅狐偃一直跟着他，走到楚国的时候有人就问狐偃，说：你们晋国公子重耳（晋文公）把什么看得最重要？是不是把生命看得最重要？你们到处都在躲避晋惠公的追杀。

狐偃就说："亡人无以为宝"，我们公子不把自己的生命

---

① 《大学恒解》："舅犯，晋文公之舅狐偃，字子犯。亡人，文公时为公子，出亡在外，事见《檀弓》。《楚书》言宝玉不如宝善，舅犯言宝国不如宝仁亲，引以明不宝财用而宝善与仁。二节承上引起下文用人也。"（《十三经恒解（笺解本）》卷之一，第36页。）

② 朱熹《诗集传》："秦康公之舅，晋公子重耳也，出亡在外。穆公召而纳之。时康公为太子，送之渭阳而作此诗。"

看成宝贝，我是亡国之人、逃亡之人，我不把我的生命当成宝贝，我把什么当成宝贝呢？是把仁亲当成宝。

曾子举这两句话的重点是想说明什么是国家的宝贝。是善，是天理良心，这才是宝贝。

到这个地方为止又是一节，这一节的重点始终围绕着“以德为本”四个字。财不是本，生命不是本，什么是本？德是本。他举的例子也好，说的道理也好，都在强调“以德为本，以财为末”。

但是，治国平天下，财是很重要的东西，所以曾子除了谈德而外，还要谈财。不谈物质光去谈精神，国家是治理不好的，你坐在那里一天到晚光是讲精神，连肚子都吃不饱，这个国家怎么治理得好呢？但是德、财当中哪个是本，哪个是末呢？德为本财为末，主要是强调这个东西。

德，当然就包括了善。前面讲“惟命不于常，道善则得之，不善则失之”，德里面就包括善了。把德和财对立起来说，应该以德为本，以财为末。

后面提出了两个问题：一个是提出了用财的问题，另一个还提出了用人的问题。治理国家，不外乎人、财两个问题。一个是用人，一个是用钱，积累财富。治理国家离开了人和财，就没有东西了。因为有了财、有了人，一切事业才办得起来。不管什么事业，你都必须要先解决人和钱的问题。光有人而无钱什么事情都办不好，光有钱没有人更办不好。

所以人和财，是治国、平天下的两个问题，是作为国君、作为天子要处理好、掌握好的问题。而处理好、掌握好这两个问题，必须以德为本，以财为末。

《秦誓》曰："若有一个臣，断断兮无他技，其心休休焉，其如有容焉。人之有技，若己有之；人之彦圣，其心好之，不啻若自其口出。寔能容之，以能保我子孙黎民，尚亦有利哉。人之有技，媢嫉以恶之；人之彦圣，而违之俾不通，寔不能容，以不能保我子孙黎民，亦曰殆哉。"[①]

《秦誓》是《书经》上的一篇。《秦誓》曰："若有一个臣，断断兮无他技，其心休休焉，其如有容焉。人之有技，若己有之；人之彦圣，其心好之，不啻若自其口出。寔能容之，以能保我子孙黎民，尚亦有利哉。"到这儿为止，说的是用好人的情况。任用好人，对国家和人民都有利。

"人之有技，媢嫉以恶之；人之彦圣，而违之俾不通，寔不能容，以不能保我子孙黎民，亦曰殆哉。"这个是说用坏人的情况，是与上面对比来说的。

---

① 《大学恒解》："断断，诚一之貌。彦，美士也。圣，通明也。尚，庶几也。媢［mào］，忌。违，拂戾也。殆，危也。君子自慎其德，尤必用有德之人，天下非一人所能平也。故引《秦誓》以言有德、无德者之情状，起下文好恶。"（《十三经恒解（笺解本）》卷之一，第36页。）

“断断兮无他技。”“断断兮”就是形容一个人很朴实、很诚恳、很淳朴的样子；“无他技”，没有其他特殊的技术，没有其他特殊的表现，但是这个人“其心休休焉”，“休休”的意思是宽宏大量。“其如有容焉”又怎么讲呢？他的样子又好像是有“容”，“容”是有容人之量，有包容别人的品质。“如”，好像有，但并没有肯定。

“人之有技，若己有之。”他看到别人有某种技能、某种技术，“若己有之”，就好像他自己也有了一样。

“人之彦圣，其心好之。”“彦圣”，是指这个人很聪明，做事很不错。“彦”，是聪明的意思。这个人做事情很聪明，而且做出来的事情很符合圣人的要求。“人之彦圣”，这个“人”是指别人。“其心好之”，就是这个臣子看到有人有技能、很聪明，并且通明事理，他就很喜欢。

“不啻若自其口出，寔能容之。”“不啻”，不仅仅是。“若自其口出”，好像从他自己的嘴里说出来的（一样）。别人所做的事、所说的话，这个臣子好像觉得是他自己心里想的事、想说出来的话。

“寔能容之，以能保我子孙黎民，尚亦有利哉。”“寔能容之”，他实实在在地能够容纳这个人。这个“之”是指另外一种人，这儿就说了两种人：一种人是臣子，另外一种人是指“人之有技，人之彦圣”的那个人。

作为国君来说，假设有这么一个管理用人事务的臣子，或者叫作人事处长，或者叫作干部处长，这个臣子他本身没有什么特长，只看到他人很好，但是这个人有个特点：

他看到有技术的人，就喜欢得不得了，他觉得有技术的人说的话，好像都是他自己说出来的话，并能够容纳、推举这样的人。作为皇帝或国君来说，如果能够任用这样的臣子，就对国家和子孙有利。

接着就提出第二种人："人之有技，媢嫉以恶之。"另外一个干部处长，另外一个人事处长，看到别人有技术，他就嫉妒，"媢嫉"就是嫉妒，嫉妒人家的才能。"以恶之"，讨厌人家。"人之彦圣"，人家有很多的才能，做的事情说的话都（很通达明理，）符合圣人的要求。"而违之俾不通"，什么叫"违之"？就是阻碍人家，人家做事情他不要人家做，就叫"违之"。"俾不通"，"俾"字当成"使"字讲，使不通就是使人家不发达，不提拔、不重用人家。

"寔不能容"，他实实在在不能容纳、任用这种"有技""彦圣"的人。作为天子或国君来说，任用这样的臣子，就不能保护子孙黎民。"亦曰殆哉"，这样就危险了。

《秦誓》上说的这段话有两个层次。对国君而言，有两种臣子：一种臣子本人没有什么大的才能，但是他能够用人；另外有一种臣子就不同，人家有点才能，他就嫉妒人家，不提拔人家，不使用人家，甚至人家要做个什么好事，他就阻挠。这里描绘了两种臣子，应该喜欢哪种臣子？这就提出了一个用人之道的问题。

唯仁人放流之，迸诸四夷，不与同中国，此谓唯仁人为能爱人，能恶人。[1]

“唯仁人放流之。”“仁人”，指君子，也指那些会当天子、国王的人。所谓“放流之”是指对哪种人？是指“人之有技，媢嫉以恶之”的那种人。对后面那种嫉贤妒能的臣子，放流之。“放”者，流放。就是把他撵出去了，不要他当官了。流放是指把他贬官，贬到很远的地方去。实际上“流”“放”是有差别的，“流”是指把他赶出去，文言叫作“逐”。“流”是相当严重的惩罚，不准回来了。“放”是把他赶出去，找个地方让他安顿下来，以后还可能回来。古代流放属于一种惩罚了，惩罚有不同，就要看他的罪过大小。这个臣子不对，人家有技术，他就嫉妒人家，当然不能用这一种人。就放流之，放流到哪里去呢？“迸诸四夷，不与同中国。”把他（流）放到四夷去，（流）放到边远的地方去。

所谓“四夷”（是古时对四方边地少数民族的称呼），东边称为夷，南边称为蛮，西边称为戎，北边称为狄。东夷南蛮西戎北狄，都是边地，所谓“中国”，中国不是现在这个中国，（是指）中原地带。“不与同中国”，不让他住到好的地方，就弄去吃苦。

---

① 《大学恒解》：“好善恶恶，民之公心也。絜矩之而去小人以安君子，民心乃悦。迸，犹逐也。放，安置之。流，则逐而不反。仁人，即慎德之君子。”（《十三经恒解（笺解本）》卷之一，第36页。）

作为国君或天子，除了以德为本、以财为末而外，还有一个用人的问题。所以我们前面说治国平天下，作为国君来说要考虑的最主要的两个问题：一个是用人的问题，一个是聚财的问题，没有解决这两个要紧的问题，国家就治理不好。一个人、一个财，这里都谈了，前头谈财，这儿谈人，这里是说用人，用人最后还要归结到自己身上来。

见贤而不能举，举而不能先，命也；见不善而不能退，退而不能远，过也。[①]

作为真正的仁君和君子来说，（用人的问题）最后还是要归到自己身上。你有两个臣，一个臣是个坏臣子，另一个臣是个好臣子，但是用谁还在于你，所以最后还是要归到自己身上来。责己，归到自己身上，这一节就是谈责己的。

“见贤而不能举”，看到贤人不能够把他举荐出来，除了那个（坏的）臣子见贤而不能举而外，你本人有没有失职的问题？你自己错用了臣子，你又该怪谁呢？怪你自己！所以就叫作“见贤不能举”，这个好臣子，你不能够把他举荐出来，不能够提拔他。

“举而不能先”，这个要求更高了。你要提拔他，你要举

① 《大学恒解》：“命，当作慢。承上而反言之。好善不能用，恶恶不能去，是不能絜矩，由不能慎德，仁人则至明且至断也。”（《十三经恒解（笺解本）》卷之一，第36页。）

荐他，又不能“先”，什么叫“先”？先用。其他人都用完了，最后你才再提拔到这个贤人，这个叫什么？“命也。”“命”，怠慢的意思。你对这种人怎么能怠慢呢？应该尊重。

“见不善而不能退”，看到那个不好的臣子，你不能够辞退他，贬他的官，不用他。“退而不能远”，你即使把他辞退了而又“不能远”，所谓“不能远”是不能够流放他，还是把他留在朝廷上，这个叫“退而不能远”。从那个位置上退下来，你还是要用他，没有流放他。这个叫作什么？“过也”，错误！

这两句话的意思是什么？是贤人你就要用、要重用，而且要提前用，是这么一个意思。“见贤而不能举，举而不能先”，都是过错。“见不善而不能退，退而不能远”，也是错误。

那么这两句的意思就是说：看到贤人，必须用而且快用、重用。看到不贤的人，马上辞退，而且还要把他赶出朝廷。

说到用人，（不论）是你用臣子，（还是）臣子用人，都应该是你的责任，都该由你管。这两段主要是说如何用人，用人的根据是什么。一个人是坏人，另一个人是好人，谁来评价的？谁的眼睛最亮？人民！为什么人民的眼睛最亮？那是因为所出的政策也好，所做的措施也好，最直接（受）影响的是老百姓，治国要懂得这个道理。

好人之所恶，恶人之所好，是谓拂人之性，菑必逮夫身。[①]

因此，就提到了一个很关键的问题："好人之所恶，恶人之所好，是谓拂人之性，菑必逮夫身。"（这句话）深刻得很！《大学》讲得很透彻，把根源找到了。

"好人之所恶"，这个"人"是老百姓，不是指天子，不是指国君。"好"，喜欢。"好人之所恶"，老百姓不喜欢的，你去喜欢；"恶人之所好"，你讨厌的是老百姓喜欢的。这个是反起来说的。拂者，违背也，违背了老百姓的好恶，此为"拂人之性"。

结果是"菑必逮夫身"，灾难就来了，就要直接影响到你自己。"身"是自己，自身，灾害就要降临到你身上。为什么这儿要加一句"好人之所恶，恶人之所好，是谓拂人之性，菑必逮夫身"呢？原因（就）在你用人的目的是什么，是为自己还是为百姓，就是这个问题。

纣王，他喜欢飞廉、恶来[②]（这些人），（飞廉、恶来）那时候一天到晚争钱、争美色、修房子。纣王就用这种

---

① 《大学恒解》："菑，古灾字。夫，音扶。拂，逆也。又言好恶反乎民心者必害身，以见仁人之好恶当法。"（《十三经恒解（笺解本）》卷之一，第36页。）

② 《魏书·列传第三十六》："武王爱周、邵、齐、毕，所以王天下。殷纣爱飞廉、恶来，所以丧其国。"《史记·殷本纪》："纣又用恶来。恶来善毁谗，诸侯以此益疏。"《荀子·儒效》："（纣）刳比干而囚箕子，飞廉恶来知政。"

人，他用的这种人，对于老百姓来说就是恶人，就是整老百姓的人。纣王就喜欢飞廉、恶来，挖了贤臣比干的心，这个就是昏君、坏人。坏的领导者就是拂人之性，和老百姓不是一条心，这个就叫作“好人之所恶，恶人之所好”。（他）喜欢的是别人（老百姓）不喜欢的，不喜欢的是别人所喜欢的，这个就是和老百姓走相反的道路，其结果就是“菑必逮夫身”，这个灾祸，就一定要降临到他的身上。“菑”是古“灾”字。

是故君子有大道，必忠信以得之，骄泰以失之[①]。

这是一个总结。上面说应该怎么用人，应该怎么用好人，应该优先用好人；应该怎么把恶人赶走，“迸诸四夷，不与同中国”，不用坏人。

这些都说完了以后，最后的结论出来了：“是故君子有大道，必忠信以得之。”这个大道就是喜欢好的，讨厌坏的——好好恶恶之道，这也就是君子大道，用人的大道。

“君子有大道，必忠信以得之，骄泰以失之。”“忠”，尽心的意思。“信”，诚诚恳恳的意思。君子有大道，就一定要用尽心、诚恳来得之。这个“之”，是指贤者。君子应该有好好恶恶之道，就一定要尽心、尽诚来得到贤者。“泰”是

① 《大学恒解》：“大道，好善恶恶之道也。忠，尽心爱敬。信，至诚倚任。骄泰者反此。得，得贤人也。”（《十三经恒解（笺解本）》卷之一，第37页。）

指奢侈，“骄”是指骄傲。“以失之”，用骄傲、奢侈的这种态度（来对待贤者），就要失去贤者。“必忠信以得之，骄泰以失之”，这个（是）针对谁在说呢？（是针对）国君在说。前面已经说了，什么是贤臣、什么是奸臣，贤臣应该怎么处理、奸臣应该怎么处理，最后归结到国君，一定要分清是非，分清善恶，用贤臣，逐小人。

诸葛亮在《出师表》上讲：“亲贤臣远小人，此先汉所以兴隆也。亲小人远贤臣，此后汉所以倾颓也。”同样的话，孔子、孟子也讲过，要亲贤人远小人。作为国君、天子来讲，那就是一个用人的问题，用哪种人？前面举了很多例子，小人你就要“放流之，迸诸四夷，不与同中国”。对于贤人，你就要做什么呢？不仅要用，而且要先用。“见贤而不能举，举而不能先，命也”，是你的错误！贤人不仅要用，而且还要提前用，要重用。这就是用人的问题。

最后的总结，就是这两句话：“必忠信以得之，骄泰以失之。”前头一句，忠信以得之，要尽心尽力地去得到贤者，任用贤者；后一句讲，不能有丝毫骄傲或奢侈的心去对待贤者，两方面都说了，是讲的用人之道。到这儿为止，总的是谈用人之道。《大学》的用人之道，可以用四个字概括：“爱贤恶恶。”

生财有大道，生之者众，食之者寡，为之者疾，用之者舒，则财恒足矣。[①]

作为国君来说，有两件大事：一个是用人，一个是用财。（前面）把用人之道解决了，最后一段说用财。

“生财有大道，生之者众，食之者寡，为之者疾，用之者舒。”生财有一定的规矩，是有道理在里头的。一个国家当然要生财，不生财怎么行呢？不生财，吃都吃不饱。生财还是有大道的，这是国家很重要的问题。“则财恒足矣”，“恒”字当成“常”字讲，就是经常的能够满足了。做到哪几样就可以满足了呢？就是“生之者众”，所谓“生之者众”就是生财的人多，大家都有事情做，士农工商都在尽心做事；“食之者寡”，消耗（财富）的是少数，那就是人人都在为国家做事。

“为之者疾，用之者舒。”“为之者”，指聚集财富的人、生财的人。“疾”，快。大家都在生财，积极地生财。“用之则舒”，“舒”是“慢”的意思，消耗得慢，消耗得少，不是一下子就把它用完了。

做到了“生之者众，食之者寡”，国家的收入就“恒足矣”。消耗（财物）的或是岁数大了的人，或是小娃娃，有

① 《大学恒解》：“然财者，生人之命，平天下者，不为一己聚财，岂可不与天下生财？但生财自有大道，而非聚财比耳。”（《十三经恒解（笺解本）》卷之一，第 37 页。）

能力的人都在做贡献。“为之者疾，用之者舒，则财恒足矣”，是说生财的形势。大家都懂得这个道理，把这个国家搞好，财很重要。

仁者以财发身，不仁者以身发财。[①]

这里又出现了两种情况，大家注意一下：一个是“以财发身”，一个是“以身发财”，这个很重要。贤良的国君或天子，就是以财发身，用创造的财富来发身。所谓“以财发身”，就是把所创造的财富散发给大家，而不是一个人独享。当年尧舜这些贤君把民众努力创造的财富分配给大家共同来享用，他就得到了美誉，就得到了人民的拥护，当然他就发身了。所谓“发身”，就是得到人民的拥护。

不仁者就是“以身发财”，那些昏君或不仁者，就是以身发财。什么叫“以身发财”？就是你靠自己的名誉把所有的钱拿到自己这里来作为私用。“以财发身”，是把聚集起来的财散发给人民，而不是拿给自己。“以身发财”，是把财富聚集起来，不分给人民，而是自己一个人私吞了。以财发身

① 《大学恒解》：“申言生财大道，惟仁者能之，不仁者反是。财发身，财散而身安。身发财，财聚而身亡。即上文而甚言其害也。”（《十三经恒解（笺解本）》卷之一，第37页。）

与以身发财的区别，就在这里。①

那么哪种人是以财发身呢？仁者。哪些人是以身发财呢？不仁者和昏君。这里就给我们又提出了一个问题，请大家注意，所谓“生财有大道”当中一个很重要的问题，就是人民创造的财富应该怎么安排或分配？人民创造的财富是分配给人民享用还是你个人独占，这就是以财发身和以身发财的两种不同的表现。以财发身就是仁者，大家创造的财富应该大家使用。昏君就不同，大家创造的财富是他自己的。这里就有一个聚财的问题和散财的问题。而作为生财的大道，该聚财还是散财呢？很明显，（是）散财，所以就有“财散则民聚，财聚则民散”的结论。

未有上好仁而下不好义者也，未有好义其事不终者也，未有府库财非其财者也。②

所谓“上好仁”就是国君爱民，“好仁”就是施行仁

① 《大学恒解》：“是故仁者非不用财，第其以一人养天下，不以天下奉一人。生财有道，天下丰美，而身安于泰山，是为以财发身，不仁者不知内本，竭天下以自奉，不复计万民之身家；生财无道，贪婪聚怨，而身危于累卵，是为以身发财。”（《十三经恒解（笺解本）》卷之一，第40页。）

② 《大学恒解》：“又言藏富于民未尝无财，而仁洽于民，民皆勇义，故内本外末者非不必用财而空言平天下也，一理也。上爱下则为仁，下爱上则为义。”（《十三经恒解（笺解本）》卷之一，第37页。）

政，就是爱民。国君好仁爱民，老百姓就必然“好义”。什么叫“好义”？就是敬上。一个是爱下（仁），一个是敬上（义）。上头好仁，下面就一定好义，所以“尧、舜率天下以仁，而民从之”。你上面这样做，下面不是（也）这样做吗？用俗话来说，领导对我们都这么好，难道我们应该没良心不对领导好吗？所以从来没有“上好仁而下不好义”（的情形）。

“未有好义其事不终者也。”大家都敬上了，都在爱国家了，国家对我们好，我们也热爱国家，做的事情还会没有（好的）结果吗？“未有”，是从来没有（的意思），从来没有好义还得不到好结果的，那言下之意（就是）都会得到好结果，好仁会得到好结果，好义也会得到好结果。

“未有府库财非其财者也。”府库里面的财富，“非其财者也”，不是他的财。这个“其”是谁？（是）国君。银行里面的钱是国君的钱吗？这个钱是人民创造的，应该散财于民。府库里面的钱还是国家的钱，那个钱又不是自己的，还是大家创造的，但是这个钱确实是从府库里面拿出来的，人民创造的要还给人民，比如说给大家涨工资。这个钱是你收管起来的，你一定要放到口袋里一个人用，那就成了昏君。府库之财是国君管的，但是你应该拿来散给老百姓，因为府库之财是老百姓创造的，这样子国家就安定了。请注意三个“未有”是从反面说的，如果从正面来说，就是上好仁，下必好义。只要下面的老百姓好义了，没有一件事情做不好。

孟献子曰："畜马乘，不察于鸡豚；伐冰之家，不畜牛羊；百乘之家，不畜聚敛之臣，与其有聚敛之臣，宁有盗臣。"此谓国不以利为利，以义为利也。①

曾子引了孟献子说的一句话，孟献子曰："畜马乘，不察于鸡豚。""畜马乘"，"畜"字当成"喂养"讲。"畜马"，就是养马、喂马。"乘［shèng］"，古代四匹马拖一架车子，所谓一乘，指的是四匹马。只要喂养了四匹马的这种家庭，就"不察于鸡豚"，你就不要去天天察看你喂养的鸡和小猪。言下之意，你都已经能够喂养得起四匹马了，你还去关心那些很细小的事情有什么意思呢？这是他举的一个例子。

"伐冰之家，不畜牛羊。""伐冰"，按照《礼记》的规矩，卿大夫以上的官员在祭奠祖先的时候，一定要供冰，冰就是我们现在说的冰块。后来卿大夫之家，就被称为"伐冰之家"。"不畜牛羊"，不喂牛羊了。卿大夫之家不去喂牛羊，不与人民争利。古代有个规矩，官员不能够与百姓争利益，什么叫争利？老百姓喂点鸡、喂点鸭子，赶场到街上卖了，卖了就买点盐回去、买点油回去、买点零碎回去，挣点

① 《大学恒解》："朱子曰：孟献子，鲁大夫仲孙蔑。畜马乘，士初试为大夫者也。伐冰之家，卿大夫以上丧祭用冰者。百乘之家，有采地者也。引此以明好义有财之意。有国者以天下为家，能好仁以惠下，则民皆忠义。百姓足而君自足，何事任用匪人营利为也？盗臣损己，聚敛剥民，故宁有此无彼。"（《十三经恒解（笺解本）》卷之一，第37页。）

油盐钱，这点钱你不能争。

前面两句是举的例子，（说明）到了哪一级就不应该做什么了。重点是在最后这一句："百乘之家，不畜聚敛之臣。"所谓"百乘"，是指拥有一百架车子。以前有"千乘之国，万乘之君"的说法，当国君的家财有万乘，就是四万匹马。千乘之国，小国家，有一千架车子，四千匹马。百乘之家，喂得起四百匹马，比卿大夫还要有钱一点。

"不畜聚敛之臣。""畜"就是养，不养聚敛之臣。什么叫"聚敛之臣"？就是给他争钱的那种臣子。"聚"，合拢；"敛"，收起来。"聚敛"，把票子（钱）聚起。百乘之家，按规矩不能够专门去养那个给自己争钱的下级（臣），重点是在这一句。

"与其有聚敛之臣，宁有盗臣。"与其找人来帮你聚敛财富，宁肯养那个偷你钱的人。这句话究竟是什么意思呢？就是你养了聚敛之臣，他就要去帮你争钱，争老百姓的钱。你肥了，老百姓惨了。

孟献子的这几句话当中，前面两句就是打的比方，后面一句才是孟献子所要说的关键问题。作为国君、作为天子，你不要去养聚敛之臣，让他们去搜刮老百姓，与其去养那一种人，不如养点贪污你的钱、偷你的钱的人。你去养盗臣还不会得罪老百姓，那只是偷你的钱。聚敛之臣，就要去压迫、剥削老百姓，所以（说）"与其有聚敛之臣，宁有盗臣"。

"此谓国不以利为利，以义为利也。"国家不要把财物看成利益，义才是真正的利。钱不是钱，义才是钱。到了老百姓都能够行仁义的时候，利自然就来了。这个是讲的生财之道、用财之道。

长国家而务财用者，必自小人矣。彼为善之。小人之使为国家，菑害并至。虽有善者，亦无如之何矣。此谓国不以利为利，以义为利也。[①]

“长国家而务财用者，必自小人矣。”“长国家”，当一个国家的君主；“而务财用者”，一天到晚专心专意于财物。“长国家而务财用者”，当国君的时候，一天到晚想到的都是财。“必自小人矣”，一定是从小人那里得到的方法，必然是听信奸臣的话才如此的。

“彼为善之。”这个是他打的比方，“彼”，就是他，就是“长国家而务财用”的人。小人让他这样做，他还认为是好的。“善”，好。“为”，认为。

“小人之使为国家，菑害并至。”让这种小人来治理国

① 《大学恒解》：“申言聚敛臣之害，见好贤、恶不肖，同民好恶，而国亦安。惩小人之害，则必以义为利。而忠信好贤，斯絜矩之道，乃尽善也。”（《十三经恒解（笺解本）》卷之一，第37页。）《大学恒解》：“从来长国家而务财用者，必自聚敛之小人导之矣。彼有天下者，不知其为恶而善之，使佐国家，不知小人之使为国家，惟知重财，不恤民生，必至上干天怒，下结人怨。迨天菑人害并至，虽有善者，亦无如之何矣。聚敛之臣为祸如此。”（《十三经恒解（笺解本）》卷之一，第40页。）

家，“菑害并至”，其结果是所有的灾害都来了。小人做不出好事情，这个又涉及（到）用人的问题了。

“虽有善者，亦无如之何矣。”假设用小人来治理国家，把国家整糟了，你就是找到“善者”，也就是最能够治理国家的人，“亦无如之何矣”，都没有办法了，为时已晚，谁也救不了了！

“此谓国不以利为利，以义为利也。”这就是为什么国家不应该以利为利，而应该以义为利（的原因）。

“孟献子曰‘畜马乘’”那一节，说明什么问题呢？第一，“与其有聚敛之臣，宁有盗臣”。从正面来讲，这个叫作“不以利为利，以义为利”。最后这一段就是从反面来讲，用小人的结果就是灾害并至，等到灾害一起来了，你要找有办法的人、有仁心的人再来收拾这个烂摊子，（也）没法了，“亦无如之何矣”。

所以这两段从正反两方面强调，治理国家要以义为利，不能以利为利。义搁到前头，也就是德搁到前头，不要把钱搁到前头。这个是最后一段，最后一段就是阐明生财之道。

治国、平天下这段从哪说起？治国还是要从孝、弟、慈说起，然后提出絜矩之道，因为治国之后还有一个平天下的问题，平天下地方更大了，各个地方的风俗习惯、风土人情都不同，各有各的实际情况。但是絜矩之道并不是给我们开后门，原则还是不能变的，絜矩之道只不过是从实际出发制定政策、措施，根本的东西不能变，根本的东西是什么？孝、弟、慈不能变！因此，曾子接下来提出“与民同好恶”的观点。“与民同好恶”实际上也是絜矩之道的内容，不能说风俗、饮食不同，我可以去乱作为。这一点是相同的，以德为本，以财为末，防止财聚人散的恶果。接着曾子提出了财的问题，提出了用人的问题，阐明了生财之道。

生财之道里也涉及人，财生了，还有个用的问题，是归个人用还是大家一起用。所以我们说治国、平天下，以孝、弟、慈为基础，重点就是解决用人的问题和用财的问题，用财就包括生财再用。治理国家，处理任何事情，都要涉及人与财的问题。孔孟之道就特别强调要看到人，生财之道要聚财，但是还有一个散财的问题，就是用财的问题。物质大大地丰富了，有个用的问题，有个消耗的问题。所以《大学》整个一部书，最后都归结到人上，人又归结到修身上。槐轩说，整个《大学》、整个孔孟之道，最后都落实到“己”字上。这个“己”不是为己，而是从己开始，就是我们以前说的成己，这是最主要的。《大学》讲了那么多，“壹是皆以修身为本”，就是说“己”。但是这个不是终结，而是开始，而是本。那么还有末，末就是齐家、治国、平天下。这就是《大学》给我们讲的最主要的东西。

关于《大学》的学习，我介绍两本书，建议大家把《大学恒解》的《贯解》《附解》通读一遍，这是一个。第二个希望再抽时间把槐轩的《大学古本质言》配合起来看看。这次对《大学》的学习，我只是做了一个引导的工作，真正要得其精华恐怕还要从《大学恒解》和《大学古本质言》中去找！就是这样。①

① 《大学恒解》："右《传》之五章。释治国、平天下。凡《传》五章，推明孔子之意，而始于诚意，盖诚意而后可以进德。诚其所知之善，而体之于身，则德明，而人亦应之。正心以下，又自其谨于己诚之后者言之，功益密而设施益宏，其道所以大也。"（《十三经恒解（笺解本）》卷之一，第37页。）

《中庸》讲稿

导　言

今天承双流各位世兄的邀请，找我谈一谈学习《中庸》的问题。去年（2009）我们曾经在这里一起学习了《四书》当中的《大学》，今天我们共同来学习《四书》当中的《中庸》。在学习《中庸》之前我有三点先给大家交代一下。

第一点，《中庸》这一部书，我不敢言讲，就如去年我们学习《大学》一样不敢言讲。只是大家都有兴趣来学习，所以我借这个机会与大家共同学习、共同探讨，大家一起来切磋、理解圣人的这部书。我不敢言讲，这只是作为我个人的一个发言，来供大家切磋、研究。这是我想先要说清楚的一件事情。

第二点，在《大学》《中庸》《论语》《孟子》这四部圣贤的典籍中，《中庸》是最难理解的。《论语》比较好理解，它记录了孔子教人的一些条条款款；《孟子》谈的道理，主要是通过故事来表达，文字相当通俗；《大学》每一节谈一个重点，谈我们儒家的功夫次第，每一条每一款都有一个重点。但是《中庸》就比较深了，《中庸》主要是谈《论语》当中孔子略谈的一些东西。谈的什么呢？天人问题。就是我们现在都很熟悉的天人一体、天人和谐的问题。而谈天人一体、天人和谐，最后就落实到性的问题上，这也是孔子在《论语》当中很少谈到的。《论语》主要谈仁，略言性。我们翻遍了《论语》，性的问题谈得很少，而《中庸》重点就是谈《论语》当中略谈的那一个最根本的问题——天人问题。

《中庸》这一部书，古往今来研究的人不少，从汉儒到宋儒各有各的看法，各有各的观点。特别是宋儒对《中庸》的理解，多数的观点槐轩还是赞成的。但是宋儒没有解决一个最根本的问题，就是先天、后天的问题，（所谓）没有根本解决，也就是说还没有明确。宋儒是以心为性，而《中庸》重点是谈性，把心和性是分开了的。这就是今天我这个发言有些地方与宋儒的说法和观点有差别之所在。我今天的发言主要是根据我的先曾祖止唐公的观点来谈我的理解，因此我的发言以及在学习《中庸》的过程当中，主要的观点是槐轩的观点，其中吸收了宋儒尤其是程朱的一些观点。程朱是宋儒的代表，（指）二程子和朱夫子。

第三点，《中庸》难在什么地方呢？（一共有）两条。

第一条，难在它所谈的内容，更多的是谈人最根本的问题——性，也就是谈先天、后天，用槐轩的话来说就是谈所谓平常和神奇的问题。我记得去年（2009）北京的余世兄来成都，那天晚上，我们在旅馆里，有世兄就提到平常跟神奇的问题，所谓至平至常即是至神至奇，平常和神奇是二而一者也。当时大家都还谈了一下自己的看法，但这也是两三句话说不清楚的。我们今天来系统学习《中庸》，有好多问题就会得到解决。槐轩在讲天人问题的时候，有一个基本观点："至平至常即是至神至奇，至神至奇寓于至平至常之中。"也就是说，天就是人，人就是天，天人是一体的，天人是和谐的。由于是谈天人问题、平常和神奇的关系问题，所以理解它的内容，比起理解《论语》和《孟子》就困难一些，这是一个难点。我想说，所谓的难是相对于《论语》《孟子》《大学》而言的。

第二条，《中庸》这部儒家原典，在文字上比起《大学》《论语》《孟子》也难以理解得多。《中庸》的文字用槐轩的原话叫作："其文义幽奥，辞意岭断云连。"① 这个话的意思是什么？就是说我们在读《中庸》的过程当中，一段一段读它，有些内容是先后互见的。所谓先后互见，就是这一段没有说完，要到后面某一段才把这个问题说完，有这样一个问题。所以朱子在注解《四书》的时候，感到很恼火，他觉得《中庸》最重要，但是《中庸》却最不好理解。槐轩用四个字来形容它，说它的文字是"岭断云连"，好像有些地方没有说完，没有说完是不是在这部书当中就没有说到呢？不是。而是这一章节说了，没有说完的（内容）在后面一章节

① 刘沅：《中庸恒解·序》，《十三经恒解（笺解本）》卷一，第86页。

才把它补充进去，所以，这就给我们学习《中庸》、理解《中庸》带来了一定的困难。特别是辞意又岭断云连，文义又比较幽奥，谈的内容又是天人问题，更给我们学习《中庸》带来了一定的困难。所以在学《中庸》的时候，一定要先有这么一个概念，就是想要学懂《中庸》，必须把《中庸》全部学完了以后，将前后辞意贯通起来理解，就是要注意前后贯通的问题、先后互见的问题。

我们现在就开始来说《中庸》这部书。在学习正文之前，还要先谈两个问题，第一个是谈《中庸》的产生，第二个是谈《中庸》的大旨。以前学《大学》没有谈到这个问题，因为它先谈什么后谈什么都是清清楚楚的。《大学》先总谈，然后谈诚意、谈正心、谈修身齐家治国平天下，非常顺，慢慢理解就是了。正因为《中庸》的辞意岭断云连，文义幽奥，所以我们需要先把它的大旨说一下，而要谈大旨就必须先谈为什么有《中庸》这部书，它究竟想要解决什么问题。(也就是)《中庸》的产生和子思写这部书的目的。回答了这两个问题，才能理解它的大旨所在、中心所在。

先谈第一个问题：《中庸》的产生。我们知道在孔圣人提出成己成人之学以后，在《论语》当中，他重点谈了一个最根本的问题——“仁”。除了《论语》当中经常提到“仁”字以外，其他的很多内容，实际上都在阐发仁，使仁具体化。当然，不同的人有不同的解释，这又是另外一个问题了。在我们今天共同学习的《中庸》中，子思就把仁提高到与孔子在《论语》当中谈得比较浑（模糊）的那一部分，也就是谈得最深层的那一部分（性）同样的高度。

恐怕谈到这个问题，我们就要提出一个疑问了，为什么孔子在那个时代他不谈（性），而要让他的孙子来谈，孔子自己谈了不是很好吗？这里有两个问题，我的先曾祖槐轩就讲了，谈天人问题、谈性的问题，第一个非明师不授，那个不能行诸文字，属于口传心授，宋儒讲的传授心法，就是说的这个东西。而那个口传心授不是通过文字把它具体说出来。以前我们都知道槐轩有些真正的东西，属于静存动察那一套的，主要是来自于野云老人，不是《四书》上说的。而所谓老、孔的授受主要是指的这部分内容，老子传孔子的，也主要是指的这部分内容。孔子在《论语》上没有谈，曾子在《大学》上没有谈，子思在《中庸》上就谈了一些，还不能说就谈完了，因此就接触到天人问题了，接触到平常和神奇的问题了。我们翻遍了《论语》，确如《论语·述而》当中门人记载的一句话："子不语怪力乱神。"《论语》谈神的东西太少，但是《中庸》当中，神的东西就谈得多了，就是现在说的玄的东西谈得多了。

因此我们说，学习《中庸》就是学习孔孟之道传授的心法，更进一步说，是来学习做人最根本的东西。而在《论语》和《大学》当中没有谈到的那些东西，在《中庸》当中就谈到了，就谈到有些神奇的东西了。因而我们对《中庸》的理解，也就有一定的困难。

我们又回过头来说，孔子为什么当时不语怪力乱神，浑谈天道和人道？为什么他谈得那么少？子思为什么那么胆大，他就敢敞开来谈？这个问题就冒出来了。当然不能说孔子不懂，但孔子为什么没有谈呢？子思为什么要谈？我们就必须解决《中庸》的产生问题。不然，在我们脑筋里头就有一个大问号出来了，爷爷没谈孙子来谈，当真爷爷还不如孙子？当然不是的！

因此我们就要首先解决《中庸》的产生问题。《中庸》的产生不是偶然的，宋儒是这样看，槐轩同样是这样看，槐轩用四个字来概括："存儒之真。"（《中庸》）保存了儒家最真的真谛、最核心的那个东西。《中庸》的产生，就是为了存儒之真。

什么叫儒家？儒家讲的核心是什么？《中庸》把它说清楚了。孔子没有说，曾子也没有说，子思说了。那么这就又冒了一个问题出来，《中庸》是为了存儒之真，子思为什么又敢于写这部《中庸》来存儒之真呢？这个要从当时的社会情况说起。一部著作的问世，都是当时社会的需要，没有那个需要是不可能出现的。那么子思当时所处的社会情况是怎么样的呢？孔子、曾子生于春秋时代，春秋时代尽管有一些不同于儒家的观点，但是比较少。那个时代佛家没有入中国，所谓儒本身也不存在，更没有什么三教问题。所谓儒就是老孔的授受，老子传孔子。后来因为有了所谓的道家，为了区别，才撰了个儒家出来。春秋时代根本不存在什么三教问题，更不存在各个学派你戳我的眼睛，我戳你的鼻子的问题。孔子讲学，就是继承老子，这个是孔子那个时代。

但是孔子而后到了战国时代，社会情况变了。各家风起，以庄子为代表的道家出现了。儒家当中，从子游、子夏下来，荀子出来了，他认为自己是所谓继承孔子的正统人物。由于战国社会动乱，其他各种学派风起，比如说阴阳家出来了，名家出来了，以许行、白圭为代表的农家也出来了。到孟子那个时候，许行、白圭农家之说遍于天下了，其他各家都立了个招牌出来了，当然儒家也应运而生。本来没有儒家这个名字，为了区别于农家、阴阳家、道家、法家，就有了儒家，孔子就变成儒家的始祖了。那么这个时候的社会情况跟孔子当时所处的社会情况是完全不同的了，百家冒出来了，而且各家都有个代表人物。

这个就必然导致一个现象产生，什么现象？你戳我的眼睛，我戳你的鼻子，各人的主张不同，你说我这里不对，他又说你那里不对。这个就叫作什么？就是我们现在说的“百家争鸣”，各人提出主张。以列子和庄子为代表的道家，并不认为孔子是传承道家的学说，而他们所主张的（才是）。我们翻开《庄子》这一部书来看，绝大多数是谈神奇的。所谓谈神奇，现在把它翻译一下，是谈天、谈天道。阴阳家也谈神奇，一直传到现在的阴阳家，到最后越整越乱，风水这些都是秉承阴阳家的那一套，他们就谈神奇。由于以庄、列为代表的道家谈神奇，以邹衍为代表的阴阳家谈神奇，他们都主要谈神奇，就回过头来说儒家：你儒家是讲孔孟之道的，你就不晓得神奇。阴阳家、道家谈神奇，谈得玄之又玄，来人就谈所谓的高渺之学，所谓高渺就是神奇，谈神奇之学。那么在与儒家打口水仗的时候，他就指责儒家，就说：你儒家卑了，我们才高，我们才是最了不起的学说。这就是儒家遭受到道家和阴阳家攻击（的情况）。

左边的攻击者来了，右边的攻击者也来了。右边的攻击者是谁呢？是法家、农家、名家。以许行、白圭为代表的农家，以商鞅为代表的法家，以惠施就是惠子为代表的名家，他们谈的不同，他们谈什么？他们讲的观点是"切近"。切近是什么？（就是）谈实际的，谁去谈玄？（他们认为）那是高渺的东西，没有根据，是骗人的，他们是谈切近的东西。正因为名家、法家、农家这些都主张切近，与儒家当然也有不同，他们就指责儒家为"诞"！（就是）荒诞（的意思）。因为儒家毕竟有时候还是要谈点天人问题，虽然孔子谈得很笼统，但总还是谈到了天人的关系问题。名家、法家、农家这些家重点就谈切近，就谈人道，有什么天道？你看《孟子》七篇当中，有一篇是专门批评许行、白圭的，"有为神农之言者许行"，就是那一章[①]。他就主张什么呢？天下怎么就太平了呢？不需要你诚意、正心、修身，你越说越玄，不要说那些。每个人在国君那去领几亩田，自耕而食，自织而衣，这个就是许行、白圭的主张。我们自己弄来吃，自己织布来穿，天下就太平了。儒家要说点人道，还有什么天道，那就是荒谬、荒诞。这样一来，当时以子思为代表的儒家就遭到了左右夹攻。

究竟儒家谈不谈高渺，谈不谈切近呢？对这个（问

① 《孟子·滕文公上》。

题)，子游、子夏他们传下来的一批人都产生怀疑了。我们说，儒家的正统是孔、曾、思、孟，孔子传曾子，曾子传子思，子思传孟子，子游、子夏是孔子的门人，还是了不起的门人，他们一传下来，后面的就有点走偏了，有点变歪了。荀子就是受子游、子夏的影响。

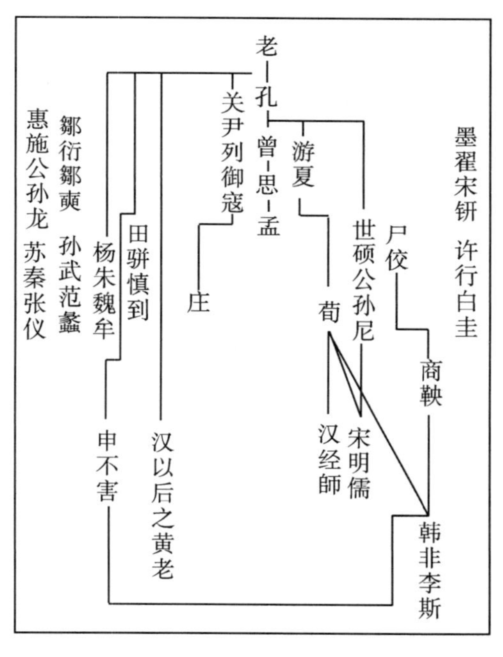

刘咸炘《学变图赞》

我父亲写的《推十书》上有个《学变图赞》，子游、子夏下来就是荀子。他既有儒家的成分，打的招牌是儒家，但他又变了味，他就偏重于“切近”，基本上或者很少谈天人问题了。荀子谈切近，接近于法家，一直到后来的《吕氏春秋》都是谈这个东西了。见到农家、法家、名家，儒家就成为荒诞无稽之道。见到道家、阴阳家，儒家学说太平凡了。所以，在子思当时所处的那一个时代，就出现了三方面使他感到恼火的（情况）。一个是我们前面说的，以儒为卑的阴阳家、道家攻击儒家；一个是出现名家、法家、农家攻击儒家，（儒家）遭到左右夹攻。而且就是子游、子夏传下去的也没有说清楚，不能用深刻的天人一体的道理来应付所有的进攻，就是儒家本身都还在摇摆不定，硬像是高不成低不就的。这就是当时儒家面临的问题。

因此，作为儒家传承老孔之学的正统、孔子的孙子——子思揭案而起：你批评我卑，你批评我荒诞，我就把我们儒家的主张写出来让你看一下。因此《中庸》应运而生。《中庸》这个名字取得好，你说我不谈玄，你说我不谈高渺，可我谈的终究是最高渺的天人。你（看）有什么比天更高了？所以《中庸》开头就说："天命之谓性，率性之谓道，修道之谓教。"对于那些认为我卑的，我谈天；对于那些批评我荒诞的，我谈庸。庸主要谈什么？庸者平常也，（谈）人道。

因此我们说《中庸》这部书谈这个天人关系，确实了不得。天人一体，没有什么分什么合，天也是他，人也是他。当然儒家所说的这个人是真人，是复性的人，你说儒家神不神奇？神奇得很！《中庸》三十三章当中恐怕有一半在谈神奇。谈天道，谓之神奇；谈人道，谓之平常。但是这部书更了不起的是什么？是把天道、人道合起来谈，不是天是天、人是人，真正的人就是合天的，天人是合一的，现在我们讲的天人合一也是从这点出发的。

因此槐轩用四个字来下结论，《中庸》的产生是为了“存儒之真”，是真正的儒家学说。（儒家认为：）我们没有偏，我们是把天人合起来说的，你们倒是真正的偏了。一个谈切近，离开了天道，只谈人道；一个谈高渺，离开了人道，只谈天道。我们谈中庸，中者天道也，庸者人道也，我们谈的是天人合一。所以实际上中庸应该说是对那些认为儒家（是）卑的、认为儒家（是）荒诞的学派（说的），给他们的一个回答，同时把天人一体、天人和谐，天道即人道、平常即神奇这个道理说透了。

这个道理用槐轩概括的观点来讲，叫作：“道本于天而备于人。”槐轩在《俗言》《子问》《又问》中经常提到这句话。“道本于天”，谈天道；“而备于人”，谈人道。“道本于天”即是《中庸》的“中”，“而备于人”即是《中庸》的“庸”。所以说《中庸》这个书名就是一个说天道，一个说人道；中说天道，庸说人道。槐轩就把它解释为“道本于天而备于人”。道本于天，天道，说中；而备于人，人道，说庸。

由此，这个问题也就解决了。平常和神奇不要分开，平常即神奇，平常当中就寓有神奇。因此，槐轩提出，至平至常即是至神至奇，神奇是寓于平常之中（的）。人要是真正成为一个圣人，成为一个真正的人，成为好的人，自然就会符合天道，天人就一体，天人就和谐。不要单独去追求天道、追求神奇。（只）追求天道、追求神奇，你会走到哪条路上去？（就会）走到后来的道家和阴阳家那条路上去了。

只求人道，不讲天道，你就会走到名家、法家、农家那条路上去。

因此一句话，《中庸》的产生是为了回应其他各家对儒家的攻击，用天人合一来解决这个问题，这个是《中庸》产生的原因。

我们把整个《中庸》一部书为什么要写、写的又是什么基本上了解了，那么第二点我们就谈一下《中庸》的大旨、主旨。《中庸》的大旨两句话（就可以）概括了，不要说得那么玄乎。第一句话："天道即人道。"第二句话："尽人（性）即可合天。"

我们这样一看，槐轩为什么说平常即是神奇、神奇即是平常，就是根据（这）两句话来的。离开了人道谈神奇，现在有没有？算命就是离开人道谈神奇的。道教当中有些根本不懂道的那些道士，（部分）所谓的黄冠羽流之士，根本不懂道，不懂《五千言》的内容，根本不懂老学，他们就是尽谈玄。

不能够区别天道和人道，恐怕我这样一说，你这样一理解，好多问题一下就通了。为什么我们对《大学》"止于至善"的理解与宋儒不同？那就要返还先天，给你指出个地方，返还先天，天人就合一了。你到了后天天人分开了，"嗜欲纷而七情扰"，性变成了心，不是先天之心了，好坏一下就分开了。我们复性就是要恢复到先天，天人就合一了。如何合一？由人道，人道是什么呢？就是用仁义礼智信来具体处理五伦关系，就是这么简单，有什么玄？但是你真正处理好了（五伦关系），一下希圣希贤了，玄不玄？又玄了。所以天道、人道是二而一的，天道即人道。天是神奇的，人是平常的，天是中，人是庸，天道即人道，尽人（性）就可以合天，所以第二个问题就提出来了。

当然你不能够这样理解，因为我是人，人与天既然都合一了，我不采取复性的办法，不采取静存动察的办法，我自然就成圣成贤，那当然不可能！这个孔子是说清楚了的，槐轩也是说清楚了的，槐轩教你还有个复性。人在母腹中是一样的，生下来以后，喜、怒、哀、乐、爱、恶、欲就慢慢给他影响，好人、坏人就慢慢分成两大阵营了。那么要保持母腹中那一颗赤子之心，孟子提出了养心养气，这就是槐轩提出的静养功的依据所在。

因此，我们翻开《中庸》一看，从首章到三十三章，宋儒是怎么讲的呢？“其书始言一理，中散为万事，末复合为一理。”（朱熹《中庸章句》）这个是他（程子）的原话。开始总说天人关系，中间就是一个实行人道来达到尽人合天的目的。也就是面对万事万物，你应该怎么做，就是用天道来处理人道。最后，三十三章复合为一理，又归到“天命之谓性，率性之谓道，修道之谓教”上来了。总说、分说，最后总说，《中庸》就是这么三大部分。

这点槐轩与宋儒是一致的。宋儒把它砍成三截，其书始言一理，谈《中庸》，谈道；中散为万事，最后复合为一理。槐轩就把它说得更易懂：首先从天命说到人，这个主要指第一段，是总纲；从第二段起，“推及万事万物”，就是具体给你讲道理，为什么要天人一体，你应该怎么做；最后又归结到天人一体上来。与宋儒的说法不同但意思完全一致，“首自天命说到人，中间推及万事万物，末自人说到天”。槐轩的原话[①]，与宋儒“始言一理，中散为万事，末复合为一理”是一个意思。

但是槐轩与宋儒有一丁点不同，宋儒没把这个点穿，他最后还有两句：“放之则弥六合，卷之则退藏于密，其味无穷，皆实学也。”槐轩就最后这一丁点与宋儒不同，槐轩后面就把它具体化了，前头都是首自天命说到人，末自人说到天，中间推及万事万物，而说到结果无非说人道即天道。因此，我们说《中庸》的大旨是天道即人道。

尽性即可合天，就是谈《中庸》大旨的第二个问题。这个就是给你指的路，前头给你一个概念，天道就是人道，那么怎样才能天人合一呢？尽性就可以合天。槐轩《蒙训》上有四句：“性尽心合天，万理归于一，一理定乾坤，时中妙损益。”所谓尽性就是复性，返还先天，返还先天就是神奇。天道即人道，当然不是说，人一生下来不管怎么做，都是与天和谐的。槐轩讲了，人生下来了以后，你就要变了，嗜欲纷而七情扰，你就分先天、后天了。你要天人合一，只有返还先天，返还先天的办法就是复性。复性者，尽性也，“尽性心合天”。心与天一样，天人合一，你就成为好人、成为

① 刘沅：《中庸恒解·凡例》：“首自天命说到人，末自人说到天，中间推及于庶事庶物。”（《十三经恒解（笺解本）》卷之一，第88页。）

圣贤了。

《中庸》三十三章都在谈尽性合天的问题，教你怎么复性，教你怎么尽人合天。我们先学习总纲，以后慢慢学习其他内容的时候，就会看到每一条都在谈具体的方法，给你说道理，怎么合天，怎么使人返还先天。那么怎么尽性合天呢？有个最根本的东西在《中庸》当中，强调一下，《大学》上也曾经说过这两个字：慎独。《大学》上我们讲过要慎独，慎独是关键，什么叫慎独？就是你往往在大家面前可以说得多好、做得多好，但当你一个人去想事做事的时候，当别人都没有看见你的时候，就需要慎重了。所以《中庸》和《大学》就强调，要做到在一个人独居（处）的时候，想的做的都合乎天理，但这点很不容易做到。因此《中庸》认为，做到尽人合天，“其要就在慎独”。慎独的目的是什么？“其归在诚身。”怎样复性，怎样尽人合天，十个字：“其要在慎独，其归在诚身。”我们以后一段一段讲的时候，都要讲这个东西，现在只是笼统地先把大旨说一下。

朱子也晓得这一点，朱子说：“以去夫外诱之私，而充其本然之善。”他这句话说得很好，是《中庸》的核心，这个也是慎独应该掌握的两句话。“去夫外诱之私”，这个“夫”是虚词，去掉你外面的那些私心杂念。“止于至善”就是“去夫外诱之私”吧。下一句“充其本然之善”，上天给你个性，使你本来的这个赤子之心扩充，扩充善心去除私心，这就是《中庸》教我们的方法。一个去私，一个充善，私是你后来受的影响，善是你本来固有的，你去私然后来充其本然之善，当然（可以做到）天人一体了。

但是如何去私充善呢？这一点，朱子不及槐轩，槐轩专门讲到了这个问题。二程和朱子都懂得那个道理，就是缺乏一个明师。周敦颐师从海岩和尚，他们就是走的一条路下来的，所以他始终没有解决《大学》当中“止于至善”的问题。道理，宋儒当然晓得，但是他们就是不晓得方法，缺乏明师教导，不然为什么《下学梯航》上第三条就是师授，为什么把师授提到那么高的地位呢？传授心法是口传心授，是不见诸典籍的，如孔子适周问礼，是老子亲传的。

说到这时候，我们就把《中庸》的大旨基本上是说清楚了。当然所谓说清楚了，就是总纲说清楚了，具体的当然都还得在后面谈。

第一章

天命之谓性，率性之谓道，修道之谓教。[①]

“天命”者，天之理也。天命是天之理，就是天理良心那个天理。“性”就是指天命，“天命之谓性”，天命是指天所具有的，性是天命赋予人的，在天为命，在人就为性。“之谓”，这个是文言的说法，就是谓之，翻译出来就是“称它为”。称天命为性，那么天命究竟是天命还是性呢？槐轩就解释了，天命是天之理，这个天之理体现在人身上就称为性。

“率性之谓道。”“率”，是遵循的意思。能够遵循天命就

① 《中庸恒解》：“命，天之理，赋于人则为性。人能循其天理之正而无私则为道。道理之统名，即性之发于万物者也。人性本善，气质有偏，私欲难免。圣人本人性而为之制，使人变化其偏私则为教。性道教之说，战国言者纷矣，子思故切指之，而其义实非有二也。天之理、人之性、万物之道，一以贯之。”（《十三经恒解（笺解本）》卷之一，第 89 页。）

称为性，也就是在天为命、在人就为性，也是上天给人的，在天叫天理、在人就叫性。那么上天给你这个性了，你如何保存这个性呢？第二个问题就来了，叫作“率性之谓道”，你遵循上天给你的这个性，也就是天之理，你照着去做，这个就叫作“道”。

这个“道”字我们来解释一下。什么叫“道”？槐轩讲得很通俗：“道犹路也，天地人神所共由。”这句话在《下学梯航》上。什么叫道？道就与路一样，天地人神都要照着这个路去走，你不照着这个路走就走到沟里去了，走到沟里头，非道也；走到田里去了，非道也。你只有遵循上天给你的这一个性去走，这就叫作道。

我们说体道也好，坚守道也好，就是坚持天理，坚守天给你的性，所以率性就叫作道。因为上天给你的性，是无私的东西，叫作什么呢？具体地讲，就是五个字，叫作“五常”，五常是“仁、义、礼、智、信”。就是上天给了你性，你脱离了母胎到了后天，喜、怒、哀、惧、爱、恶、欲一起来影响你了，怎么样使得你的喜、怒、哀、惧、爱、恶、欲这七种反映出来的感觉，能够合乎仁义礼智信这一标准？因此，性这个意义就包含了《礼记》上提出来的仁义礼智信，不然就说玄了。

怎么复性呢？槐轩就把这个说透了，他在《蒙训》上说：“仁义礼智信，为人当体贴。”只要使你的所作所为、所思所想符合仁义礼智信，就是按照上天给你的性去做了。槐轩认为，复性有很多功夫次第，有很多内容，这个内容在以后讲《中庸》当中都要讲到。(《中庸》)不仅给你指出一个性，而且还有具体的内容，就是仁义礼智信。用性包含的仁义礼智信来对待你所遇到的所有人，而所有人无外乎是这么五种关系的人：君臣、父子、兄弟、夫妇、朋友。我们的社会生活，都摆不脱这五种关系。那么你在处理这五种关系的时候，用仁义礼智信来对待，这就叫循道而行，就叫率性，你就走到正道上了，所以“率性之谓道”。不然，你没有具体内容来充实它，光是说率性之谓道，就是空的，怎么率性？那就用五常（仁义礼智信）处理五伦关系，就这么简单，所以又是至平至常的，每个人天天都要碰到，每个人天天都在做的。所以我们就把这个道的内容具体化了，用五常来处五伦谓之道。不晓得我说清楚没有，就是这个意思。

“修道之谓教。”“修”者，学习也。学习道，就是学习仁义礼智信，也就是恢复上天赋予你的“赤子之心”。《孟子·离娄下》说：“大人者，不失其赤子之心者也。”就是他的赤子之心没有丢掉，这个就是了不起的人。赤子之心是一个笼统的说法，具体来说就是仁义礼智信。你处理一个问题、说一句话，一举一动、一言一行都符合仁义礼智信，用它对待君臣、父子、兄弟、夫妇、朋友，这个就谓之道，这个就是“率性之谓道”。

“修道之谓教”，还必须有个教化在里头，这就是槐轩为什么强调要读《四书》《五经》，还要有明师指导（的原因)。不是所有人都坏，哪里去找那么多坏人？说句老实话，还是好人多，都想当好人。确确实实在一个社会当中，想当好人的人更多，想做坏人的始终是少数。而想当好人，如何去当好人，就有好多问题需要解决。所以，除了讲“天命之谓性，率性之谓道”，第三个就谈到具体的了，你要去实践，怎么实践？只有教化。教者教化也，靠教化，所以必须有师授，要有明师来传授。而《四书》《五经》正是（用）来修道的具体的典籍，依照上面（说的）去做。（如果）没有教、空说道，道不能明。只有通过学习仁义礼智信这五常，把它贯彻到君臣、父子、兄弟、夫妇、朋友这五伦当中，教化（才能实）行。因此“修道之谓教”，把它翻译出来就是，使人遵循这个道理去做事，这就叫作“教”。

以前青羊宫三清殿里有一道匾，是我祖父（刘椢文先生）写的，就四个字：“谓性道教。”老孔的真传，子思把它概括起来，性、道、教，缺一不可。首先要明白，性，在天就是天理，赋予了人就是性。赋予你了并不等于你就成圣成贤了，赋予人以后你还必须“率性”，跟着上天给你的这个天理走。率性的具体内容就是道，跟着这个道路走。这个道路（的）走法，就是我之前说的，用五常来处理五伦，一句话，这个就是率性，这个就是道了。

将性付诸实践就是率性，但你还要有人去指点，就提出一个教化问题了，所以修道就叫作教，叫作教化。性、道、教三者缺一都不能成圣成贤，都不可能返还先天，都不可能把上天给你的性保存下来并发扬开去。这个是头三句，这三句是纲，假设要分段的话，可以把它分成一段。

这一段就是总说“道生于性，教以明道”八个字。看这两句话都落到哪个问题上？道。当你光有性没有道的时候，你说：我有颗赤子之心，父母把我生下来，没有人教化，没有人教导，坏东西就来影响我了，怎么能返还先天呢？核心是这个“教”字。有性还必须有教，只有性而无教（是不行的）。为什么世界上有好人有坏人？之所以出现好人和坏人，可以这样说，好人受到了教，他就归于道；坏人没有受到教，他就悖于道。道理就是这样子。

《三字经》说：“人之初，性本善。”是的，性都是善的。但是生下来有些变成坏人，也有的变成好人。你说这怎么解释，（变成坏人的）缺少了哪一条？教！缺少了修道这一环。

孔孟的道理非常通俗，不要把它看得很难，特别是我们年轻的人，看到这个之、乎、也、者，脑壳就痛了，实际上它说的道理是非常浅显的。

道也者，不可须臾离也，可离非道也。是故君子戒慎乎其所不睹，恐惧乎其所不闻。①

正因为核心是“道”这个东西，所以下面说：“道也者，不可须臾离也，可离非道也。”这个话很好懂，强调道

---

① 《中庸恒解》卷上：“道，即性也。以其顺天地之性，而该万物之情，各有条理，若大路然，故曰道。道散于万物而全具于人，非是则失其性而非人，故不可须臾离，可离非道。悼乎外性，言道之谬也。戒慎恐惧，不离道之实功；不睹不闻，则极幽暗之地；戒惧慎独，则懔畏天命之严。”（《十三经恒解（笺解本）》卷之一，第89页。）

是核心。道生于性，性是人人都有的，道是非教不可得的。

我们都有一个天生的性，这不分好坏，不是好人有坏人没有，先天都是相同的。之所以还有些人出现一些缺点，甚至于出现一些坏人，就是缺少了教，他就没有得到道，也就是说他没有走到正道上面。性、道、教三者缺一不可，道是核心。

“道也者，不可须臾离也。”“须臾”，就是一刹那。一下都不能够离开“道”，强调一直要坚持这个道。“可离非道也”，假设你能够离开它，它就不叫道了，那也就是说仁义礼智信不能够“斯须”离开。《礼记》上有一句话：“不可斯须去身。”“斯须”就是须臾的意思，表示时间很短暂，一丁点时间都不能够离开它。

为什么这个道不能够“斯须去身”呢？不能够须臾离开呢？因为道就是仁义礼智信，一个人每天早上起来，从睁开眼睛一直到天黑了都在用它处理问题，甚至你睡着了，你都在用它想事情。坚持了道，你的事情就做对了；违背了道，或者一天中有些时候违背了道，有些时候没有违背道，那就要看你做的事情怎么样。我们不能够须臾离开道，就是要随时随地用五常来处理五伦的问题。这两句话，一正一反：“道也者，不可须臾离也”，（是从）正面讲；“可离非道也”，（是从）反面讲。一正一反说到结果，（都是）不准离道，不可斯须去身，就是这个意思。

“是故君子戒慎乎其所不睹，恐惧乎其所不闻。”是故，就是所以的意思，表示结果。君子，有道德的人。戒慎，警惕、谨慎的意思。恐惧，害怕的意思。不睹，看不见的地方。不闻，听不到的声音。

不睹、不闻，一个指地方，一个指声音，两个合起来是指什么呢？就是指没有迹象、没有声响的那一个幽暗之地。没有别人，只有我一个人，没有声音，别人又看不见，这就要提出慎独了。当着大家这么多人，我可以说得漂亮，甚至做得也很漂亮，但是只有我一个人的时候，什么坏思想都可以冒出来了，什么坏行为都可以做出来了。所以作为君子来说，就要警惕那一个不睹不闻之地。在公开的场合很容易做到君子的行为，可以欺骗人家，但是你回去一个人坐到家里的时候，你想些什么、做些什么，只有你一个人才晓得，这一关能过了才是真君子。

那么，怎样才能做到朱子说的“以去夫外诱之私，而充其本然之善”？让外面的坏东西不影响你，使本身具备天理的这个性发挥作用，所以有良心发现这种说法。什么叫良心发现？上天给你的性，那种好的东西，在你脑壳里指导你，叫良心发现。杀人越货的那些人，他可以在光天化日之下杀人，做出最坏的事情，那个时候，他完全被私欲蒙蔽了。但是当把他逮进去，甚至判了刑，他也会流泪，那点良心他还有，他发现了他不应该做那个事情，还有丝毫的良心，那一点就是天性。所以天之理在人者为良心，（犯罪的人）有丁点失悔的心，都叫良心发现，这个良心是什么？天性！所以，子思给我们讲，要真正成为圣人，要真正保存天性，那只有一个办法，就看你过不过得了“慎独”这个关。

当你一个人坐在声音都没有、别人都发现不了你的那一个地方，看你做的是好事还是做的（是）坏事，想的（是）好事还是想的（是）坏事。

所以能够在不睹不闻之地都保存天理，在能够睹能够闻的大庭广众之地，那就不需要说了。能做到“戒慎乎其所不睹，恐惧乎其所不闻”，就是不离道的具体表现。再说得简单点，在独居的时候能够想的都是善的，做的都是善的，就没有离道了。

莫见乎隐，莫显乎微，故君子慎其独也。[①]

“莫见乎隐，莫显乎微，故君子慎其独也。”再进一步说明慎独的功夫。“见”，读［xiàn］，出现的意思，（显）现出来。“乎”，表示比较的意思。“隐”，指别人看不到的地方，隐蔽之地。“显”，明显表现出来的意思。“微”，指细微的声音。“独”，指自己一个人在的地方。

既然前面已经都提出了“戒慎乎其所不睹，恐惧乎其所不闻”，为什么子思还要说“莫见乎隐，莫显乎微”呢？

“莫见乎隐”，翻译出来就是没有比隐蔽之处更明显的了。这个话怎么讲？好像有点似通非通的。所以说《中庸》

---

① 《中庸恒解》卷上：“申上文戒慎二句之意。不睹、不闻，即独也。其地至隐，其几至微，然人不及知，己已知之，则见、显莫逾乎是。故君子知一念之善否，即天命之去留，慎乎其几，乃可以须臾弗离也。”（《十三经恒解（笺解本）》卷一，第90页。）

的有些文字有点幽奥，用槐轩的话来说，就是没有比隐蔽之处更明显的，那隐蔽之处怎么会更明显呢？

"莫显乎微"，即没有比细微的声音更清楚的。这个话好像要转个弯才理解得到是什么意思。你处在隐蔽的地方，别人是不晓得的，（但）有没有人晓得？首先你自己就晓得。意思是说，你在做一件事情，在产生一个思想的时候，你瞒得了别人，瞒不了自己！

所以，子思说这句话的意思，就是进一步强调慎独。《大学》第二章就提出："所谓诚其意者，毋自欺也。如恶恶臭，如好好色，此之谓自谦，故君子必慎其独也。"这里就进一步阐述"莫见乎隐"云云，所以"其要在慎独"。慎独这一关看你过不过得了，有些人道貌岸然却不一定是君子，嘴里说得好不一定就是好人。当然，作为外人不理解，作为他自己理不理解呢？他当然理解。他一个人的时候，做的事情别人都不晓得，想的东西别人更不晓得，但是他自己晓得。天道即人道，什么意思？你自己晓得，上天也晓得。所以要说神奇这个就是神奇，但是又通过平常来表示神奇，"是以君子慎其独"也。

"莫见乎隐，莫显乎微。故君子慎其独也"，串起来讲就是，很细微的声音，很隐蔽的地方，没有比自己更清楚的。你瞒得了别人，瞒不了自己，还瞒不了天。

喜怒哀乐之未发，谓之中；发而皆中节，谓之和。中也者，天下之大本也；和也者，天下之达道也。[①]

“喜”，喜欢。“怒”，发气。“哀”，悲哀。“乐”，快乐。“喜怒哀乐之未发”，还没有发出来，还没有它的时候，这就说得玄了。只有在母腹中的时候没有喜怒哀乐，那个时候是纯善的心，这个就叫作中，这个中也就叫作性，这个性也就叫作天理。在天为天理，在人为良心，喜怒哀乐还没有发出来的时候，就是纯善的一颗赤子之心。《三字经》上说的“人之初，性本善”，人都有一颗纯善的心，即孟子讲的赤子之心。

“发而皆中节，谓之和。”所谓“发”，发什么？就是有了喜怒哀乐，就是娃娃能够笑了，能够哭了，能够悲哀了，这些称作七情。你后天有了七情，会笑、会哭，变成人了。喜怒哀乐之未发，（是）先天（的）、神奇的。喜怒哀乐之未发是个什么样子？子思给它取了个名字叫“中”，这个是先天的东西。“发而皆中节”，（是）后天的东西。在什么时候能够表现出喜怒哀乐的感情？婴儿饿了要哭，你揪他一下也要哭，你逗一下他还要笑，他有了七情，什么时候有了七情？（是）后天，（从天道到）人道了。前一句“喜怒哀乐之未发”说先天，（后一句）“发而皆中节”说后天，这

---

① 《中庸恒解》卷上：“喜怒哀乐，性之发为情而可见者，即所见以例所不见而言。理之浑含在中者，为性之本体；理之流形于外者，为性之大用。中则万理咸备，故为天下之大本；和则各得其宜，故为天下之达道。上文言体道之要，而此乃专言性善之本体，以见其无所不该也。不失其中，即为和。”（《十三经恒解（笺解本）》卷之一，第 90 页。）

两句话实际上就是这么一个意思。

那么这就有个问题，什么叫“中节”呢？“中”者，合乎也。“节”是指法则、规矩。笑也好，哭也好，你都要合乎规矩，这个就叫作“和”。中节指合乎规矩，所谓合乎规矩，就是我刚才说的合乎仁义礼智信，合乎五常。合乎规矩，就是该笑就笑，该哭就哭，该发气就发气，喜怒哀乐是后天的。喜怒哀乐之未发，这个是先天的，所以前面一句说“神奇”，后面一句说“平常”，（神奇和平常是每个人）都有的。“发而皆中节，谓之和。”那么什么叫“和”呢？不失其中就叫作和。

“喜怒哀乐之未发，谓之中”，说先天；“发而皆中节”，说后天。“喜怒哀乐之未发”，说神奇；“发而皆中节”，说平常。“喜怒哀乐之未发”，说天道；“发而皆中节”，说人道。

神奇、平常、天道、人道，这两句话包含这么多意思，与“中”是先天、“庸”是后天、“中”是天道、“庸”是人道一样。“喜怒哀乐之未发，谓之中；发而皆中节，谓之和。”假如这两句都做到了，就是我们现在经常说的天人和谐、天人一体，也就是天人和谐、天人一体的最具体的表现。

“中也者，天下之大本也；和也者，天下之达道也。”“大本”就是本体，每一个人都有，尽管有人后来变得十恶不赦，但是在母腹中，他与善人、圣贤是没有区别的。他之所以成为坏人是后天的影响，（因为）丧失了性，他在喜怒哀乐的时候没有达到和，该笑的他不笑，该哭的他不哭，那他就是坏人。作为善人来说，（看见有人）做好事我们就笑，做坏事我们就悲哀就哭，坏人恰恰相反。

所以中是先天的东西，是每个人都具有的，是天之大本、根本。和是天下之达道，达道就是正道。所谓和，就是“发而皆中节”了。中也者，是天下的根本，（是）先天的东西，每个人所得到的都一样。“和也者，天下之达道也。”有些人走正道，有些人就走歪门邪路。一个是说天，一个是说人，一个说神奇，一个说平常。“发而皆中节”，我说得具体一些，就是你今天做的事是不是按照仁义礼智信这个规矩在做，你对待五伦是不是真正做到了父子有亲、君臣有义、夫妇有别、长幼有序、朋友有信？这个尺子很明显，因为这个是人道。天道、神奇，你说不清楚喜怒哀乐之未发是个什么样子。所以说一个谈天道，一个谈人道；一个谈神奇，一个谈平常。但是神奇、平常作为儒家来讲，作为孔孟来讲，就是一个东西。那么为什么社会上又会出现坏人呢？他就是没有走到前面说的正道上，没有走到达道上，“人神所共由”，谓之达道。

致中和，天地位焉，万物育焉。[①]

因此，作为真正希圣希贤（者）来说，就应该“致中

① 《中庸恒解》卷上：“承上言中和为万理所汇，体道者尽其量而极其功。性涵于中，天地之主宰者在是；性极其和，万物之生成者在是。天地万物，一理之充周，而人受天地之中以生，理亦犹是。静而养其诚一为致中，动而慎其发用为致和，致渐而至也。极于中而天心合，极于和而物情顺。然乃自有之性而自充其量，此其所以为中庸欤。”（《十三经恒解（笺解本）》卷之一，第90页。）

和”，使“天地位焉，万物育焉”。子思就把最后的一个标准说出来了，要成为圣贤，就只有“致中和”。

这个“致”字，请大家特别注意，槐轩非常重视，他强调“致”是逐渐达到的意思。“致中和”，是逐渐达到，不是一朝一夕可以达到的，不然就说得太简单了。那么，通过什么来“致中和”呢？那就是用五常来处理五伦关系，用仁义礼智信来处理君臣、父子、兄弟、夫妇、朋友的关系。而“致中和”不是一朝一夕可以完成的，还要通过格、至、诚、正、修、齐、治、平（等阶段）。止于至善以后，从格物、致知、诚意、正心、修身开始，前五个通过慎独来达到，后三个推己及人，合起来就是忠恕之道。就是你自己已经修身了，但你还要扩大，扩大到哪里呢？（扩大到）家、国、天下。

所以我们说《大学》把（成己成人的）步骤给指出来了，而《中庸》就给我们点到了核心问题。它就要升一层，从天道人道来讲成己成人，也就是从神奇和平常、天和人的关系来讲成己成人、希圣希贤。“致中和”，要保存上天给你的中，然后在人事上用和，不偏不倚地按照中的要求，按照仁义礼智信的要求去做，这样就“天地位焉，万物育焉”。所谓“天地位”，即天和地一体，人和天一体，天和地都各坐到自己的位置上，不偏不倚。所谓“万物育焉”，就是你处理的万事万物都合乎中正，那就是圣贤所做的事情。因此“喜怒哀乐之未发”到“天下之达道”云云，是解释中和，中是本（天道），和是用（人道）。

致中和就是天人一体，就是我们现在说的天人和谐，返还先天。这样就“天地位”，“万物育”，世道也好了，世界也就清平了，再也不会出现什么不好的事情了。“天地位焉，万物育焉。”万物生长得非常茂盛，这个是打了个比方。

“天命之谓性，率性之谓道，修道之谓教”，是说天。“喜怒哀乐之未发，谓之中；发而皆中节，谓之和”，中间半截说人。“致中和，天地位焉，万物育焉”，天和人和谐了、天人一体了，是说结果。所以最后我用一个表来表示这一段①。

	一段：溯其源	道	一节
首节为	二段：揭其要	慎独	二、三节
全书统领	三段：明其本体	中和	四节
	四段：究极乎功效	天地位， 万物育	五节

第一段就是第一节：“天命之谓性，率性之谓道，修道之谓教。”溯其源，就是之前说的道，说到最后就是个“道”字，前面我都讲了。

第二段就是第二节和第三节：“道也者，不可须臾离也，可离非道也。是故君子戒慎乎其所不睹，恐惧乎其所不闻。莫见乎隐，莫显乎微，故君子慎其独也。”揭其要在于

① 《中庸恒解》卷上：“右第一章。为全书之纲领，溯其原，揭其要，明其本体而究极乎功效之全，以明道不外性，天人所以合而万化所由生也。”（《十三经恒解（笺解本）》卷之一，第 90 页。）

慎独。

第三段就是第四节：“喜怒哀乐之未发，谓之中；发而皆中节，谓之和。中也者，天下之大本也；和也者，天下之达道也。”明其本体在于中和。

第四段就是第五节：“致中和，天地位焉，万物育焉。”言其功效之主。

这个表一出来，我们就很清楚地看到：

（第一段）说天道，说神奇。

（第二段）说人道，就是慎独，天道是这样子，怎样去实现天道？第二段就是说的这个东西。

第三段，明其本体，就是既说天道，也说人道。中是性的本体，和是性的实用，一个天道，一个人道。

天道（第一段）、人道（第二段）、天道、人道（第三段），最后（第四段）天人合一。

槐轩说，《中庸》文字有点幽奥，但是我们慢慢去清理，这个系统还是非常清楚的。总而言之，《中庸》一书就是进一步在老孔思想的系统上，提出了它最终的核心。《论语》只是给你提了很多问题，通过问答告诉你该怎么做。《大学》给你说了怎样做到希圣希贤：“大学之道，在明明德，在亲民，在止于至善。”从格物、致知、诚意、正心、修身到齐家、治国、平天下，给你指了路。《中庸》就提高一步，论述天人合一的道理，神奇和平常不可分，就提到最高了。

所以说，从《论语》《孟子》《大学》《中庸》这四部书来看，《中庸》是谈得最深的，谈到了天人合一的问题，谈到至平至常即是至神至奇。槐轩讲，神奇就寓于平常之中，因为神奇（就是）谈性而已，谈先天。先天要表现到后天，它不是神奇的，是跟平常一体的。神奇是主，平常是用；天道是主，人道是用，（人道要）去实现天道。如果人道能够与天道统一，按照天道去做，天人（也就）合一了，至神也即是至常，神奇就寓于平常之中。

当然，这一段是总纲，具体要把它说清楚，还有三十二章从各方面来论证天道人道之不可分、神奇寓于平常之中的道理。所以这一章必须要搞清楚，不然下面三十二章就读不明白，不晓得说的（是）什么，你就不晓得神奇与平常的关系，不晓得天道与人道的关系。不晓得天道人道是一体的，你就不懂得天道通过人道来体现这个关系。也就是说第一段你没有学懂的话，后面那些章节，有些东西就基本上学不懂了，有些神奇的东西就不能理解了。那么，总说中庸，（就是）天道即人道，至平至常即是至神至奇，天人合一。《四书》当中只有《中庸》说神奇，而且也最不好理解。所以现在都在讲《论语》、讲《孟子》，但是我还没有看到有讲《中庸》的，这确实有点不好讲。今天我这个发言只是我个人的理解，供大家讨论。好在我们这个叫作切磋会，大家都在学槐轩，假如觉得槐轩说得很有道理，就请大家再去看一看槐轩（《中庸恒解》）后面的《附解》。如果我说错了的，那不是槐轩的；如果我说对了，那是我对槐轩思想的基本理解。

第二章

我们上一次学习了《中庸》的第一章，讲到第一章统贯全篇，是《中庸》的一个总纲。从第二章起，分别就总纲所提示的进行阐述。

仲尼曰："君子中庸，小人反中庸。"①

"君子中庸"，请注意，《中庸》这本书到了第二章才提出了"中庸"这个概念。第一章主要谈本、谈中，第二章添了一个"庸"字。

"中"，中也者，天下之大本也，谈本，谈根本。(这要)

① 《中庸恒解》卷上："上文言道，而欲人致中和，是总冒文字。此乃引夫子之言中庸，以为己所以作此书之意。盖道一中而已，夫子恐人骛于高远，以庸明之。子思据以立说，为异端曲学正其趋。此章则其发端也。"(《十三经恒解（笺解本）》卷之一，第93页。)

解决一个什么问题呢？解决一个知的问题。而“庸”，是解决行的问题。懂得了中并不等于就能够达到天人合一，而必须有一个行来体现这个中。这个问题，已经在第一章提到了，那就是懂得了中，解决了知的问题，你怎样在实际行动当中去实现中呢？中庸的“庸”是什么意思？就是按照中这个天下之大本，去实际执行，按照仁义礼智信（的要求）来实现中庸，这就涉及行的问题了。再进一步讲，中是讲先天，庸是讲后天，重点讲后天；中是了解做人的本源，而庸是解决做人（应该做的事和）应该走的路的问题。

那么可能有同学要问到这个问题，为什么第一篇不谈庸呢？知行的问题，首先解决知的问题，没有知等于瞎子走路，那你就要摔跤。解决了中的问题，就按照中所提出的要求去做，就有目的了。尽管知和行不能够截然划分先后，但是做人的道理都不明白，请问你怎样做人呢？因此，第二章才具体提出了庸的问题，不然《中庸》为什么在第一章总纲当中没有提庸呢？这是一个原因。

第二个原因，中是先天，是本，始终是本。庸相对来讲是后天，是你实行的行动。明白了道理，路也给你指出来了，该怎么做就齐备了。知的问题、行的问题都解决了。我前面说这么几句，只想说明一点，就是学《中庸》首先要明白“中也者，天下之大本也”，不明白中就不可能中庸，庸就没有目的了，庸的根据也没有了。这是为什么《中庸》第二章才把庸提出来，这是一个很重要的问题。

第二个很重要的问题，朱子也没有谈到，他对先天是不清楚的。槐轩的学说，我以前曾经给在座的介绍过，他解决了先天、后天的问题。孔子自从提出“中庸”这个根本问题以后，有的学者偏重于中，有的学者偏重于庸。以庄子为代表的偏重于中，也就是偏重于神奇；而农家、法家以及荀子，偏重于庸。以庄子为代表的，他们就把道说得神奇得不得了；以荀子为代表的，他们就根本不去讲中，而只具体地去讲庸。这都不符合老孔学说的精髓，都有所偏。因此我们学中庸，单纯学中是不行的，后面有几章专门谈这个问题，我们现在大体上把后面学的这些先强调一下。必须既有中又有庸，那才是真正的圣人，才是老孔学说的真正精髓所在，它既不同于道家，也不同于所谓的法家、农家等诸子百家。

所以《中庸》不好学，恐怕也就在这个地方。《大学》清清楚楚的，《中庸》则进一步谈神奇谈平常，谈至神至奇，谈至平至常。不然，我们不学《中庸》，空谈至神至奇，那为什么至平至常就是至神至奇，为什么至神至奇寓于至平至常当中，就始终说不清楚。读了《中庸》，这个问题（就）解决了。那么现在就可以这样说，我们学《中庸》，既学至平至常的道理，也学至神至奇的道理。中就是至神至奇，庸就是至平至常，这个等会儿我们会具体讲到。

现在先说头两句。“君子中庸”，君子不但有“中”而且有“庸”，两方面是全的。所谓“君子”就是贤人以上了，已经达到圣人的阶段了，他们就是既中也庸，既实行中也实行庸，既了解中也了解庸。也就是说，君子既研究精微，也研究平常，也就懂得了精微神奇的道理，都是通过平常、平凡来实现的，而不要单纯去谈精微、谈神奇。只谈神奇就走到庄子那条路上去了，只谈平常就走到农家、荀子那条路上去了，这都不是孔孟学说的精髓。必须是既有中又有庸，既懂得神奇，也懂得平常。平常也好，神奇也好，二而一者也，不能够单纯去研究神奇，也不能够单纯去研究平常。正因为如此，所以孔子就讲只有君子是中庸，两方面都懂了的。

而“小人反中庸”，这个“反”，不是反对，所谓“反”者，与中庸背道而驰也，没有按照“中”和“庸”的真实意义来指导自己做人行事，是这个意思。那么这个话怎么讲呢？君子也好，小人也好，在没有出生以前，分不出君子小人，这个是槐轩的基本观点。槐轩说连这个都不懂的话，就根本不了解孟子讲的“人皆可以为尧舜”，人都有一颗赤子之心。那么人在母腹的时候，在先天的时候，都有一颗赤子之心，都是中庸的。但是，君子之所以为君子，小人之所以为小人，也就是圣人之所以为圣人，愚人之所以为愚人，怎么就会分开了呢？（是）后天。君子没有改变先天给他的东西，到了后天就能够通过复性保持上天给他的中庸之理，所以他就成为圣人。而小人恰恰相反，到了后天的时候，用槐轩的原话叫作“嗜欲纷而七情扰”，先天给他的中庸之道逐渐减少，后天的那些不好的东西，在他身上越来越多，这样自然就分出了君子和小人，自然也就分出了好人和坏人。我们现在都还在说，有的人坏到极点，就是所谓丧失了人性，所谓丧失人性（就）是丧失了中庸这个东西。

所以这个“反”字应该怎么样理解？不是说他反对中庸，他本人还是和君子一样，上天给他的都有，但是到了后天，他背离了中庸。这个“反”字应该这样子讲，不是反对（的意思）。这个“反”是正反的反，不是反对的反，与中庸背道而驰，是这个意思。

“君子之中庸也，君子而时中；小人之中庸也，小人而无忌惮也。”①

“君子而时中”，所谓“时中”，就是随时处中。所谓随时处中，就是无过无不及。无过无不及，就是不要超过了最正确的那一根线，超过了就是过了；没有达到这根线，就叫作不及。所谓随时处中，就是不超过，也不是没有达到，（而是）刚刚好。他做人处事，符合最恰当（的那个标准），这个就叫作时中，既不过，也无不及。这个下面还要具体讲，我们先把概念搞清楚，所谓“时中”，就是无过无不及，这个是先天给的东西。

而“小人之中庸也”，不应说成“小人之反中庸也”，那

① 《中庸恒解》卷上：“第君子之中庸也，其平日尽性践伦，已有君子之德，而临事又能戒惧，随时处中，故中庸独归君子；小人之中庸也，彼非能外五伦五性而生，特其平日无养性明伦之学，素有小人之心，而临事又复自是，无所忌惮，故虽有似中庸，而实反中庸。或疑小人句少一反字，不知夫子正妙于言小人也。”（《十三经恒解（笺解本）》卷之一，第94页。）

个“反”字是不应该有的，假如有“反”字就变成小人反对中庸。反对中庸这个理解不对，因为小人还是中庸的，他在先天都是中庸，他反对什么中庸？那么既然君子和小人都是受天的本然而生，都是中庸的，为什么君子就能够中庸呢？因为“君子而时中”，掌握得很恰当，既不过，也没有不及，没有没做到的，他做到恰如其分，所以君子就时中。小人之中庸就是无忌惮，他没有一个标准（要求自己），想做什么就做什么。所谓“忌惮”，“惮”者害怕也，他没有顾忌，也不害怕，随心所欲，随心所欲就没有时中。没有中庸的标准管着你，你做出来的不是过就是不及。由于小人无忌惮，所以最后就失掉了中庸。

也正因为如此，君子和小人的分界线，就在于时中还是不时中。而所谓时中，就是做到恰到好处，符合所谓五常——仁义礼智信的规矩。

后面有两三章专门讲这个，我们今天先笼统了解一下，这等于是一个总说。之所以出现君子，之所以出现小人，不是上天对君子特殊，对小人就不管，而是一个中庸、一个不中庸，君子、小人的划分就是如此。再说得通俗一点就是，君子保存了先天，小人失掉了先天。这一段很重要，是一个总说，一个坚持中庸，一个走了与中庸相反的道路，这样就分出了君子、小人。

君子中庸，用一句话来把它说明白，就是对五伦、五性的事情，随时处中，这个就是君子。每个人每天都要去处理君臣、父子、兄弟、夫妇、朋友五伦关系，处理这个关系的时候，随时都处中。处理任何关系、处理任何一个事情，都做得恰到好处。那么什么是恰到好处呢？就是用五性作为尺子来衡量，处理日常的事情，都按照仁义礼智信来处理得恰到好处，叫作时中，就做到了君子。恰恰相反，小人无忌惮，自己想做什么就做什么，他也不管仁义礼智信，他对君臣、父子、兄弟、夫妇、朋友（关系的处理），心里怎么想就怎么做，没有一个标准来约束自己，这就是君子、小人之所以区分的根本原因。

我们在座的回想一下，我们说这个人坏，要举一个例子，都逃脱不过五伦五性。他之所以坏就是在处理五伦五性这些方面的问题时，有些事做得不恰当。而我们说这个人很了不得，要举例子，也逃不出处理五伦的事情，他基本上，或者完全都是按照仁义礼智信（的要求）来处理。所以君子、小人一下就泾渭分明了，很好区别。这也就是最平常的，哪点神奇呢？一点也不神奇。君子对五伦，用五性随时处中。小人没有忌惮，没有顾忌，他什么也不害怕，自己想做什么就做什么，君子和小人的差别出现了。

那么我们还可不可以进一步地来做一点研究，研究为什么君子就能够做到（中庸）呢？这个就要返还到前面来说几句，在学《中庸》之前，我就先说了这个问题。用槐轩的观点来说，《中庸》的文字若即若离，很不好理解，你要经常前后对照着看。所以比起《论语》《孟子》《大学》，学《中庸》是最困难的。槐轩最根本的一个观点是分先天、后天。因此，第二章用一句话概括，说明“道本中庸，在身心之内、日用之间，君子小人相同”。这一条一定要搞清楚，这是前提，不然，人皆可以为尧舜和复性功夫就讲不通了。

君子保大本（“中也者，天下之大本也”），行达道（“和也者，天下之达道也”），而小人相反。这一段主要的意思就是这么一句话，说明道本中庸，在身心之内、日用之间，君子小人相同，没有区别。在娘肚子里头哪个是君子，哪个是小人？都是君子。那么为什么到后天就出现了君子和小人呢？因为君子保大本、行达道，保大本就是保这个中，行达道就是五达道。对待君臣、父子、兄弟、夫妇、朋友的关系，他们都能够用最恰当、无过无不及的方法来处理，叫作保大本、保这个中。行达道，具体地体现在对于君臣、父子、兄弟、夫妇、朋友关系的正确处理（上）。小人则相反。“仲尼曰：君子中庸，小人反中庸。君子之中庸也，君子而时中；小人之中庸也，小人而无忌惮也”这几句话，把君子和小人为什么不同的根本原因说清楚了。①

① 《中庸恒解》卷上：“右第二章。子思引夫子以明道本中庸，救时人之失，并挈言君子小人迥殊，起下文也。”（《十三经恒解（笺解本）》卷之一，第94页。）

第三章

我再重复一下，《中庸》是逐渐一层一层深入的，你把它最后几段读了以后，回头过来，又来了解前头，就会对一些问题更加明白。

子曰："中庸其至矣乎！民鲜能久矣。"[①]

孔子用一个感叹的语气，来说明中庸是至高无上的道德：中庸啊，它到了至高无上的境界了。至，是到达极点了，没有比它再高的了。说明中庸的内涵是至高无上的，所以用了一个感叹句："中庸其至矣乎！"我们翻译出来（就是）：中庸这个道理啊，是到达了极点了，没有比它再高

① 《中庸恒解》卷上："中庸之道，至精至微，而实至平常，故叹其至。民之鲜能，则以上无教化之故。子思又引子言，以起下文也。能字领下数能字。"（《十三经恒解（笺解本）》卷之一，第95页。）

的了。

“民鲜能久矣。”“民”，一般的人。“鲜”，是少的意思。“能”，是能够做到。“民鲜能久矣”，人民很少能够做到啊。这个能就是能够做到，所谓能够做到，说具体一点就是能知能行，就是既了解又做得很恰当。知与行的问题都要解决，不要光知，还要行。不可能光行，光行就成了小人了，一定无所忌惮。光知，也是过于了。所谓“民鲜能久矣”，就是人民很少能知能行。中庸是了不得的一个至高无上的大道，但是人民一般很少能够理解它、执行它。

这一句话当中又包含了很深的一个道理，就是至平至常即是至神至奇。我记得以前还有同学问什么叫至神至奇，什么叫至平至常。这不是两三句话能够说得清楚的，但一读《中庸》就晓得了，它说清楚了。至神至奇者，中也；至平至常者，庸也。至神至奇者，知也；至平至常者，行也。

中是至神至奇的中，《中庸》的后面有几章专门谈神奇，所以哪儿不谈神奇呢？要谈神奇。但是一开始就谈神奇会把人家吓着了，就容易走到邪路上去。所以一般我们共同学习、研究槐轩的时候，尽量不谈神奇的东西，实际上有没有神奇呢？哪儿没有神奇呢？你不要认为只有道家，包括后来的佛家才谈神奇，儒家照样谈神奇，后面我们学到《中庸》神奇的地方，你会感觉神奇得不得了。但是光谈神奇，就要走到庄子那个路上去了。对于所有的人来说，你一天接触到的都是五伦当中的人，如果都去谈神奇，（不在五伦中去具体做事，）结果就谈成端公（旧称民间男性巫师）

了，只说玄了。圣贤的道理怎么会玄？不玄。但是在具体地实行圣贤道理的过程当中，在成己成人的过程当中，你（能）体会到他确实有玄的地方。

因此我们说，中庸之道，之所以说它至、了不得，是因为表现在既至神至奇、又至平至常。中是谈至神至奇的，甚至要谈到玄上去。但是光谈玄，（就）歪了；（还）要谈庸，庸是什么，至平至常。

为什么庸是至平至常呢？就是我前头说的，你一天接触的，不外乎君臣、父子、兄弟、夫妇、朋友，这个不神奇，谁无父母？谁无兄弟？谁无夫妇？谁无子女？谁无朋友？人天天只要早晨把脸一洗、口一漱，还没有出门就接触到这些事情了，所以又是至平至常的。但是这个至平至常和至神至奇的关系是什么？你在处理五伦关系上，就有至神至奇的东西，中就是至神至奇，你处理得很好，刚好合乎中。你与朋友交往，朋友也安逸，你也舒服。你处理夫妇关系、父子关系、兄弟关系，假设刚刚合乎中，问题一下就解决了，至神至奇就出来了。通过至神至奇达到至平至常，至神至奇即在至平至常之中。

为什么我们在处理五伦关系的时候，有些就处理得好，有些就处理得不好呢？是因为有些用君子的方法，有些用小人的方法。用君子的方法，“君子而时中”，这个问题一下就解决了。圣贤之道之所以既至平至常又至神至奇，关键问题就是时中。所以中庸之所以“至”，到达了极点，就正表现在你对五伦关系的处理上。

“中庸其至矣乎”，是称赞中庸了不起。而下一句“民鲜能久矣”，（意思是）人民当中，一般老百姓当中，很少有能做到能知能行的。老百姓去做的时候，总是不符合道理，矛盾解决不了，一起床就吵架，走出去与朋友又有矛盾，这就是没有用中庸之道，没有时中，而用了小人之道了。小人无忌惮，所以他处理任何事情都处理不好，归根结底他没有用中庸（之道处理问题）。

所以这里既在高度称赞中庸“其至矣乎”，同时又在感叹人民很少用中庸。春秋时代，礼崩乐坏，社会一天不如一天，文武之道慢慢地在消失，（因此）孔子为之感叹。

第三章用一句话概括，（就是）谈中庸之鲜能。“民鲜能久矣”，“鲜”者少也，（人民）少有能知能行的。这个“能”，是能知能行，又懂得又能够做到。[①]

---

① 《中庸恒解》卷上：“右第三章。承上而叹中庸之鲜能，以起下文。其曰民者，责在上也。盖圣贤以道诱民，而又叹化道之无原也，其仁至矣。”（《十三经恒解（笺解本）》卷之一，第95页。）

第四章

子曰："道之不行也，我知之矣，知者过之，愚者不及也；道之不明也，我知之矣，贤者过之，不肖者不及也。"①

"知者过之"的"知"不读［zhī］，读［zhì］，智慧的智。

这个是孔子发表他的看法。"民鲜能久矣"，这么久了，人民都不懂这个道理了。道之不行也，是什么原因呢？孔子说，"我知之矣"，我晓得了。这个"之"是指原因，我

---

① 《中庸恒解》卷上："上章言民鲜能，此章指出两种人。贤知是资质较优之人，非真贤知也。若果贤知，便真知力行矣。知行二者不可相离，夫子特表二等人而为之名，交互言之。知者少行的功夫，故虚诞而过；愚者终不肯行，故终于愚；贤者忽于卑近，则以其庸而不屑于知；不肖者不能行，故不求其知。两面说来，总见知行相需。"（《十三经恒解（笺解本）》卷之一，第95页。）

晓得这个原因了，原因就是“知者过之，愚者不及也”。请注意，“知者过之”，你说他（“知者”）理不理解？（当然）理解，（但）理解过于了。知者以谁为代表？以庄子为代表。知者过之，他只是抓到神奇的那一方面，使劲地说神奇，说去说来就容易说玄了，后来有些道士就走到这条路上去了，有些和尚也走到这条路上去了。只片面地谈神奇，就把听的人吓退了。因此槐轩讲后世的一些僧羽之流，他们没有掌握到道家、佛家的真谛，一切宣传都是谈神奇、修下辈子。

以前槐轩向他的老师野云老人提了个问题：我身体不好，担心活不到好久，想求个长生之道怎么办？野云老人说：“反求诸己。”你去求谁？不要去求菩萨，不要去求所谓的圣贤仙佛，你求你自己。他忽然醒悟，所谓反求诸身，就是让你认认真真从自己做起。反求诸身的方法从“子曰：学而时习之”做起，就学《大学》《中庸》那上面的（方法），你就晓得怎么做人了，照着做就是圣贤仙佛，哪用去找圣贤仙佛？

所以请大家注意，这一章当中一个是说“行”，一个是说“明”。行是什么？（是）庸。明是什么？（是）知。中庸之道，一个是知一个是行，只解决知不行，只解决行也不行，必须是知行合一，学懂了照着做。学中庸，了解中庸，要解决知和行的问题。

第二句“道之不明也，我知之矣，贤者过之，不肖者不及也”，实际上和第一句是一个意思，只不过他换了个字。

“道之不明也”，我也晓得了，就是“贤者过之，不肖者不及也”。

先说“贤者”，表现得好的人、有知识的人，就称为贤者。“不肖者”是指那些没有出息、庸庸碌碌的人。“肖”者，像也。比如某人的父亲很不错，他的儿子说：我是个不肖之人。所谓“不肖”是不像，我不像我的父亲，这是自谦的话。

这两句话在行文上叫作互文。什么叫互文？两者可以调换的，（比如本章的文字）可以调成这样：“道之不明也，我知之矣，贤者过之，不肖者不及也；道之不行也，我知之矣，知者过之，愚者不及也。”

说去说来，知者、愚者、贤者、不肖者这四种人，不是过了就是不及，都没有做到中，都没有做到恰当。这里面就包括所谓的贤者，这个贤不是圣贤的贤，是很有能力的、很有知识的那种人。因为他们觉得他有知识，理解一个问题，以为钻得越深（就）越好，（因而）往往过之。而愚者呢？就没有进行深钻，所以就不及。贤者呢？就过之，见事情就钻。不肖者呢？不及也，他就没有做到。所以说这四种人都犯了不能够“时中”的错误，因此就使得道“不明”，使得道“不行”。不明就是不知，不行就是不行。知行（出了）问题，就在于没有做到“中”。

比如说庄子就是过了，他学老子的东西学过了，去强调神奇去了，他这个就是过了，不时中。而荀子和法家、农家这些人，他们又不及。（他们认为）不要说得那么深层，就是在社会上把事情搞好了。荀子等的主张就是这样子的，虽然很具体，但是知不够。相反，庄子等过了的人，行不够，（过与不及者）都没有非常恰当地解决知和行的问题，而君子在知和行上，刚好做到中。

这个“中”有两个意思，一个意思是指先天给他的赤子之心，纯全是好的，这个叫中；一个就是在处理具体事情上，处理得很恰当，也叫中。一个（是）先天的中，一个（是）后天的中。后天来实现中的那一些人，我们也说他叫中，从中出发，也叫中。

这一段说明了一个问题，就是“君子时中”。贤者、愚者、知者、不肖者这四种人有的是过了，有的是不及，因而其知和行的问题，都没有像君子那样解决。所以这一段，就是具体指出了什么叫中，无过无不及叫中。过了不叫中，不及也不叫中。

“人莫不饮食也，鲜能知味也。”

“人莫不饮食也，鲜能知味也。”这句话有个慨叹的意思。孔子说，人每天都要喝水，要吃饭，哪有人不吃饭不喝水的呢？莫是没有的意思。“鲜能知味也”，这个就是孔子的叹息了。孔子说中这个东西，是先天给你的，你应该又要知又要行，而现在“民鲜能久矣”。上一节说了，为什么人民当中了解这个道理的人越来越少了呢？就是没有圣贤的人来认真地教育他，而是受社会上那些乌七八糟的东西影响了。

所以他叹息说，了解中，就和吃饭喝水一样，是人人都要做的，（可惜）“鲜能知味也”。这是孔子叹息的话，一声叹息。

另外一个意思，进一步说，人既然每天都要吃饭喝水，而学中庸之道，也并不是那么困难，他还有这个意思在里头。学中庸之道，就和吃饭喝水一样，人人可学，这就是孟子提出的人皆可以为尧舜（的道理），谈得很透彻。就是说，先天给你的东西是一样的，为什么人有好有坏，那是后天的影响，你懂得了这个道理，那么你就学习中庸之道，恢复先天给你的那个东西。这个就是槐轩讲的“复性”，恢复先天之性，就是希圣希贤。

所以离开了先天、后天来讲（是不行的），宋朝的朱子为什么在讲到《中庸》（的时候），把有些话说得似是而非，讲不通道理，（原因恐怕就在于此）。而槐轩把这一点说透了，槐轩得到了明师授受，就把这点点透了。因此我们说，“人莫不饮食也，鲜能知味也”，意思就是，学《中庸》就与吃饭喝水一样，你只要去做，都做得到，不是什么不得了的事情。

这是第四章，说明“鲜能”的原因。为什么鲜能呢？就是因为犯了过或者不及的这个错误。要解决不过、不及的错误不难，就与你天天都在吃饭，天天都在喝水一样，只要认真做了，可以达到中庸，这鼓励大家学习《中庸》。①

---

① 《中庸恒解》卷上：“右第四章。申鲜能之故，过不及者。日在道中而不知其道，犹日在饮食中而不知其味。然知味非难，则知道亦易，特无如过不及之不自化耳。慨之正所以勉之。”（《十三经恒解（笺解本）》卷之一，第95页。）

第五章

子曰："道其不行矣夫。"[①]

这又是个感叹句。"道"，中庸之道。"不行"，不能够行于世。"其……矣夫"，是文言文当中表示感叹的语句。把它翻译出来就是，中庸之道啊，它是不能够行于世喽！孔子这里是在感叹。这一章只有一句话，有一个要点要请大家注意，这里所谓的"道其不行"，是说中庸之道在这一个时代，大家都不去了解它、不去学它，大家都不明白了，因此中庸之道不行于世。

（这）与上一章的"道之不行也，我知之矣"，有丁点差

① 《中庸恒解》卷上："此章行字与上章行字微别，上言人不行道，此言道不行于当时，盖承上两等人总叹之。子思节取圣言，以己意贯串之，岭断云连，文法亦入妙矣。"（《十三经恒解（笺解本）》卷之一，第96页。）

别，这个差别在哪里呢？

“道其不行矣夫”，是说中庸之道不能够被大家了解、明白，是指这个东西。前面说：“道之不行也，我知之矣，知者过之，愚者不及。”差别就在于：前面说中庸之道，很多人都不懂，因此才知者过之，愚者不及也。这一章说这个道之不行，是叹息中庸之道不能够为大家所接受，因为不肖之人太多，愚者太多，自作聪明的人太多了，（他们）都没有掌握中庸之道。所以这一章的要点，实际上是在批判那个过和不及的危害。

这一章只有一句话，就是叹过与不及之害。孔子慨叹过与不及的危害，危害有多大？由于过和不及使得中庸失真了，掌握的人少了，道就不行了。①

---

① 《中庸恒解》卷上：“右第五章。承上而叹过不及者之为害。”（《十三经恒解（笺解本）》卷之一，第96页。）

第六章

子曰："舜其大知也与。舜好问而好察迩言，隐恶而扬善，执其两端，用其中于民，其斯以为舜乎。"①

"舜其大知也与。""知"，读［zhì］，指聪明。这又是一个感慨语：舜啊！他是最了不起的聪明之人。

"舜其大知也与"，先总说一句。舜之所以是大知有下面几条，第一条："舜好问而好察迩言。""好"，读［hào］，好者，喜好也。孔子在《论语》上讲："敏而好学，不耻下问。"向人家请教，不管他文化高也好、低也好，只要人家做得好，我就请教，他就是我老师。"所谓三人行，必有我师

① 《中庸恒解》卷上："举舜之知，以为行道之则。凡知之过、不及者，自是自愚耳。好问好察，则无遗善，隐恶扬善，则有以来告。善之心执两端，而用中于民。行道之实，由知之真也。叹舜之所以为舜，以励人。朱子曰：两端，犹言两头。"（《十三经恒解（笺解本）》卷之一，第96页。）

焉，择其善者而从之，其不善者而改之。”所有的人都是我的老师，因为所有的人，不管缺点再多，总有好的，我就取好的，这个好的就是我的榜样，所以人人都是我的老师。舜就做到了好问、不耻下问，所谓不耻下问就是不如我的人我都要去请教。

“而好察迩言。”“察”，研究、推敲的意思。听人家说一句话，我就要研究、推敲一下他这个话，合不合乎中庸之道，这个就谓之察。“迩言”，就是一般人所说的一般的话。一般人所谈的一般的话，我要用中庸的标准来衡量，符合中庸，他就是我的老师，我就要向他学习。迩言，就是很浅显的话，浅显的话里往往包含了很深刻的道理。不要认为它浅显，我就不去研究它、不去学习它。确实我们都有这种毛病，看到一个好像知识比自己少的人，会觉得：狗嘴里头吐不出象牙，不一定就说得到要点上，没有我懂得多。但是这些浅言当中，往往包含了很深的道理，中庸之道就是吸取了（浅言）的这些东西。

孔子还说，“不以人废言”，“三人行，必有我师”。“不以人废言”就是，这个人虽然其他表现不好，但是他这一句话说得好，符合中庸，就是我的老师。舜就做到了，一个好问，一个察迩言，这个是第一条。

第二条是“隐恶而扬善”。我看一个人，净看到他的优点，因为我要向他学的是优点。而对于他不好的呢？我就不学，他不好，我也不去议论人家，这个叫“隐恶”。这当中就有槐轩讲的宽仁厚德。现在有些人专门逮别人的缺点，这不好，应该更多看到人家的长处。比较坏的人未必没有长处，他的长处就是我的榜样，要有这个胸襟。大舜做到了，“隐恶而扬善”，把人家的坏隐去了，所谓“隐”就是不谈。对于他好的，我不但要学还要宣传。这个是第二条。

第三条是“执其两端，用其中于民”。执，本来的意思是拿着东西，这里引申为了解。“其”，它的。了解它的中，（了解它）符合中庸之道的东西。既然你是要隐恶扬善，怎么区别好和坏呢？所以这里就有一个功夫叫作“执其两端，用其中于民”，既要了解他过了的，也要了解他不及的。一句话，不符合中的，不是做过了就是没有做够，我就要执其两端，既要看到他做得不够的，也要看到他做过了的。我父亲（指刘咸炘先生）曾经有一句话叫作“执两用中”，就是指这个。了解一个人，看一个人也应该用这个办法，叫作执两用中。你分析一个人，你也要这样来分析，不是坏（人）就坏到极点了。就是被枪毙的人，当他有点失悔的心，流两点眼泪，那也是好的，说明他还没有坏透。他能够有一点眼泪，有一点失悔的心，失悔的心表明什么东西出来了？天性、善心。善心发了，他才能流泪，他才能失悔，所以我举这个最浅显的例子。因此我们看人，必须执其两端，分析这个人，他哪些做得合乎中，我学习，过了的、不及的，我不取他的这个东西，不向他学习。

那么这样一来，你了解一个人，向他学习，吸取他的长处，所有的人都是你的老师，你可以向所有的人学习，可以把所有人的优点，所有人合乎中庸的做法为我所用。你看大舜，古称圣贤之君，是最了不起的人，那他也不过是这样子，他有什么神奇呢？不神奇。但是他是贤君，他做出来的事，就神奇了。从古至今这么多年，哪一个朝代敢否定尧舜？尧舜之治，成了典型。

“其斯以为舜乎”，实际上孔子用这个话教导我们，不要把它看得过于难、过于高了，只要像舜一样能够做到以上三点，你就是舜。

“其……乎”，相当于“这……吧”，这大概就是舜吧。说穿了，舜并不是多么神奇，这就是舜。他就是能够做到“好问而好察迩言，隐恶而扬善，执其两端，用其中于民”，这就是舜，不稀奇。这个就是人皆可以为尧舜，做到了就是舜，这个有什么好稀奇的？平常得很。但是做出来的事情，确实又是神奇的，不管哪一个朝代都认为他了不得。这个就是舜之所以为舜，就是有这么几条。

之所以道不行，说到底，一个是过，一个是不及。舜就是既没有过，也没有不及，完全是“君子而时中”。所以这一段，孔子把大舜作为榜样来分析。

这一段举舜的大知为例，要想达到什么目的呢？前面说了过和不及都是错误的，那么这里又正面给你举了一个舜来做榜样，说明道也可行，并没有好了不得。你看大舜，说来说去也（就）是那么几条，他就是大圣人，大圣人也不过这么几条。这么几条我们只要愿意做，做得到的，（可见）道是可行的。之所以不可行是因为过、不及。只要做到无过、无不及就是大舜，也就是大知，也就是大圣人，并没有什么很神奇的。[①]

① 《中庸恒解》卷上："右第六章。言知如舜而后道可行，以其无过无不及也。"（《十三经恒解（笺解本）》卷之一，第96页。）

第七章

子曰："人皆曰予知，驱而纳诸罟擭陷阱之中，而莫之知辟也。人皆曰予知，择乎中庸而不能期月守也。"①

第七章接着说"知"，"知"就是聪明人，也就是圣贤。我们反反复复地，从正面和反面来看中庸，归根结底，中庸不是不可行、做不到的，是人人都可以做到的，中心就是这个东西。

"人皆曰予知。""知"，音［zhì］，与"智"通。"予"，就是我的意思。

---

① 《中庸恒解》卷上："予知之知，去声。罟，音古。擭，胡北反。阱，才性反。辟，与避同。期，居之反。朱子曰：罟，网也；擭，机槛也；陷阱，坑坎也。皆所以掩取禽兽者也。凡人世非礼之事，皆罟擭陷阱也，徇欲而入其中，若纳之者然。择中庸而守之则无是，承上章而反言。是知之所以有过不及，故行之难也。"（《十三经恒解（笺解本）》卷之一，第97页）

“驱而纳诸罟擭陷阱之中。”“驱”，驱赶，把他撵走。“纳”，放置。“诸”，之于。之于谓诸，之乎为诸。“诸”字在文言当中，放到句子当中等于“之于”，放到句尾就相当于“之乎”。

“而莫之知辟也。”“辟”，音［bì］，通“避”字。“莫之”，没有的意思。

“择乎中庸而不能期月守也。”“择”，选择的意思。“择乎中庸”就是选择中庸。“乎”字在文言当中往往当成“于”字。“期月”，一个月称为期月。“守”，这个守是指坚守中庸之道。

“人皆曰予知”，人家都说我很聪明。“驱而纳诸罟擭陷阱之中，而莫之知辟也。”把我驱赶、放置到那个罟擭陷阱之中。“罟”，网。“擭”，音［huò］，是设有机关的木笼，古代用于捕兽。一张网、一个笼子，就是坑（陷阱）。假如人家都说我很聪明，但是把我驱赶放置在笼子里、网子里，放在那个坑里面，我都不晓得去躲避。这叫聪明吗？当然，谁都晓得这是不聪明。这是孔子举的一个例子，这种人不是聪明。

孔子又举个例子：“人皆曰予知，择乎中庸，而不能期月守也。”人家都说我聪明，我选择中庸之道去做，“而不能期月守也”。这里的“而”是“但是”的意思，但是我连一个月都没有做够。所谓一个月都没有做够就是试着做个两三天，我又不做了，做个三四天，我又不做了。连一个月我都没有按照中庸之道去做。这个叫不叫知？当然不叫知。

他举了两个例子，人家都说你聪明，但把你推到坑里面，把你关到网中，把你关到笼子里，你不去躲避，你就规规矩矩被关起来了，难道说这是聪明吗？当然，都会说不聪明。同样一个道理，人家都说你聪明，你就择乎中庸，有些时候你还晓得要行中庸之道，要学习中庸，但是“不能期月守也”，连一个月都做不到，你又不实行中庸了。对那种不能坚持的人，孔子说：这叫作聪明吗？答复当然是否定的，不聪明。

前面是一个比喻，后面才是孔子要说的，意思是要实行中庸之道，必须长期坚持。长期坚持中庸，才叫作真正的知。不能长期（坚持），不能期月守的那个所谓“择乎中庸”，就与“驱而纳诸罟擭陷阱之中，而莫之知辟也”的那种人是一模一样的。这一句话重点强调的是要坚持，这个才是真正的知。

我们说《中庸》的文章是岭断云连，有时候后面的与前头的又连起来了，所以不好学就在这个地方。有时候要比较，你把这一段与上一段比，上一段说大舜，他坚持到底，就是那几条。这一段话就拿一个反面来举例，人家都说你知，但是你择乎中庸，你连一个月都做不到，这个叫知吗？就不叫知。谁才是知呢？舜才是知。

第六章与第七章，一个从正面说，一个从反面说，强调的都是一条，“择乎中庸”，（即）按照中庸的道理去执行，要坚持到底，就是这个意思。

因此这一章用一句话概括：从反面言不知。说“择乎中庸而不能期月守”者，不是聪明，谁才是聪明？前面一段，正面言聪明。所以这两章，你要从内容上看它们的关系。①

① 《中庸恒解》卷上：“右第七章。引孔子之言不知，以起下文。”（《十三经恒解（笺解本）》卷之一，第 97 页。）

第八章

子曰："回之为人也，择乎中庸，得一善则拳拳服膺而弗失之矣。"①

第八章又举了一个正面的例子，（举了一个）正面的了不起的人。槐轩说《中庸》的文字岭断云连，这一段与那一段的关系，你要搞清楚。这一段没有说的，可能那一段说了，《中庸》不好讲不好读，恐怕也在这个地方。

第六章举了一个舜的例子，树了个典型，然后第七章就说了一个与舜相反的典型，那么我们就得出个结论：第六章说的舜大知，第七章说的那种人叫作不知。第六章讲舜是大聪明，知者；第七章讲那些不聪明的人，（两章）是相对地

---

① 《中庸恒解》卷上："守之固由于知之真，如回，乃可以行中庸。郑康成曰：拳拳，奉持之貌。孔氏曰：膺，胸也。朱子曰：奉持而著之心胸之间，言能守也。"（《十三经恒解（笺解本）》卷之一，第 98 页。）

来讲。

第八章举出第二个模范："回之为人也，择乎中庸。"第一个举舜，第二个举孔子的得意弟子颜回，就是复圣颜渊。文庙中间供的是孔子，颜、曾、思、孟四个圣人陪祀孔子，孔子在中间牌位，侧边（孔子方向，左一）陪祀的第一个就是颜子，第二个是曾子（右一），第三个是子思（左二），第四个是孟子（右二），即所谓四圣。颜子很了不得，所以孔子专门把他作为跟舜一样的典型，第一个例子举舜，第二个例子举颜回。

"子曰：回之为人也，择乎中庸，得一善则拳拳服膺而弗失之矣。"了不得！"回之为人也"，我的学生颜回，他一辈子做人，"择乎中庸"，他选择并按照中庸之道去做，"得一善则拳拳服膺而弗失之矣"。这就与前面第七章"择乎中庸而不能期月守也"不同。

我们今天学习《中庸》，也可以说我们都在"择乎中庸"，都在学习中庸，要避免"而不能期月守也"，就要像颜回一样，"得一善则拳拳服膺"而不放弃。"拳拳"，握紧不放，死不放手，就是这个意思。"服膺"是信服，"膺"是心口。把中庸放到心里去了。死不放手，就是把中庸放到心坎里头，叫作"拳拳服膺"。请注意"善"字，不是说做一件好事，"善"者，道理也，《中庸》当中的道理。"得一善"，了解了《中庸》当中的一个道理，他就"拳拳服膺而弗失之矣"。"而弗失之矣"，不丢，不放弃。

说去说来，颜子就这么简单吗？实际上也就是这么简单！这一条就够你来学了。再差一点的，“择乎中庸”，虽然“而不能期月守也”，他还要做几天。假如把中庸当成耳边风，（这样就）完了，连上头那个都没做到。但是颜子就是一旦认准了中庸是真的，就按照中庸的教导去做。做了一件合乎中庸的事情，就是得一善。当然按照中庸去做，所做的都是好事，都是善事。他每件事都按照中庸教导的道理去做，都“拳拳服膺而弗失之”，这点就不容易了。

孔子举颜回这个例子，难不难呢？也难，也不难。所谓不难者，就是他所做的还是至平至常的事。这是不难，难在哪里呢？不做或者“不能期月守”，难是难在这个地方，要有一个坚定而坚持的信心。

《中庸》要串起来看，不能够光看一章。单独看一章，道理没有说圆，没有说全。颜渊这个例子，孔子把他举出来是为了强调，要守住中庸不放，就是坚持这么两个字。那么能够坚持中庸，确实也就包含了前面大舜的那些德行了，就是“好问而好察迩言，隐恶而扬善，用其中于民”。所以串起来看，大舜他同样也有坚持“得一善则拳拳服膺”（的美德）。

前面的智者、愚者，这个叫互文，还有一种情况叫互见。什么叫互见呢？就是那一个意思也包含在这一个意思（里面），这一个意思包含到那一个意思（里面），这个叫意思的互见。我们在读书的时候，应该懂得互文、互见这两种做文章的手法。在《中庸》这篇文章中，写颜子和大舜的这两章就是互见。那么也就是说，大舜也是“得一善则拳拳服膺”，颜子也是“隐恶而扬善，执其两端，用其中于民”，这个叫互见，这样读就完整了，不然就只说到一面了。

因此，第八章举颜子为例，与第六章以大舜为例，两者彼此互见，说明圣贤都能够坚持中庸。[①]

① 《中庸恒解》卷上：“右第八章。引子之言，以明能守而后为真知也。”（《十三经恒解（笺解本）》卷之一，第98页。）

第九章

子曰："天下国家可均也，爵禄可辞也，白刃可蹈也，中庸不可能也。"①

"子曰：天下国家可均也。""均"，就是平的意思，均分就是平分。"可均"，这个东西是你的，也是我的，或者我可以分一半给你。这一句话的意思就是不吝啬。这个东西我的就是我的，扯一根毛给你我都不干，那样就太吝啬了。天下国家都可均，这个就说到顶了。天下国家都可以与别人均分，那么其他的那些东西还有什么舍不得拿出来的呢？这个主要是说不吝。这种人天下国家都可与别人均分，不是吝啬

---

① 《中庸恒解》卷上："承上五章而叹中庸之至，欲人自勉也。"均"，平分，与人不吝也。辞爵禄，不贪也。廉让轻生，皆可勉强而为，若必求其天理之极，则不可侥幸而致。盖必自强不息，始渐造其精。不可能，非难其词以阻人，犹是前章至字之意。"（《十三经恒解（笺解本）》卷之一，第98页）

的人。

“爵禄可辞也。”爵在古代是一个等级，爵是爵，官是官。爵分为公、侯、伯、子、男五等。“禄”，俸禄，官员所挣的工资。可以拒绝爵禄，那么这种人一定是不贪心的。

“白刃可蹈也。”“白刃”，亮晃晃的刀，他都敢去踩，不怕死。第一不吝啬，第二不贪，第三连死都不怕。

“中庸不可能也。”这个“能”不是副词那个能，《中庸》上的“能”字都包含这么一个意思——“能知、能行”，这个请记住。“不可能”包括了知和行，说到中庸，他就不能知，就不能行。那么，这句话是什么意思呢？

他又不吝啬，又不贪，连死都不怕，为什么践行中庸就不可能呢？就不能知、不能行呢？这个主要是强调，不真正理解中庸，不管你再有勇气，再不吝，再不贪，再不怕死，也做不到中庸。这又说到中庸的难知难行这个问题上去了。这就告诉我们，中庸大家都可以做，但不是随随便便就可以做到，不是那么容易的。不吝啬的人、不贪的人，这都还是了不得的人，但是他们不见得能够做到，这就说明中庸虽然能知能行，人人都可以做，但是也并不是随随便便就可以做到的。他强调（的是）这个意思。

既然如此，我们坚持学习中庸、掌握中庸，就有一系列的功夫在里头。首先，要循序渐进。不能说我今天学了中庸，明天就成了大舜了，不是那么容易的。第二，就是一个坚持的问题。学习中庸，就不要像前面说的“而不能期月守也”。

所以《中庸》不好理解的也就是，这一章要连到前头的一章或者几章来看，槐轩讲的，《中庸》的文字岭断云连，就是指的这个东西。要串起来看，光是取一章来看，说老实话，往往他也没有说完，他不能用一章就把《中庸》的所有意义说完了。比如，（我们）说到现在了，真正谈神奇的还在后面，从“素隐行怪，后世有述焉，吾弗为之矣”，才一步一步地慢慢开始。要听神奇，后面再来。但是你听了以后，不管我说得如何云里雾里，如何神奇得不得了，最后还是落到实处，就在日用伦常之中。不要着急，都做得到的，有中又有庸。

因此可以这样说，一个强调循序渐进，一个强调坚持不懈，坚持不懈就是一个恒字。表面上是说不可能，实际上前面说了，人人都可能，你要串起前头来看。那么这个不是矛盾的吗？前面一个说可能，后面又说中庸“不可能也”？是不是矛盾？不矛盾！因为能够坚持，有恒心，像“得一善则拳拳服膺而弗失之矣”就可能，而不去“择乎中庸”就不可能。你这样理解，它一下就通了。[①]

① 《中庸恒解》卷上：“右第九章。承上起下，欲人久于其德。”（《十三经恒解（笺解本）》卷之一，第99页。）

第十章

子路问强。[1]

子路是孔子的弟子，他问孔子什么叫作强。这个“强”字，在孔子教育弟子的时候，是强调了的，为什么（要强调）？因为作为一个坚持中庸的君子，首要的一个条件，就是能够自强。强，就包含了学习圣贤的东西，吸取别人的优点，改正自己的缺点等等。没有强，吸取别人的好东西不能持久，改正自己的错误效果就不理想，也不可能理想，而学习中庸之道也不可能坚持（下去）。所以这个强字，不是身体强壮的那个强，而是指性格中能坚持到底的特性。

---

① 《中庸恒解》卷上：“强，兼人之意。盖子路初学而问此。”（《十三经恒解（笺解本）》卷之一，第 99 页。）

子曰："南方之强与？北方之强与？抑而强与？"[①]

子路问孔子什么叫作强，孔子就说：你问的是南方的强呢？还是北方之强呢？"与"，相当于现在的"呢"。

"抑而强与。""抑"，或者、还是。"而强与"，"而"字等于"尔"，尔者你也。还是你认为的强呢？这里就说了南方之强、北方之强、你所认为的强，一共三种强。孔子就反问子路："南方之强与，北方之强与，抑而强与？"然后（下面就）分别给他解说这三种不同的强。

"宽柔以教，不报无道，南方之强也，君子居之。衽金革，死而不厌，北方之强也，而强者居之。"[②]

"宽柔以教，不报无道，南方之强也。"南方的强者，他的特点是什么？第一点："宽柔以教。"讲宽，讲柔，说话行事都讲和顺，而不是像我们四川人说的硬头冰梆的。"以教"，"以"字当成"而"字讲，这个是一个标准，用宽和柔来对待人，来教育人。

---

① 《中庸恒解》卷上："朱子曰：抑，语辞。而，汝也。而强谓子路所宜有之强，别白而诱之言。"（《十三经恒解（笺解本）》卷之一，第99页。）。

② 《中庸恒解》卷上："宽柔善诲，容人让人，南人之风气。衽，席也。金，戈兵之属。革，甲胄之属。气质本于风土，学所以化其气质也。南方北方，以其概言之：一则以宽厚存心，质之近君子者，故君子居之；一则以刚勇为务，质之戾中和者，而强者乃居焉，则非矣。抑扬其辞，以起下文，非平列语也。"（《十三经恒解（笺解本）》卷之一，第99—100页。）

第二点："不报无道。""报"，报复。"无道"，就是不讲道理。违背道理的人你不要去报复他。"不报无道"的具体体现是宽仁厚德，就是责己严、责人宽的意思。你不要认为人家对不起你，你不去报复，你就不强了，这个才是真正的南方之强，意思就是要宽宏大量。

在教育我们的家训当中，槐轩第一句就说到这个问题："天理良心，人之所以为人。"第二句："宽仁厚德，覆载所以长久。"对人要宽，要讲人道，要宽厚，不能够一个钉子一个眼对人。这个以后都要讲到，都要说到这来。这就是五常当中仁义礼智信的仁，这个仁就是上天在先天给你的一个最中心的东西。

"君子居之。""居"，表示做到了的意思。南方的强，君子都做到了，不然他就不是君子。

"衽金革，死而不厌，北方之强也，而强者居之。""衽"，本身的意思是铺盖，这个衽引申为睡在金革上。"金"，兵器。"革"，铠甲。你敢睡在铠甲上，胆子大，意思就是铠甲和刀你都不怕，你不害怕（去）战斗。

"死而不厌"，死了你都不讨厌它。这个叫作什么？孔子说也叫强，这是北方之强。

北边的人要硬性点。从地域来讲，南方人本身要柔顺一些。南方之强、北方之强两个都举出来了，你要的是哪种？北方之强就是"衽金革，死而不厌"。哪些人做到了呢？"强者居之"，这个"强者"就是北方那些性格很硬的人，他们就做到了。这里先说南方之强和北方之强。从水土上来讲，北方要刚毅一些，南方要柔顺一些，但这两者都不是圣贤的强。

“故君子和而不流，强哉矫。中立而不倚，强哉矫。国有道，不变塞焉，强哉矫。国无道，至死不变，强哉矫。”①

（这一段）孔子就正面教育子路：我要教你做的强是哪种呢？就是下面这几种，第一种：“和而不流，强哉矫。”

什么叫“和而不流”？“和”，就是指他对五伦的态度。和是不是说就没有斗争了，只有和了？是不是所有的都不反对了，都去和稀泥了呢？不是！他这个和，是指对人的态度而言，都要讲和。但是请注意不是一味地和，是和而不流，光讲和也不对，难道坏人也给他讲和吗？坏人他说什么我也觉得对，也叫和吗？不是！还有个“不流”，不流就是不与他成为一路人，那么和而不流就有个问题了，怎样做到又和又不流呢？只有一条，中庸！

说具体点，就是用五常当中的仁义礼智信这五把尺子来量。合乎这五把尺子的，也就是合乎仁义礼智信的，和；不合乎五常的，我不与他合到一起，这就叫作和而不流。所以

---

① 《中庸恒解》卷上：“故字承上转下。君子之强，不自域于风气也。和，情谊洽浃。流，阿附也。谓人伦交际之事。中立则该凡言行而言。倚，过不及也。塞，充实意。理所得于己者，坚固充塞，《诗》曰秉心塞渊是也。四者皆任理以胜人，矫不犹人也。”（《十三经恒解（笺解本）》卷之一，第100页。）

和的意思，不是一团和气，而是和而不流。

"强哉矫。"做到"和而不流"的君子，就是真正的强者！"矫"，强调强的那种精神状态。我们现在翻译出来就是，这才是真正了不起的强。"强哉矫"，不单是强而且是强哉矫，了不得的强、最好的强。"和而不流，强哉矫。"这是孔子主张强的一个内容。

第二种："中立而不倚，强哉矫。"这就完全说到中庸了。那么怎么能够做到和而不流呢？用什么去做尺子来衡量呢？一条，(就是)"中立而不倚"。"中立"，不是说这是一边，那是一边，我采取中立，不是那个中立。用中来立身，这个"中"就是中庸，用中庸来作为我的根据。"而不倚"，不偏到这一边，也不偏到那一边，也就是无过无不及。这叫作中庸，叫作中立，不是和稀泥那种中立。我采取中立的态度，用中来立身，"而不倚"，而不偏向任何一边，"强哉矫"！这也是最伟大的强、最了不起的强。这个是举的第二个例子，这个叫作真正的强。

第三种："国有道，不变塞焉，强哉矫。""塞"，坚固的意思。什么东西（需要）坚固啊？坚持中庸之道，是指那个坚固。① 我们上下文串起讲，串起来理解。坚持中庸之

① 《中庸恒解》卷上："塞字训未达，不甚明白。《诗》曰秉心塞渊，盖德性充实坚固之意。言平日所学，充实浩然，故得志与穷困均不能摇夺。塞字正对变字。凡可变之物，必轻薄浅脆。塞乃朴实浑成，安得有变？以塞字明强字之意。有道无道，即此以概安危之事。矫，矫然独出。不但曰强，而曰强哉矫，言其迥不同于流俗，所以为理义之强也。"（《十三经恒解（笺解本）》卷之一，第 100 页。）

道，他没有说不变，他说“不变塞焉”，这个“塞”就是前面那个“中立而不倚，和而不流”。不变的是你那个坚固的信念，不变的是你坚持的那个道理。强哉矫！了不得！强得很！强到顶了！

“国无道，至死不变，强哉矫。”国有道，当然不需要说了。那要是国家无道呢？我是不是顺从那个无道的去做呢？也不！“至死不变”，什么不变？不变塞，一直到死我都不（改）变这个信念，坚持中庸的信念，国家有道，我要坚持，国家无道，我也要坚持。不因为国家有道无道而改变我对中庸的信奉，就是这个意思。

“国有道，不变塞焉，强哉矫。国无道，至死不变，强哉矫。”孔子说，做到了这一些，就是真正的强。你要问强，我就告诉你，这个就是强。既不是“宽柔以教，不报无道”，也不是“衽金革，死而不厌”（的那种强）。孔子的意思是，既不是南方之强，也不是北方之强，“和而不流，中立而不倚，国有道，不变塞焉，国无道，至死不变”才是真正的强。因为子路只问强，所以孔子先问他想知道的是北方之强还是南方之强，抑或是他所谓的强。当然子路不懂自己所谓的强，才去问孔子，孔子告诉他自己认为的强就是“和而不流，中立而不倚，国有道，不变塞焉，国无道，至死不变”。

这一段究竟要想说明一个什么问题呢？这里请大家注意，第一，“和”字是重点。和，是孔子在《论语》上，孟子在《孟子》上一直强调的一个东西，但是这个东西并不是无原则地讲和，要有原则，这个原则是什么？中庸！第二，要懂得和是指对人。这两点一定要把它搞清楚，不然那个和就是叫作和稀泥了，那不是中庸之道。第一个“和”是对五伦，因为我们处理的都是五伦关系。第二个“和”是有前提的，要注意到后面那两个字——“不流”。为什么不流，不与那种人合到一起？你违背中庸我就不流。我要坚持的是什么呢？中立，这个中立是指用中来立身。所以，你要把这两个意思理解到位，不然，中庸就成了你好我好大家好。以前批判的你好我好大家好，这确实应该批判，但是中庸却不是那个意思，那样理解是没把《中庸》读懂。

孔子一步一步地说，“和而不流”你若还不清楚，“中立而不倚”你就清楚了。“中立而不倚”，我坚持中庸，我不偏到一边，这个就说得很清楚了。“国有道，不变塞焉，国无道，至死不变”，就是坚持中庸到底，这个就是强。孔子说：我们讲的强既不是南方之强也不是北方之强，不是按照水土之分的禀赋不同来理解的强，我们理解的强是中庸之道。

之所以有这一段，就是从另外一个方面讲，要坚持中庸之道的话，还必须要有一个“强”字。这个“强”字就是强调中庸贵在自强，坚持到底，就是这么一个意思。

因此这一段，也能用一句话概括。中庸，要贵在自强，这个“强”字，是说明实行中庸的一个基本点。不然，中庸就成了以前大家批判的你好我好大家好了，那不是真正的中庸。

最后我提个开切磋会的建议。今天上午，跟陈世兄交换了一点意见，我们现有的水平不够，理解也难免偏差，这是一。第二就是真正要学孔孟之道，恐怕还要通过更多切磋，那样才能真正掌握到。光是听我一个人说，我不一定都做得到，我也在努力，大家也在努力，因此切磋很重要。以前槐轩之所以搞一个切磋会，就是大家可以联系实际来进行讨论，那样起的作用恐怕更好，而不是光听道理。我们现在主要是在学道理，而更重要的在于实践，实践（以后）再通过大家切磋，甚至可以举些具体例子，让大家来研究、商讨，那样的话，对于自己的行为，更能够起到一些实际的作用。不只是解决言的问题，还要解决行的问题；不只解决知的问题，而要解决行的问题。知行合一，那就达到了我们学习的目的，所以希望以后我们还是安排点时间来讨论，我也愿意和大家一起参加。不要把我当成个什么都懂的人，我不一定全懂，我还是要来这里与大家一起来研究《中庸》，尽管我从小就在看，又花了不少的时间来重新学习。还希望大家通过这个切磋会纠正我的错误，帮助大家加深对《中庸》的理解，今天就讲到这里。①

① 《中庸恒解》卷上："右第十章。又引子言，以明中庸贵自强也。"（《十三经恒解（笺解本）》卷之一，第100页。）

第十一章

从《中庸》的第三章起，子思就从至、守、恒、强这几个方面给我们讲如何坚持中庸之道。那么这一章，就是总结那几个方面的意思，最后落实到坚持《中庸》的核心问题。这个核心问题是什么？五个字：无过无不及。不要过了，也不要不够，孔子讲过犹不及，过也不好，做得不够也不好。所以《中庸》这本书，都在谈天道人道。而天道人道的核心，最后都落到一个问题上，就是必须实行中庸之道，天道如此，人道也是如此。而要能够正确地实行中庸，就必须在这两个问题上下功夫，哪两个问题呢？就是过了，要解决，不能过，这是一个问题。第二个问题，就是不及，没有做够。一句话，不够也不对，过了也不对，这个叫作过和不及。中庸就是时中，实行中庸之道就要恰恰合乎中。因此，《中庸》第十一章就对过和不及再次加以强调。我们现在先从正文上来理解它的意义。

子曰："素隐行怪，后世有述焉，吾弗为之矣。"①

"素隐行怪。""素隐"，就是平时的那个样子，就是暧暧昧昧的。"隐"，不是后面要讲的"君子之道费而隐"的那个隐。这个隐用通俗的话来说，就是平日里看他样子怪头怪脑的。怪头怪脑就是不正常，首先从他的态度上来看，是怪头怪脑的；其次是"行怪"，就是他的所作所为也是怪头怪脑的。令人看到他一下就感觉到，这个人好像神奇得不得了。"素隐行怪"这四个字就是形容那种人的形象，看到他就是怪头怪脑的，其所作所为和言谈举止都是怪头怪脑的。

"后世有述焉，吾弗为之矣。"孔子就说，对这种人的表现，后来的人，把他说得很神奇，就有人来称述他。这个"述"是称述、称赞、称道的意思，也就是后世就有人对这个素隐行怪的人，加以赞扬和称道。

孔子就说："吾弗为之矣。""弗"者，不也，我不这样做。"吾弗为"，"为"，就是做，我不这样做。不管后世有人把那样的人说得再神奇，说得再了不起，我都不称述这种素隐行怪的人。

从秦汉以后来看，确确实实是这样子的，孔子当时也已经看到了这个问题。秦汉以后，像这种称述"素隐行怪"的书籍、言谈多得很，什么神仙传也出来了，大史家司马迁、

---

① 《中庸恒解》卷上："素，如素位之素。素隐，夙多暧昧。行怪，反中庸也。后世有述，好异者祖尚之。夫子言过中之行，世虽常有，不可为也。"（《十三经恒解（笺解本）》卷之一，第100—101页。）

班固还专门在史书上传列叙述了有关神仙的事情。孔子当时就看到了这种现象，并加以反对，而且当时他就说：我是不称赞素隐行怪的。这一章讲的就是这样的意思。

“君子遵道而行，半途而废，吾弗能已矣。”[①]

“君子遵道而行。”孔子讲，作为君子就要遵守并按照中庸之道来做事，这个叫作“遵道而行”，这是君子的一种表现。

但是有人就不同，开始他可能照着中庸之道做一下，在做的过程当中，他就半途而废，不能坚持始终，而前面几章所说的舜也好、颜回也好便不同，他们是坚持到底的。一直说到南方之强、北方之强都是谈的坚持：“国有道，不变塞焉，强哉矫。国无道，至死不变，强哉矫。”君子遵道而行，是真正的坚强。而另一种人，就说不上坚强，这种人就是半途而废，走一截他们就停止了，就改变了。现在都还在用半途而废表示一个事情不能做完。君子是遵道而行，而他就半途而废。

“吾弗能已矣。”“吾”，我。这个“已”字，是停止的意思。“弗能”者，不能也。我不能够停止。有些人是半途而废，但孔子说“吾弗能已矣”，我要坚持。

---

① 《中庸恒解》卷上：“不及乎中者，亦知隐怪之非，而遵道中辍，其弊亦与太过等，夫子则弗能已也。”（《十三经恒解（笺解本）》卷之一，第 101 页。）

现在把上两句小结一下，前一种是过了，过了就是什么呢？就是我们前面在学习《中庸》当中提到的神奇，纯粹走到神奇那个路上去了。后一种是不及。素隐行怪这种人没有做到，半途而废这种人也没有做到，两种人都没有做到中庸。只有哪种人做到了呢？最后一种，君子做到了。

“君子依乎中庸，遁世不见知而不悔，唯圣者能之。”①

“依”，依照、遵循的意思。遵循中庸之道，依照中庸之道，一时一刻都不离道。孔子讲：“道也者，不可须臾离也，可离非道也。”道是不可须臾离也，自始至终，一辈子都应该坚持道，能够离开的都不是圣人的道理。所以最后这一句就强调君子是“依乎中庸”，按照中庸教导的去做。一直做到什么状况呢？“遁世不见知而不悔。”这句话就和上一章子路问强一样：“国有道，不变塞焉，强哉矫。国无道，至死不变，强哉矫。”一直到死都坚持中庸。

我们先说这个“遁世”，“遁”本来是逃遁、逃跑的意思，这里引申为离开了世俗，离开了社会。君子为什么要离开社会呢？这里是有另外一个意思，不是说君子愿意离开社会，因为君子不仅成己也要成人，而且，在明明德、在亲民，他还得走到群众当中去。那么，这个遁世是什么意思

---

① 《中庸恒解》卷上：“依乎中庸，须臾不离道。遁世，德至而俗莫能知。不悔，有以自乐而无求也。唯圣者能之，勉人必如是而后可。”（《十三经恒解（笺解本）》卷之一，第 101 页。）

呢？这里是说世俗的人不了解君子，君子为世所不容，为社会所不容。一般世俗和社会上的人，他们用世俗的观点来看待和处理问题，觉得君子的所作所为不符合他们的要求，因而就与君子有了距离，这就造成一个什么结果呢？就是君子遁世，因为君子和而不流。“君子和而不流，强哉矫。中立而不倚，强哉矫。”但是作为世俗的人来说，他就不讲中立而不倚，他就要讲和而流，当然这就与君子有隔阂了，使得君子遁世。所以，这里要多说两句，遁世不是说君子本身逃避现实，否则就理解成了君子逃离现实，这样子理解就错了，君子成己成人最核心的东西都理解不到了，都说不清楚了。因此，槐轩讲这个遁世是由于君子和而不流为世所不容，而这个世肯定不会是盛世。

遁世而不为世所了解的结果就是“不见知”。“见”，在文言当中是很常用的，表“被动”。“不见知”者，“知”是了解，不被知也，不被别人了解，就造成了君子去依乎中庸，而社会上世俗之人不了解他。处于这种情况，君子是相当被动的，他要想济世，他要想成人，但是不见知。照这样的情况，如果不是真正的君子，他就可能要出现一些失悔的情况，或者他就想怎样来曲从于世俗。

但是真正的君子，即使不被人所了解，一般人都不理解他，不尊重他，他仍然始终不悔。这也表现了君子的“坚”，就是前面第十章讲的四个“强哉矫”，坚持到底，要坚强。

现在总的来看，前头第一句到“吾弗为之矣”，是说过；

后面第一句到“吾弗能已矣”，是说不及。一个说过，一个说不及，而真正能做到无过无不及的只有君子！

到这里为止，除第一章是总说而外，从第二章起到第十一章，分别把《中庸》所有的内容尤其是必须坚持的东西说清楚了。

第一章总说，先谈天道，后谈人道，最后又归结到天道。《中庸》首章谈了三个东西：首先谈道不可离，可离非道。人一天的生活、一年四季的生活都不离道，离道就是错的，犯错误就是离了道。其次谈存养省察，要慎独。要怎么样才不离道呢？只有（通过）存养省察。再次，做到了不离道而又通过存养省察，最后就达到了天人合一，达到了“致中和，天地位焉，万物育焉”的高度，就成真君子了。

第二章至第十一章，紧扣第一章里的总纲，首先就提出了中庸，这十章重点都在反复谈什么叫中庸，一直到今天学习的这一章为止，明确给我们指出：过不是中庸，不及也不是中庸。

第十一章收结上文，总结从第二章到第十章的意义，指出中庸之道是“无过无不及”。一个是不过，第二个也不是不及，就是刚刚（好），君子时中，过了也不对，做得不够也不对。为了便于我们在学习《中庸》的时候有整体的概念，我想把从第二章到第十一章的内容再简单概括一下。

第二章主要是讲君子的中庸，君子的中庸是指对于五伦五性（做到）随时处中。所以中庸的内容平凡得很，不要把它说得太神奇。槐轩经常强调神奇即平常，平常即神奇，神奇寓于平常之中。强调神奇往往最后得到的结果是过了。“素隐行怪”孔子是不赞成的，以庄子为代表的道家，就是搞的这些东西，就把人说玄乎了，认为是高不可攀。后来到了汉代，正是由于有了这种高不可攀的神奇，因而衍生出来圣人都是天赋的、天授的观点，圣贤在出生之前就注定了他是圣贤。而你呢，你爹妈生你下来是凡人，不管你怎么鼓劲和努力，你一辈子都当不了圣贤，所以圣贤天赋的观点也就出来了。这都不是孔孟之道，也不是道家和佛家所讲的那个最高渺之道。

所以孔子在《中庸》（里面）的这几段话说得很清楚，槐轩则把它阐释得更清楚。所谓至平至常即是至神至奇，至神至奇寓于至平至常当中，人皆可以为尧舜，没有什么好稀奇的，只要能够“处中”，只要能够把五常具体施于五伦，这就是圣人的行为。

所以第二章概括起来，就把大的框架画出来了，君子小人也就区别出来了。君子而时中，把五性具体实施于五伦。而小人反是（相反），小人无忌惮，无忌惮就是他想做什么就做什么，不受仁义礼智信的约束，也就是不按照中庸之道来处理五伦。

第三章就是慨叹中庸之鲜能。孔子说“民鲜能久矣”，人民很少有能够做到的。很少能做到中庸，这些人究竟又去做什么了呢？他们没有按照中庸做，违背了中庸，那么，他们的表现说明了两个东西，一个是偏于高渺，一个就是偏于切近。

一个偏于高渺。高渺就是把某个（东西）说得不得了，把它说神奇了。后世以庄子为代表的道家，（就是）过于神奇了。另外一个就是过于切近。农家（和法家）就是过于切近，就讲切近。讲切近的属于不及，讲高渺的属于过。一个过，一个不及。讲高渺的，把它说得深不可测；讲不及（切近）的，把它说得太简单了。

我们在读《孟子》的时候，不是有一篇《许行章》吗？许行、白圭就是个典型，他们的主张是什么？他说圣人治天下很简单，各人在国家那里去领一份土地，吃也好，穿也好，都靠各人自己解决，他说这个就是圣贤之事了。

《孟子》"许行"章里面，孟子把许行批判得体无完肤。（孟子）问了许行几个问题，他都答不出来，最后自己认输了。讲神农之学的许行，当时在滕国有很多人佩服他，都认为他了不得，都要向他学习。

孟子问的第一个问题："许子必种粟而后食乎？"你许先生都要栽秧子、打谷子吗，是不是靠栽秧子、打谷子来吃呢？他说：是啊。当然，给了他一份田，他可以栽秧子、打谷子，解决吃的问题。

第二个问题："许子必织布然后衣乎？"你穿的衣服是你自己在机器上织出来的吗？他说：是。孟子又进一步问他，你戴的什么帽子呢？戴的丝织的帽子。那么说蚕子也是你喂的呀？那不是的了。那么你的帽子既然是蚕丝做的，就要喂蚕子，你不喂蚕子，你哪里去找丝，你怎么去做帽子？你帽子哪来的啊？他就回答：我拿田里打的谷子换的。孟子说：这个不是自己做的。

孟子又问他：你吃饭的碗是不是自己烧的呢？他说不是的。碗是从哪里来的啊？还是田里出的，因为他在种田，用谷子去换的。孟子就说："且一人之身而百工之所为备，如必自为而后用之，是率天下而路也。"你这条路根本走不通，都像你这样子，不要说吃得好、穿得好，就是要去睡的床，也是木匠给你做的，谁能够"且一人之身而百工之所为备，如必自为而后用之"？

因而孟子在这里就有一个名言："有大人之事，有小人之事。且一人之身而百工之所为备，如必自为而后用之，是率天下而路也。"如果像许行这样，所有的人都活不下来。(孟子) 用很简单的道理、很浅显的生活常识就把许行那种最切近的、不及的、违反中庸之道的东西，批判得体无完肤。

之所以在反复说这个，是要想说明这么一个道理：任何事情它都有一个时中的问题，过了不对，不及也不对。"君子依乎中庸，遁世不见知而不悔"，为什么不见知而不悔？因为君子时中。既不是那个强调神怪的素隐行怪，也不是这个半途而废不按照中庸之道来实行的，一个过，一个不及，君子是既不过也没有不及，恰恰时中。这个就是后来概括的实行中庸之道的四个字，叫作"执两用中"。第六章就说："隐恶而扬善。执其两端，用其中于民。"要用中，必须要了解了两端，不了解两端你就不晓得中，你必须懂得了过是什么、不及是什么，我取其中，这个就叫执两用中。就是

《中庸》上说的，大舜之所以是大圣人，是因为他能够做到执其两端，用其中于民。因此，第三章就是慨叹中庸之鲜能，一般老百姓都做不到，是因为不是过就是不及。

第四章："道之不行也，我知之矣，知者过之，愚者不及也；道之不明也，我知之矣，贤者过之，不肖者不及也。人莫不饮食也，鲜能知味也。"这一章进一步指出来一个"知"的问题、一个"行"的问题。"道之不明也"是知上面出现了问题，不了解中庸，是属于不知。"道之不行也"，是行上面出了问题，不能够去实行。（存在这）两个问题都不能够实行中庸，一个是过，一个是不及，过与不及都存在两个问题：一个是不明不知，一个是不行，知和行都有问题。第四章，具体就申解民之鲜能，就是知和行的问题没有解决，使道不明不行。道不明，就是没有解决知；道不行，就是没有解决行。

第五章："道其不行矣夫。"虽然就这么一句话，但专门把它作为一章，实际上是谈道不行的害处，概括起来，从内容上来讲一个是过，一个是不及；一个是不知，一个是不行。这就造成了"道其不行矣夫"，中庸之道是不可能行于世的。这是一个慨叹的句子，但这个慨叹的句子不是结论，不要把它理解成为结论。孔子慨叹大道不行于世，和上章慨叹"民鲜能久矣"一样，虽然能够做到的人越来越少了，但不是完全没了，还有君子。

孔子那个时代，我们不能说三千弟子个个都行，但七十二贤都在照着（中庸）做。他只不过是看到那个春秋时代，臣弑其君、子弑其父这些事情层出不穷，什么东西都不讲了，都混乱了。国家间只晓得你争我抢，以利为先，国家强盛的就攻打兼并弱小的，他看到的是那么一个社会。但是看到的那个社会，并不等于说孔子就慨叹大道不行，他也只能说绝大多数人与世俗随波逐流，因此他提出“和而不流”，因为在那个时代，你也不能够完全脱离社会。

所以我们在学《四书》的时候，一定要把圣贤的这个心读明白，这个是槐轩一直在强调的。不要把圣贤看成隐者，圣贤不是隐者，隐者是消极的，圣贤是积极的。在《槐轩全书》和我父亲的《推十书》当中，对隐者是持批判态度的，隐者才叫作真正的遁世。而君子遁世是因为世俗不了解他，逼得他遁世，而不是他主动跑去隐居，与人世隔绝了。圣贤济世救人，跑去躲了还叫作君子吗？还叫作圣贤吗？中庸之道提出来的是和而不流，所谓和而不流，就是不跟着一起去走歪门邪道，但是作为社会中的人，不能够离开社会而生存。（对此）孔孟之道是讲得相当深刻的，不然孔夫子饿起肚子去周游列国，孟夫子走到这个地方去碰壁，走到那个地方去碰壁。孔子遭厄于陈蔡，差点连命都没有了，他为了什么呢？为了解决什么呢？解决明大道、行大道的问题，解决不要过也不要不及的问题。劝教所有的人走中庸大道，这就是圣贤之所以为圣贤，就是这样子的。

因此，《中庸》从第六章到第十章正面给我们提出了标准。第一个标准（就是）大圣人、大孝子、二十四孝的第一位：大舜。他评价大舜，用了“大知”两个字：“舜其大知也与。”舜的大知体现在下面几点：好问、察迩言、隐恶而扬善、执两用中，这就是最聪明的人，圣贤才做得到。给我们举了这样一个全面的典型人物，这个典型人物就是大舜。这个是第六章。

第七章是从反面提出了问题：“人皆曰予知，驱而纳诸罟擭陷阱之中，而莫之知辟也。人皆曰予知，择乎中庸而不能期月守也。”前一句是打的比方，后一句才是重点。后一句从反面来说：这个不是真正的知，因为你不能坚持，“不能期月守也”，你连一个月的时间都不能够坚守中庸之道，执行几天就忘了，那个旧的东西又来了。从反面来提出一个“守”字，按中庸之道来做事情，守住中庸之道。

第八章举出另外一个标准：“回之为人也，择乎中庸，得一善则拳拳服膺而弗失之矣。”只要颜回选到中庸当中的一善（或）一个好的东西，他就一辈子不忘，而且拳拳服膺。所谓“拳拳服膺”，就是信到心里了，从心底里佩服，一点不变了。得一善就拳拳服膺，那么他多得些善呢？得一善都拳拳服膺，更多的善他就更是拳拳服膺，并且“而弗失之矣”，他不会丢掉，一辈子都会照着做。所以，孔子举颜回的例子与“不能期月守”（的例子）相对照，说明要实行中庸之道，还要守。所谓“守”者，坚持也，要守住它，要坚持它，不要半途而废。谈颜回的守实际上就是强调要坚持。

第九章：“天下国家可均也，爵禄可辞也，白刃可蹈也，中庸不可能也。”强调要有恒心，强调一个恒字。所谓守也好，恒也好，前提都是坚持，要有恒心。“天下国家可均也，爵禄可辞也，白刃可蹈也”——（这些）可能都是暂时的情况，而中庸是一辈子都要坚持的，再进一步地强调一个恒字。

第十章：“子路问强。”这一章强调了要坚持到底，强调一个强字。什么叫强？“和而不流，强哉矫。中立而不倚，强哉矫。国有道，不变塞焉，强哉矫。国无道，至死不变，强哉矫。”（这是）最了不得的强，是最了不得的一件事！可以用这四个字来说：坚持到底。

除了今天学习的那几节而外，我们又把前几章小结一下。什么叫中庸之道呢？就是处理一个问题，按照五伦五性具体去实施的时候，（要做到）既不过也无不及。不要过了，过了就流于高渺，不及流于切近。我们再把它说（得）简单点，过了就玄了；不及，对中庸之道的那些精髓、中庸之道所涵的内容，根本（就）理解不到。所以我们说第十章就是强调一个坚持到底。而第十一章，则是执行中庸之道的时候，强调一个无过无不及，这个就叫作中。这就是第二至第十一章所谈到的内容。

这里我们把内容说完了，以下三个问题我们也应该明白了：

第一个问题，我们还要强调一点的就是中庸之道“不可须臾离也”，道不可离，中庸之道不可离。

第二个问题，是需要我们解决无过无不及的问题，处理一个问题要时中，过了不对，不及也不对。什么叫过，什么叫不及呢？总要拿个标准出来，有没有标准？有，《中庸》后半（部分）就提出了很具体的办法和要求。

第三个问题，从第一章到第十一章要明确一个观念，即天道即人道，人道即天道。人道就是天道，不要把天看得高得不得了，把人就看得低得不得了。这个观点是从哪里出来的？槐轩所谓阐三教之精微，正是从这个“性”字悟出来的。举一个很简单的例子，《中庸》说：“君子之中庸也，君子而时中，小人之中庸也，小人而无忌惮也。”包括朱熹在内的宋儒对此问题的理解不对，他们认为，那一段掉了一个“反”字，应是：“小人之‘反’中庸也。”槐轩专门对此作了辩驳。槐轩认为，君子小人得天是相同的，在母腹中都有一颗赤子之心，而在后天才变成君子和小人，在妈妈的肚子里哪儿去找君子和小人？没有，都得了先天一元之性。到了后天，受世俗、家庭、环境各方面的影响，才一步一步分出君子和小人。他们得天的东西本来是一致的，变化都是受了后天的影响。

作为一个人来说，即使受影响非常小，也存在一个复性的问题。人生下来就有圣人之性，但是，如果说从小到大一点都没变，不可能！所以才提出一个复性的问题，才提出一个养心养气的问题。槐轩认为，这句“小人之中庸也”，说明小人本身还是有圣人之性的，他只不过是无忌惮，君子是按照中庸之道在行（事），小人就随随便便地处理，君子小人之区分就在这上面。

我们现在讲成己成人，成己要从这里着眼，成人也要从这里着眼。我们帮助别人就是要启发他的善性，世上没有良心完全泯灭的人。我们现在还经常听到：你还有点良心，你说良心话，你还晓得良心。做了不好的，做了整人、害人的事，就说这个人没有良心。我曾经举过例子，做了杀人放火的事情，最后把他关起来，他能够流一两点眼泪，（说明）他有失悔之心，这个叫天良发现。因此，孔夫子讲的有教无类非常深刻。管他是谁，只要愿意闻道，愿意学好，我们（就）尽其所能去帮助他，这就是圣贤之道。

最后还要强调一点就是："道在伦常。"请大家注意这四个字。槐轩强调，不要把道说得很玄，不要把中庸之道说得很玄，道在哪里？就在日用伦常当中，也就是在你每天早上睁开眼睛一直到你睡觉，你都在行道，只不过有些你没有行好而已。所以"道在伦常"是什么意思？就是你每天在处理君臣关系、父子关系、夫妇关系、朋友关系、兄弟关系，（这就是处理）五伦。我们今天在座的，哪一个不是每天都要接触这个事情？恐怕，睁开眼睛你就摆不脱这五方面的关系，都在处理这五方面的关系。

但是处理这五方面的关系有个原则，就有个中庸之道。这个中庸之道的标准是什么啊？不要把它说玄了、说空了，就是我们今天说的五性：仁、义、礼、智、信。你在处理五伦关系的时候，按照仁义礼智信的要求，就是中庸之道；凡是违背仁义礼智信去处理五伦关系，就非中庸之道。[①]

① 《中庸恒解》卷上："右第十一章。收结上文之意。言以中庸为依，而无过不及之弊，则不至鲜能。前人以至此为一小结，是也。"（《十三经恒解（笺解本）》卷之一，第 101 页。）

第十二章

《中庸》第一部分是第一章，总说天道即人道，人道即天道。第二部分谈中庸之道，实行中庸之道，解决无过无不及的问题。第三部分从第十二章起，重点谈至神至奇即是至平至常，至神至奇寓于至平至常之中。不要把神奇看得高不可攀，神奇的东西就在我们本身、在一天到晚的具体行动当中，也就是“道在伦常”，并不稀奇。但是有没有稀奇的呢？也有稀奇的。所以第三部分，就要来谈这方面的问题，就开始接触到神奇与平常的关系问题了，也就从日用伦常说到“至隐”，说到神奇了。目的是想说明所谓神奇即在我们日常生活当中，所谓平常是每个人每天都在做的，那么结论是什么呢？不要把神奇看得高远，我们只要通过五伦的实践，就可以取得神奇的结果。

我曾经在平时与各位世兄的闲谈当中，提到槐轩的学说。我所接触到、了解到的，没有光谈神奇的，确实没有。

我二十一岁就跟随我的伯父学习，受我们那个大家庭的影响，我们都不谈神奇。但是，确确实实有些神奇的现象，以前我是不愿意谈的，为什么？不是说没有神奇，第一个是我怕谈不好，第二个是怕被误解成了端公道士了。因为槐轩的学问，就是刚才讲的，什么叫天道？人道就是天道，不要说玄了。离开人道来谈天道，就要说玄了，就非玄不可。我不愿意谈玄，槐轩学说也不主张谈玄。

君子之道费而隐。[①]

“君子之道”也就是中庸之道，玄不玄？玄！神奇不神奇？神奇！答案是肯定的。用一个字来表示，就是隐。这个“隐”与前面“素隐行怪”那个“隐”不一样，这个“隐”就是神奇，中庸之道就是神奇的。

但是它又费，“费”是什么意思？平常也。这一句话把它翻译出来就是：中庸之道既平常又神奇。费者，广博也。什么是广博？（就是）无处不在。既然无处不在，那么每个人每天的一言一行、一举一动都包含了“费”。从第十二章起都在谈这个东西，我们现在（需要）把这个概念搞清楚。费，是说无处不在，不管君子也好，小人也好，男的也好，女的也好，大人也好，庶民也好，中庸之道都体现于人

① 《中庸恒解》卷上：“费，广博意。隐，精微意。说在下文。”（《十三经恒解（笺解本）》卷之一，第 102 页。）

们平凡的、平常的生活当中。

隐呢，我们说是神奇的，神奇是什么意思呢？就是精微的、至精至纯的。那么“君子之道费而隐”，就是中庸之道既神奇又平常。（这一段）先总说。

夫妇之愚，可以与知焉，及其至也，虽圣人亦有所不知焉；夫妇之不肖，可以能行焉，及其至也，虽圣人亦有所不能焉。天地之大也，人犹有所憾。故君子语大，天下莫能载焉；语小，天下莫能破焉。①

那么君子之道平常到什么程度呢？就是“夫妇之愚，可以与知焉”。“夫妇之愚”，“愚”是无知的意思。就是连字都认不到几个的愚夫愚妇都可以“与知焉”。“与知”，“与”，是参与的意思；“知”，是了解的意思。他们都可以参与进来了解它，没有比这个再平常的了。愚夫愚妇都可以理解它，都可以了解它，都可以实行它，这个就是它的平凡之处。“焉”，在文言当中一般放到句尾，（意思）相当于“于此”，于此（的意思）就是“对这个”。愚夫愚妇对这个

---

① 《中庸恒解》卷上：“申言费隐之意。身心性命之理、日用伦常之道，愚不肖之夫妇可以知而行之。及其精微繁赜，圣人亦有不能尽。天地即道也，然功用亦有所穷，则人亦不能无憾。盖道者弥纶于六合之外，贯彻乎万事之中，大无能载，小无能破。费者即其隐者之发皇，隐者即其费者之主宰。极形其妙如斯，而又归之君子，则欲人实体之也。”（《十三经恒解（笺解本）》卷之一，第 102 页。）

（君子之道）都可以了解，当然是平凡得很了。

“及其至也，虽圣人亦有所不知焉。”请大家注意，“至”不是极致的意思，而是指它所包含的内容太多，就是贯穿万事万物的意思。“及其至也”，“费”和“隐”都有无数的内容贯穿于万事万物。举个例子，农夫种田挖土有没有“费隐”的问题？答案是肯定的，有。从“费”上来看，就是拿锄头去挖地，谁都做得来的。但是要说深层的，有没有“隐”在里头？有。《论语》上有这么一段：樊迟请学稼。孔子的学生樊迟说：老师请你教我种谷子，谷子怎么才种得好？孔夫子回答：吾不如老农，我没有老农会种庄稼。樊迟又说：种谷子你不懂，你教我种菜，怎样才种得好？孔夫子答复：吾不如老圃。这个事你要问菜农，我不懂。举这个例子充分说明了最平常的事情当中，就有最神奇的东西。“及其至也，虽圣人亦有所不知焉？”孔子也不会种谷子，孔子也不会种菜，他不如老农、老圃。人家的菜种得又多又好又嫩，孔夫子尽种些老菜出来了，嚼都嚼不动，因为他不懂。

所以，种菜种谷是很普遍、很普通的事情了。但是其中既有很平常的事情，同时也有很隐微的事情。不晓得这个意思我说清楚没有？这个就叫作“君子之道费而隐”。“夫妇之愚，可以与知。”对于农夫农妇，种谷种菜那是很平凡的事情，他可以做，他们比孔子会种田、会种菜。其中也就有个隐，有隐在就有神奇。

“及其至也”，至于说到其所包含的知识，“虽圣人亦有所不知焉”。“虽”，是即使的意思，即使是圣人也有所不知，他也有不懂的。那么用一句话把它说清楚，就是任何事情既包含有平凡的东西，也包含有神奇的东西。对于一个神奇又平凡的东西，了解它的愚夫愚妇也会超过圣人，因为圣人不懂的他懂。为什么？因为平凡了，费，其中也就包含了隐——精微的东西。不然为什么说，至神至奇即是至平至常，至神至奇寓于至平至常当中？把这一段读了，这个话我们一下就懂了。

任何一个事情既有费的一面，也有隐的一面。那么既然如此，一方面是圣人，一方面是愚夫愚妇，愚夫愚妇有些懂的，你圣人不见得懂。当然圣人来讲道理，讲其他的东西，远远超过愚夫愚妇，但是圣人也有所不知，因为天地太大了，它所包含的万事万物当中都有一定的“理”。

所以根据这个观点，哪去找神仙？那是骗人的。神仙什么都懂？神仙就无所不能了？道家后来把神仙神化了。所以你看，在槐轩的书中，他称呼老子、释迦牟尼都是什么？东方圣人、西方圣人。他不说东方神仙、西方神仙。槐轩的书就没有这种说法，为什么？“子不语怪力乱神”，哪去找神？神即寓于平常之中。你要说他神，他也神，他咋不神呢？老农民种的萝卜又嫩又大，你我知识再多，大学毕业以后（成了）学士、硕士、博士，但是，你种得出来老农民那么大的萝卜吗？所以“虽圣人亦有所不知焉”，何况我们这些人。这个是谈知，了解一个问题，了解一个知识。

当然，如果要说有神仙，按照槐轩的观点，至平至常即至神至奇，只要你能够按照天理良心这把尺子，把平常的事情做到无过无不及，就尽人合天了，你就是仙佛，你也就是圣贤。青羊宫里面八角亭有块匾，上面写着“忠孝神仙”，这与槐轩的主张和观点一致，仙佛也好，圣贤也好，都是人做出来的。

下面说“行”。两个意思是一样的：“夫妇之不肖，可以能行焉。”所谓“不肖”就是不争气，也有不肖子的说法。“夫妇之不肖”，指愚夫愚妇两口子没有出息。“夫妇之不肖，可以能行焉”，你不要看愚夫愚妇没有知识，不争气，但是有些事情他做得相当不错。

但是“及其至也”，真正到了隐微的那一方面，圣人也有所不能。上面种菜、种谷子的例子，一个是谈知，一个是谈行。天下万事万物都包含了平常和神奇，愚夫愚妇有些东西能知能行，而了不得的圣人，有些时候也未见得能知能行，这两句说去说来就是想说明这么一个意思。

愚夫愚妇也好，圣贤也好，他们都处在天地当中，而天地的道理表现出来的东西太多，人们只能够了解（自己熟悉的）那一些，圣贤只不过（比大众）多了解一些。圣贤之所以为圣贤，比起愚夫愚妇只不过是他的复性功夫做得好，他（对天地的）道理多了解一些而已。从这个意义上来看，人皆可以为尧舜。只要你养心养气，只要你按照中庸之道去实行，人人都可以成为尧舜。所谓人人都可以成为尧舜，也即人人都可以成佛，人人都可以成道，人人都可以成圣贤。

因此，我们说“夫妇之愚，可以与知焉，及其至也，虽圣人亦有所不知焉；夫妇之不肖，可以能行焉，及其至也，虽圣人亦有所不能焉”这两句话，就说明了神奇和平常无处不在，表现在任何一个事物当中，问题在于你能不能知，能不能行，关键是在这里。不能知，不能行，就不可能成为圣贤。进一步说，就是圣贤，也有不能知不能行的，天下万事万物太多了，不可能都能知能行。前面举的例子就很具体：“樊迟请学稼，子曰：‘吾不如老农。’请学为圃，子曰：‘吾不如老圃。’”不懂就是不懂，因为天下万事万物，圣人不是神仙，神仙就什么都懂，到哪儿去找神仙？孔孟是不讲神仙的，他认为神仙“误在高渺”，那个是错误的，那个偏到一边去了，过了！不管知也好，行也好，过了就不是中庸之道。

下面一句，对上面所说的话进行解释：“天地之大也，人犹有所憾。故君子语大，天下莫能载焉；语小，天下莫能破焉。”愚夫愚妇都知道，圣人为啥不知呢？因为天地太大了，“天地之大也，人犹有所憾”，任何一个人都有不足的地方，圣贤也是这样子的，圣贤不是什么都晓得的完人。是后来的人把他说成神仙，把他说成完人。就是尧舜，你喊他去耕田他不一定有农民耕得好。文武、周公只是治天下很了不得，但是你喊他去打铁，他也不见得打得好。所以这就说明天地太广大了，“人犹有所憾”，任何一个人都有不足不能的地方，没有全人。

“故君子语大，天下莫能载焉；语小，天下莫能破焉。”“故”，所以。“语大”，“语”就是说的意思、形容的意思。语大，形容天下之大。“莫能载焉”，没有哪个（地方）把它覆载得起，那就是无穷大的意思。说大，无穷大。“语小”呢？形容小呢？“天下莫能破焉”，没有一个人说得出来小到什么程度，小到什么程度啊？小到不能够粉碎它，小到不能再分了。“语小，天下莫能破焉”，他是打的比方。至大无外，至小无内。至大无外者，平常也，无处不在，着眼就见。至小无内者，你根本察觉不到，看不到，这个是它的精微。这两句话，把平常和神奇都纳入天地、自然的道理当中。你要说它大，大得很，太平常了，一放眼就看到；你要说它小，看都看不到了，都不能再一分为二，无内了。这个是不是既至平至常，又至神至奇呢？

这一节主要是说明：中庸之道，又费又隐。任何一个事物既费又隐，都包含了平常和神奇两个意思在里头。

《诗》云：“鸢飞戾天，鱼跃于渊。”言其上下察也。①

“鸢［yuān］”，鸱［chī］鸟。“戾”者，到也，至也。鸢，飞到了天上；鱼儿，在池塘里头跳跃。

“言其上下察也。”“察”当成表现讲，“言”就是说明，“其”指鸢、鱼。“上下”，说明它们有在上的，有在下的表现。

---

① 《中庸恒解》卷上：“朱子曰：鸢，鸱类。察，著也。承上而又言道之易求。鸢之飞、鱼之跃，化机使然。道之昭著如斯，知其上下察，则体道者求诸吾身，未尝不与造化通也。”（《十三经恒解（笺解本）》卷之一，第 102 页。）

他举这个例子想说明什么问题？鸢，它不在池塘里面游，它只能在天上飞，这个是自然赋予的。鱼，之所以不能够上天去游，那（也）是上天赋予它的天性，只能在水里游。鸢在天上飞很自由，而且很自然；鱼在水里游也各得其所、自得其乐。上天赋予的天性让它在上它就在上，让它在下它就在下。这就暗暗告诉我们，作为人来说，你也要按照上天赋予你的人性去做，你该做什么就做什么，就是这个意思。该做什么？贯彻中庸之道！就是按照五性来处理五伦，这就是上天给你的，你不要去求神，就和鸢它只能在天上飞，鱼只能在水下游一样。“言其上下察也”，说它们上下的表现，那么人的表现是什么？就是我们前面说的，睁开眼睛就要处理五伦，你就按照五性去处理五伦，这就是你的表现。

鸢是该上就上，鱼是该下就下，叫作“各适其性”。各适其性，在人就是用仁义礼智信处理五伦，处理好了，你就恢复了性。所以不需要外求，因此《孟子·离娄上》说：“行有不得者皆反求诸己，其身正而天下归之。”到哪里去学神仙呢？今天到这个山去找神仙，明天到那个庙去找神仙。哪有那么多神仙？（还是要）反求诸己，把五伦处理好，你就在实行圣贤之道了。槐轩读了一些孔孟的书，后来野云老人给他一指点，就豁然开朗了。当然还需明师指点，他懂得一些，明师再给他一点，他就清楚了，圣贤的一系列观点他就懂了。

因此我们说，这就体现了君子之道的既费又隐。以前很小的时候听长辈说，平常即神奇，神奇即平常。后来慢慢读孔孟的书，就懂得了什么叫平常，什么叫神奇，什么叫作神奇寓于平常之中。不然的话，我们现在听到这些都还是(模)糊的，不具体。其实只要懂得一条，说起来也很简单：道在伦常。人一天到晚都在伦常当中活，你能够按照仁义礼智信去做，就是走的希圣希贤的道路，不要把圣贤看得那么稀奇。这个最后要落实到哪里呢？落实到人都有个天性，这个天性是谁给你的呀？是上天给你的，自然给你的。君子有天性，小人也有天性，只不过小人到了最后，越来越坏，完全失掉了本性，他就已经不是人了。君子，恰恰相反，就逐渐把后天对他的这些影响排除了，通过养心养气，逐渐恢复了先天给他的那个性，他就成了圣贤。人都有性，小人离性，君子复性，区别就在这里。

而复性的道路很具体，就是实践五伦，槐轩在《下学梯航》上称作“以三达德行五达道”。智仁勇三者，天下之大德也。所谓五达道，就是君臣、父子、兄弟、夫妇、朋友之交也。用三达德来行五达道，把这种大智大仁大勇实行到五伦当中。所以圣贤的路并不稀奇，既是至平至常也是至神至奇，不然讲那个至平至常、至神至奇就始终说不清楚。

君子之道，造端乎夫妇，及其至也，察乎天地。[①]

“造端”者，开始也，开始在夫妇。中庸之道，神不神奇呢？不神奇！这又在给你说，你不要去认为它神，“造端乎夫妇”，于夫妇就表现出来了，夫妇关系就是表现这个的最平常关系。这一句话是说费最平常。为什么是要说（开始于）夫妇而不说父子、兄弟呢？因为夫妇是人伦之始，没有夫妇，父子也没有了，兄弟也没有了。夫妇是人伦之始、万化之源，先有夫妇，然后才有父子，然后才有兄弟，所以是“造端乎夫妇”，中庸之道从夫妇本身就体现出来了。造端是开始，那么在君臣、父子、兄弟、朋友之间有没有表现呢？当然有表现了。但表现到夫妇之间，没有比它更平常的了。从关系上讲，这个是最平常的关系了。“造端乎夫妇”，这个是说它的平常，说它的费无所不在。

“及其至也，察乎天地。”“至”，不是那个极致的意思，就是我们前面说的，表现在万事万物当中。

第一个意思，“至”，是说中庸之道表现在万事万物当中，“察乎天地”，就是表现在整个宇宙中。这又在说什么呢？又说的是神奇！“造端乎夫妇”，范围小，关系也很简单，是最平常的，每一个人都要经历的。五伦，任何人都

---

① 《中庸恒解》卷上：“承上文而示人体道之实，即夫妇以概伦常日用。夫妇易见，天地难测，然夫妇人伦之始、万化之原，尽其道而天地可通，故言造端于此，而天地之理著也。”（《十三经恒解（笺解本）》卷之一，第 102 页。）

有，那是最平常不过的。但是“及其至也，察乎天地”，天地之间的万事万物都是神奇的，怎么不神奇呀？一株植物自然地就长出来了，慢慢它就开花结果了，你说它神不神奇呀？也是神奇的，就是这样一个小事情它都是神奇的。所以最后这一句就是进一步给你说，神奇和平常无处不在。

第二个意思，神奇寓于平常之中。今天，丢个豆子在土里，隔几天它就发芽了，这个是最平常的。丢个豆子在地下，再平常不过了，但过了几天，它就发芽了，就长藤了，又结豆子了，神不神奇？你要告诉我所以然，它又神奇了，所以至平至常即是至神至奇。

这一段到这就完了。前头我们说了，至神至奇即是至平至常。第二段“鸢飞戾天，鱼跃于渊”，（讲）反求诸已，你不要被神奇吓到，你就认认真真把五伦处理好，既做了平常的事情，其中又包含了不平常的结果，就有它的神奇之处。然后讲“鸢飞戾天”，每一个人都各行其道，按照你自已的（本性）去做就是了，你不要去听（别人）东讲西讲，应该和“鸢飞戾天，鱼跃于渊”一样。作为一个人，你就要当好人；作为一个人，你就要晓得保存天理良心；作为一个人，你就要讲宽仁厚德，这就是你要实行的中庸之道。最后一句就是“造端乎夫妇”，每一个人都可以做到，但是它既有平常的一面，也有神奇的一面。

所以，这一章主要的意思是言道之费隐，阐述中庸之道的费隐，所谓中庸之道的费隐就是既神奇又平常。

（这一章）第二个意思，指出了费隐体现于日用伦常之间，不要到处去求道，就把人伦上日用处好就是道，道就在伦常当中。

（这一章）第三个意思，是应该反求诸己，不要在其他地方去求道，你自己本身就有，你本身的所作所为只要合乎中庸之道就是道，还往哪里去求道？你自己家庭都没有搞好，经常闹矛盾，你说我在外面去求道，去找个老师，去找个和尚，找个道士，或者再去找这个那个，他给你解决得了吗？还是得你自己回来解决。道在伦常，自己回去按照仁义礼智信（的标准）去做，就会“夫妇和，无地起风波，鹿车鸿案共婆娑，纵使家贫乐趣多，螽斯麟趾歌”。这个是槐轩赞扬夫妇的一个词，夫妇和就“无地起风波，鹿车鸿案共婆娑”，关系处理得很好。“纵使家贫乐趣多”，就是饭吃不饱，但是都很安逸，都很舒服。“螽斯麟趾歌”，你后代也会有好处。

学习了《中庸》的第十二章，除第一章是总纲而外，第二章到第十二章，它们重点都是谈中庸之道的费隐，也就是谈中庸之道的平常和神奇，把这两个东西合成一个谈了。费和隐是我们理解中庸之道的核心或者说前提，看得过于神奇和过于平常都不是中庸之道。最后就落实到一个“中”字上，它包含了两方面的意义：一方面，它有费的方面，也就是平常的方面；另一方面，它也有隐的方面，也就是神奇的方面。费也好，隐也好，都是整个大道所包含的内容，偏重于一面都是错误的。

因此，槐轩在阐述中庸这一君子之道的核心问题时，就有一句话：至平至常即是至神至奇，至神至奇寓于至平至常之中。不要专门去求它的费，去求它的平常；也不能专门去求它的隐，去求它的神奇。任何偏重于一面，只求费而忽视隐，或者是只求隐而忽视费，都不是中庸之道。用槐轩的话，也是孔子的话来说，对费隐问题理解偏了就会出现过或者不及。过于强调隐，就是孔子所否定、所批判的，叫作过了；而过于强调费，也就是强调了平常的一面，就又很可能走向不及，就是不够。这都非中庸之道。

中庸之道既无过又无不及，因此，从《中庸》的第二章到第十二章，就是反复阐明费隐的关系，在阐明二者关系的同时，又批判了过和不及，这是我们学第二章到第十二章的核心所在。既然如此，如何来正确理解或者来实行中庸之道呢？第二章到第十二章当中，没有非常具体地讲到，但是提出了认识上解决“中”，实践上解决“伦常”的问题，概括起来，也就不外乎这么两点。

不要离开平常谈神奇，否则就会走到偏路上去；离开神奇来谈平常，也会走到偏路上去。一个是过，一个是不及。因此，理解中庸之道，在认识上首先就要认识费隐的关系，解决了费隐关系的问题，再来解决如何力行和实践中庸之道的问题，也就懂得了通过五伦来理解费隐的道理，也懂得了必须通过五伦来实践中庸之道的道理。大的方面，第二章到第十二章已经给我们提到了。

要能够真正了解大道，执行大道，必须通过日用伦常。如何具体通过日用伦常来了解和贯彻中庸之道，这就是从第十三章起要学习的内容。[①]

① 《中庸恒解》卷上："右第十二章。子思言道之费隐，而欲人实体之，以起下文八章之意。盖道本中庸，中庸费隐。此章以下乃言其实。"（《十三经恒解（笺解本）》卷之一，第 102 页。）

第十三章

前面已经指明了什么叫费，什么叫隐，解决了认识问题。同时，我们也清楚了，要实行并掌握中庸之道，就必须通过五伦，这是给我们指出的一条光明大道。但是，如何具体通过五伦来掌握和实行中庸之道，第十三章以下就重点给予了回答。

子曰："道不远人。人之为道而远人，不可以为道。"①

第一句正面讲："道不远人。"这个是一个观点。第二句："人之为道而远人，不可以为道。"是说假设你认为道（可以）远人，那就不是道了，那就是假的。一正一反两句话都是为了要说明一个问题："道不远人。"

① 《中庸恒解》卷上："此下乃言求道之方。不远人，道即天理，人之所以为人、为道，止自全其为人之理耳。"（《十三经恒解（笺解本）》卷之一，第 104 页。）

从字面上来看，所谓道就是指中庸之道，也就是孔孟的做人之道。远，既有远近的意义，而更重要的是它包含了一个引申的意义（离开）。道不远人者，道不离开人也，也就是道在你身上，还能向哪里去求道？反求诸身，在你自己身上去找，你本身就有道。因为槐轩讲先天和后天，是讲天道和人道，天道即是人道，人道就是天道，不要把天道和人道分成两个东西。

既然不能把天道和人道分成两个东西，为什么不是既有天道又有人道呢？这就有一个先天和后天的问题。先天，天道；后天，人道，而人在母腹中，得的也是天道。但是一生下来到后天，嗜欲纷而七情扰，天道就慢慢丧失了。那么要想成为圣人，要想得大道，就必须把丧失的那一些天道通过人道恢复过来。所以，复性学说说起来很简单，就这么一个简单的意思，也就是槐轩经常在他书上所说的，从后天返还先天，恢复到先天去。

为什么说“道不远人”呢？我们可以从孔孟的书上，从槐轩的书上举出许多例子。比如在槐轩的书上不止一次地谈到关于天道和人道关系的问题，槐轩说得很简单：天道者神奇也，人道者平常也；天道即人道，平常即神奇，平常即神奇就是天道即人道。就是当你怀着一颗赤子之心，脱离母体之前，（是）纯天道，没有人道。而当你脱离了母体到了后天以后，由于嗜欲纷七情扰，才出现了人道。不然天道和人道实际上是一个东西，神奇与平常实际上也是一个东西，是一个事情的两面，哪里去分什么叫天道，什么叫人道？你说什么叫天道，什么叫人道？用孔孟的话来说，天道是隐，人道是费。如果你一定要把两者区分开，你就只能这样来划。而费中就有隐，隐中就有费，所以天道也就是人道，一旦恢复了天性，人道也就是天道。①

槐轩经常在他书上提到："道者，天之理而人得之以为性。"意思就是天之理就叫道，人得到的那个性就是道，性就是道。再把它说得通俗一点，人性就是天道。因此槐轩在《豫诚堂家训》当中，第一句话就把最核心的问题点出来了："天理良心，人之所以为人。"人之所以为人就是因为他有天理，他保存了天理。天理表现到人身上就是那一颗良心，人之所以为人，成为好人，为圣为贤，就是他保存了天理，他具有一颗良心。这个是槐轩经常讲到的。正因为良心就是天理，天之理，而人得之以为性，这个性就是良心，良心就是天理。所以作为一个人，要真正为圣为贤，很简单，就是这么一句话，保存天理。所谓保存天理，就是保存你那一颗最善良的心。当你做了点不好的事情，我们现在都说：你还有没有点良心？这话说得非常对。在人为良心，在天为天理，你做错了，就是不合良心的，所谓不符合良心，也就是不符合天理。不符合良心、没有良心，就是没有天理。

光说这个良心，还是比较空的。良心者，善良之心也，或者最好的心也。什么叫好？什么叫坏？具体表现在哪些地方呢？所以槐轩就给我们指出了，良心的表现，天理的表现，也就是道的表现。（体现）在哪里？道在五伦，这个

---

① 《中庸恒解》卷上："道只是一理，人性即天理，君子体道则人天合矣，故以君子为道之实。费无乎不在，隐精微莫测，费无不隐，隐即在费，二字分析不得。"（《十三经恒解（笺解本）》卷之一，第103页。）

是非常重要的观点。槐轩在他的《蒙训》当中就有这么几句话："君臣尊卑别，父母即是天，兄弟如手足，夫妻要谐和，朋友忠信切。"五个关系他都写到了，最后一句总结："五伦果然敦，天地一气接。"假设我们把五伦的关系都处理好了，叫作"天地一气接"，天人合一，返还先天了。最后一句话归纳到尽人合天，尽人道使之合乎天道。

要做到尽人合天，槐轩是怎么样教人做的呢？他有一整套的方法，概而言之，就是槐轩书上经常提到的八个字："动静交修，本末交养。""动静交修"，就是静存动察。所谓静，就是槐轩说的存养心性；所谓察，就是察五伦实践伦常，也就是槐轩在《下学梯航》中说的："一念之起而是焉，扩充之可也；一念之起而非，必克治之于其几之动。"一念之私必克，一念之善则扩充之。通过动静交修、本末交养，来达到复性，就是槐轩一直强调的复性，恢复（天）性，就是这么一个意思。所谓复性就是恢复先天之性，恢复自然，（恢复）上天给你的那一颗最纯善的心。"五伦果然敦，天地一气接。"这是槐轩说的一个核心问题，讲先天、后天的核心问题，也是中庸之道的一个核心问题。《中庸》不要看它有那么多章，中庸之道说到结果就五个字：天道即人道。这是《中庸》的全部。

我曾经举过二程讲的一句话，学中庸就是"以去夫外诱之私，而充其本然之善"。"外诱之私"从哪里来的？你离开了母体，生到这个世界之上，外诱之私是无时无刻不来影响你的。那么中庸之道就是帮助你把外诱之私抵挡了，去掉了。去掉了外诱之私，自然使你的天理良心得到扩充。所以说，中庸的核心就是教你怎么做人，明确道就是天理，就是人的良心，中庸之道的核心也就是这个东西，不要把它看得过于神奇。

所谓“道不远人”这四个字很值得研究，就是在于道究竟是离人而存在呢，还是就在人身中？在历代的儒家学者中，对这个问题，有些人解决和明确了一点，但是不彻底，有些人则是根本把人道和天道相分离。槐轩最后用孔孟的正道指出了天道即人道。槐轩学习孔孟，我个人觉得他最大的贡献恐怕就是在这儿，所以“道不远人”这四个字包含了天道即人道这个意义在里头，不要把它看得很神奇。但是也不能看得过于平常，既要理解它的费，也要理解它的隐。如何恰当理解费隐和用起来最适中呢？这就是中庸之道给我们讲的这个“中”字。

第一句话理解了，第二句“人之为道而远人，不可以为道”，就很好理解（了）。为，当成寻求讲。你离开了人道去求天道的话，那就“不可以为道”，就算不上道了，你就找不到道了。一句话，既然天道即人道，你要求道，首先就从哪里开始？不要去外求，要从你本身开始，从你处理五伦关系开始。就这么简单。我们这个样子来理解的话，对于槐轩著作当中经常谈到的天道即人道，至神至奇即是至平至常，至神至奇即寓于至平至常当中，我们就懂得了。

至平至常莫过于处理五伦之间的关系，所有在座的人谁离得开？从你眼睛一睁开，就在处理五伦关系，离开了五伦能做什么？无事可做。所以刚才我们说，“道不远人”是正面下结论。下面就从反面来说，“人之为道而远人”，离开人，“不可以为道”，你找不到道了，就没有道了。两句话实际上是一个意思，从正反两面来讲的。

“道不远人。人之为道而远人，不可以为道。”这就是说明道是至平至常，没有提到、也没有谈到神奇。这一句话是有根据和针对性的，实际上是在批判高远。因为高远的论调，虽然表面上是在教人做人，用槐轩的话来说，实际上就是把人置于恍恍惚惚之中，把人弄得莫名其妙、云里雾里的。你也要求道，我也要求道，但是这个道究竟是什么？（有人便认为）道是高不可攀的。庄子就偏到这个上面来了。我父亲非常明确地在他的《学变图赞》当中指出，中庸，一个是批高远，一个是批切近，是有为而发、有感而发的。子思之所以写出这篇《中庸》是有针对性的。

“《诗》云：‘伐柯伐柯，其则不远。’执柯以伐柯，睨而视之，犹以为远。故君子以人治人，改而止。”①

先把“道不远人”的观点鲜明地提出来，然后子思就举例了，“《诗》云：‘伐柯伐柯，其则不远。’”“《诗》云”，就是《诗经》上说。因为《诗经》比起《易经》《书

---

① 《中庸恒解》卷上：“朱子曰：柯，斧柄。则，法也。车人为车，柯长三尺，博三寸，厚一寸有半。睨，邪视。视，正视。睨其手内之柯，而视其所伐之柯也。引《诗》而言所伐之柯，其则即在此柯，然其则犹远。惟道即人之所以为人，去非人之理以全乎为人，非强以身外之事，所谓不远人以为道也。”（《十三经恒解（笺解本）》卷之一，第105页。）

经》来说，要容易理解一些，尽管在《四书》当中，孔孟也举《礼记》《易经》《书经》为例，但是举得最多的是《诗经》，因为《诗经》是民间采风来的东西，比较通俗易懂又很说明问题，所以他经常以《诗经》举例。

“伐柯伐柯，其则不远。”“伐柯”，就是砍木头来做斧头的手柄。“其则”，就是（它的）法则。究竟要砍到什么样子才像那个手柄、那个规矩呢？“其则不远”，规则是不远的。做斧头手柄，它有一定的规矩，你要是把斧头手柄砍得这么粗（刘老用手势表示过粗）那就不成为斧头手柄，你把它砍得指头那么细也就不叫斧头手柄。它有一定的规矩，既要好拿，又要好用劲，那么只能是这样（刘老用手势表示合适粗细）。所以“其则不远”，就是指它的规矩，这把斧头手柄究竟多长、多宽、多粗，是圆的还是扁的，它有一定的规矩，这个叫“其则不远”。

举这个例子说明，道就在人，法则就在那个（人）本身。你砍木头制作斧头手柄的规矩是什么？规矩就在斧头手柄本身，举这个例子是用来证明“道不远人”的（道理）。

“执柯以伐柯。”“执柯”，拿着斧头手柄，去砍树做另一个斧头手柄。

“睨而视之，犹以为远。”“睨”，斜起眼睛看。“视”，正面地看。拿着斧头手柄，正面看它就是这个样子，斜起来看又是另外一个样子了。这是打的一个比方，也就是说，你去砍木头制作斧头手柄的时候，正面看有它的规矩，斜起来看，它又有不同的规矩了。

斧头手柄不是圆柱体，而是两边有点宽，中间是圆的。你从正面看，它有个规矩。你斜起来看，就只看到圆的了；正起来看，就只看到平的了，看的角度不同，它的规矩就有所不同，就是想说明这个意思。所以说“伐柯伐柯”，本来它的规矩是固定的，但是由于做这个斧头手柄的人，正起眼睛去看或斜起眼睛去看，规矩就不同了。

子思举这个例子想说明什么？说明你看的角度不同，法则都不同了。但是天道和人道，它们是不变的，不管你正眼看也好，斜眼看也好，天道就是人道，他就是想说明这个问题。做其他的事情，它的法则可能变，就像做斧头手柄那样，正起眼睛去看，斧头手柄不同；你斜起眼睛看，斧头手柄又不同，它的规矩不同。但是道，不管你正眼看，还是斜起眼睛看，道就是一个道，天道就是人道，没有不同。

正因为如此，所以下面就说了：“故君子以人治人，改而止。”这里子思主要就想说明这个问题，后来的人斜起眼睛看、正起眼睛看，觉得天道有两个法则，实际上它只有一个法则，而正是因为君子懂得了“伐柯伐柯，其则不远”的道理，所以君子以人来治人。怎么来求道？怎么来了解道？以人治人，以人道来治人。所谓以人道来治人者，即是以天道来治人，因为天道就是人道。再具体来说，以人道来治人，就是通过五伦来治人。因为光说天道又说玄了，什么叫天道？这个我们要转个弯，天道即人道，什么叫人道？人道贯穿在五伦当中，处理好五伦就是处理好人道，处理好了人道，即是符合天道。他意思就是这个东西。

所以君子，是以人来治人，而不是以天来治人。所谓“以人治人”就是以人道来治人，不要把天道和人道分成两个东西：你正眼看天道，斜眼看又不是天道了；这边正眼看是人道，斜眼一看，又不是人道了。这里举“《诗》云：‘伐柯伐柯，其则不远。执柯以伐柯，睨而视之，犹以为远’”，主要是想说明这个问题，实际上就这四个字：“其则不远。”天道即人道，因此，作为求道者来说，就是以人治人，以人道来治人，不要再去求天道了，因为天道即人道，是一个东西。

“以人治人，改而止。”以人治人，取得了成效了，别人也有所改正了。“而止”，停止了，不再下去追求什么？不再下去追求这个高远了。

有位余世兄，最近送了我一部书，我翻了一下，他思考这个问题的心得对我启发相当大。以前他学佛，藏传佛教也学，汉传佛教也学，还有南宗也学，北宗也学。当然我是外行，他就说了一大堆。而且道家他也学了很多，但是他看到儒家的书，就感觉一看就懂。子曰：“学而时习之。”好像这很容易懂。他觉得儒家的书、孔孟的书很浅显，他自己就在一篇文章中写了一些东西。他说：后来我才感觉到，佛家的经书当然是道理深刻，但儒家越学才觉得它的意思不浅，觉得越学越深了。说句老实话，佛家的经书以前我没学过，确实我看不懂。人家说《观音经》《心经》就是比较好懂的了，《观音经》《心经》我能背下来，但是我确实不懂它们的意思，看不懂。儒家的呢？大概从小读书，学“子曰：‘学而时习之’”，一看就觉得字面之上还是比较好懂，但是他里头所包含的东西，他的精微之处，却并不亚于道家的道经和佛家的佛经，他们（儒释道）三家归本溯源都是一个东西。

不要只从字面上去理解，而要从字面所包含的深刻意义上去理解。作为儒家，谈天道也好，谈人道也好，都是让你不要把它看得太深沉了，以人治人就是以天道来治人，并不稀奇。这个也就是谈道的至平至常，强调至平至常的一面。

这一小节举了《诗经》“伐柯”的例子说明要治人，要教育人返还先天，要教育人复性，只有这一条路。这一条路不要说玄了，就是从五伦当中来解决，就这么简单。

大家在学的时候是不是有这个感觉，好像这一段只强调了人道，但假设只强调人道，只强调费的话，那又不是孔孟之道，又不是三教的精微了。因为它不可能既说这又说那，只能先从人道说起，天道即人道。天道有费有隐，那么表现在人道上，同样有费有隐。我们后面还要学，不要慌（急）。谈到隐，只不过是先从人道说起，先强调人道。并不是不说天道，不是只说费而不说隐，这一点我们应该先要有个概念。这里既然是强调人道，我们就说人道，“以人治人，改而止”。以人道来教育人，人要改了，就停止了，就算完成了任务了。

怎样以人道治人呢？怎样以人治人呢？把以人治人这四个字说具体一点，它究竟是什么？不要空说，下面就来说具体的了。

“忠恕违道不远。施诸己而不愿，亦勿施于人。”①

“忠恕违道不远。施诸己而不愿，亦勿施于人。”这就具体就给你解释人道了。以人治人，人家有所改进就停止了，就成功了，就是以人治人、以天道治人道。那么什么叫作以人治人呢？“忠恕违道不远”，提出来“忠”“恕”两个字。什么叫忠恕？槐轩有个解释：“尽其天理之心而无妄曰忠。”就是说无论遇到什么事情，你都用天理良心去衡量，只要符合天理良心，就没有其他不正确的了，只有纯的天理良心，这个叫忠。我做这件事情，过得了良心，就是“尽其天理之心而无妄”，没有其他的，我做这件事情，没有一点自私自利之心，这个就叫忠。

什么叫恕呢？槐轩说：“推心度人而各得其情曰恕。”所谓“推心度人”，就是用你的心去想人家的心，我们现在叫换位思考，孔夫子讲的“己所不欲，勿施于人”，你都不喜欢的事情，你不要叫人家去做。尺子是什么？你都觉得（逮蛇）这个事情做起来烫手，你却来叫人家逮蛇呀？（众笑）“己所不欲，勿施于人”，这个就是恕道，所谓推己及人之道。

“忠恕违道不远”，忠恕之道去道不远了。为什么说它不

① 《中庸恒解》卷上：“尽其天理之心而无妄曰忠，推心度人而各得其情曰恕。以是为道，则去道不远。下二句解忠恕之义，言为道必本于忠恕也。”（《十三经恒解（笺解本）》卷之一，第105页。）

远呢？下面一句就来具体解释："施诸己而不愿，亦勿施于人。"这个就是忠恕之道。施是施加的意思，施加给自己，你自己都不干，你叫人家干。施诸己而不愿，你就亦勿施于人。这个事情做起来烫手，我不敢去做，我不愿意做，你去做，这个是什么忠恕之道啊？这不是整人吗？子贡有一句话，非常明白地解释忠恕之道："我不欲人之加诸我也，吾亦欲无加诸人。"我不喜欢别人施加给我的，我也不要把这个施加给别人。这一句就是忠恕之道。[①]

天道即人道，人道的第一个问题是什么？（是）忠恕。那么恐怕我们有同学就说，以前不是说了，所谓人道者就是五伦吗？就在五伦当中去实行，怎么这又说是忠恕了呢？五伦是指的你的对象，而忠恕是指的你的本心、你的出发点。这两个是不同的概念，就是说要把五伦处理好的话，你还是首先要有个忠恕之心作为根本，不晓得我这个话说清楚没有。所以不是说的两个事情，尽人道的范围是指君臣、父子、兄弟、夫妇、朋友五伦，而你所怀的心、所抱的主旨应该就是忠恕之道。

这个很难做到。记得在《四书》上，子贡有一次去向孔子求教，子贡说："我不欲人之加诸我也，吾亦欲无加诸人"，这就是忠恕之道吧？孔子说："赐也，非尔所及也。""赐"是端木赐，子贡的名字。孔子就说：子贡啊，"非尔所

---

① 《中庸恒解》卷上："曾子之言曰：夫子之道，忠恕而已矣。此章云忠恕违道不远。"（《十三经恒解（笺解本）》卷之一，第 105 页。）

及也”，虽然你说得对，但根据你现在的表现，你还做不到！确实，你要在五伦当中去实现中庸之道，实现复性，你就必须首先要解决这个问题，要踏踏实实把“忠恕之道”作为第一个基础。也就是说，天道即人道，你要实行中庸之道，第一个要解决的问题就是忠恕问题。

“君子之道四，丘未能一焉：所求乎子以事父，未能也；所求乎臣以事君，未能也；所求乎弟以事兄，未能也；所求乎朋友先施之，未能也。庸德之行，庸言之谨，有所不足，不敢不勉，有余不敢尽。言顾行，行顾言，君子胡不慥慥耳。”①

孔子用很谦逊的语调，以自己的所作所为来解释君子之道。孔子所举中庸之道的四条，正是五伦当中的四伦：一个是父子，“所求乎子以事父，未能也”，父子关系；第二句，“所求乎臣以事君，未能也”，君臣关系；“所求乎弟以事兄，未能也”，兄弟关系；“所求乎朋友先施之，未能也”，朋友关系。

---

① 《中庸恒解》卷上：“忠恕必本慥慥以行，夫子自谦之词，子思引以为法。子、臣、弟、友，即四端以例其余。未能忠恕，有歉也。庸德以下乃推开言君子体道之实，一气赶住末句。率于性，故曰庸行。全其德也，言以明德谨慎其几也。凡庸德、庸言皆如此，而常见为不足，弗逞其有余。要使言行相顾无少懈，纵君子亦何处不慥慥也，勉人务为慥慥。慥慥，朴诚意。”（《十三经恒解（笺解本）》卷之一，第105页。）

五伦当中他就举了四伦，为什么五伦缺一伦呢？是不是夫妇关系不属于这个呢？不是！“所求乎子”，是要求什么呢？所要求的是儿子，他就把自己放到儿子的地位来比较。他说，一般人所求乎子的，对象当然是父亲。那么所求乎子按照五伦的关系来讲，儿子对待父亲应该是孝。所求乎子，他没有说出来所求就是孝。“所求乎子以事父，未能也”，因为侍奉我的父亲，我都没有做到。这句话的意思是什么？要讲孝的话，我孔仲尼还没有做到，是非常谦虚的话。

“所求乎臣以事君，未能也。”按照做臣子的要求侍奉君上，我没有做到。孔子把自己放到什么位子上在说呢？一个是当儿子，一个是当臣子，你把这两句搞懂了，你就晓得为什么五伦当中他只说四伦。缺了哪一伦？所求乎妻以事夫，未能也，就应该是这样子的。那五伦就齐了，五伦齐倒是齐了，但孔子把自己当成妻（了）呀！（众笑）所以五伦只有缺一伦。因为孔夫子他是男的，他不是妻，他也没有夫，所以他只能说四伦，实际上还是包含了五伦。

“所求乎弟以事兄，未能也。”事兄我还没有做到兄友弟恭。兄友弟恭是《四书》上的，未能也，没有做到。

“所求乎朋友先施之，未能也。”“先施”，先做到。与朋友的关系，要讲信，你是我的朋友，我先要对你做到信，而不是先要求别人做到信。他为什么不说以施友未能也呢？因为友不存在施的问题，友是互相的、平等的，不像臣对君、子对父、弟对兄。那么朋友之间的关系，就不仅要讲信，而且还要讲个“先施”。我先对人家讲信，所以有个“先施”。

这四句话说明一个什么问题呢？就是说，要实行中庸之道（应把五伦关系处理好），忠恕之道具体表现在五伦当中。五伦当中孔子说了四伦：对于父要孝，对于君要忠，对于哥哥要恭，对于朋友呢？要先施行。请注意先施行，不是你对我施行我才对你施行，而要先施行。所谓“先施”这两个字很重要，因为朋友一般来说是平等的，假若你对我信，我才对你信，那便坏了！要先施，你先对朋友讲信。

这几句话，表面上是孔子非常谦虚的话，实际上给我们指出来忠恕之道具体施行的对象是五伦。那么我要施行中庸之道，光是这一点还不够，这只是把对象搞清楚了。对象就是五伦，父子、兄弟、夫妇、朋友、君臣这五伦，但是对于你个人还有什么要求没有呢？还有。这个要求就是：“庸德之行，庸言之谨，有所不足，不敢不勉，有余不敢尽。”

先说“庸德之行”，“庸”者，平常也，平常间。“德之行”，“德”是指内在的东西。所谓“德”就是我懂得一个道理，能成诸于心，我学到一个好的，要把它搁到我心里头，不是马马虎虎看了就了事，这个是你内在的德。平时，你得到的这个德、这个好东西，要“之行”，你要把它表现出来，你要实施出来。这句话的意思就是，你要把你所得到的好东西，施诸于五伦，把它应用起来。对父孝，对君忠，对兄恭，对于朋友要先施。你已经懂得了这个东西，就是你有德了，但你这种德不要光是学到就行了，而要实行，要表现出来，要实践，不要只是理论上学到就了事。

“庸言之谨”，“庸言”，你所懂得的道理，平时你懂得的言就是道理。“之谨”，要注意什么？注意谨慎，不要随便说。你所得到的德要行，你所得到的言你要谨慎，不要随便乱说，就是这个意思。

“有所不足，不敢不勉。”“有所不足”，所谓“不足”就是没有做到的，没有做够的，就“不敢不勉”。两个“不”字叫作否定加否定，就是肯定，不敢不勉就是一定要鼓劲，勉是鼓劲，一定要鼓劲做到。

这三句话的意思就是，你已经得于心的德，要把它施诸于人。你已经懂得的道理，你在说的时候，一定要谨慎。所谓要谨慎者，既不要过，也不要不及，这个就是中庸，即所谓谨言慎行。“有所不足”，你自己感觉不够的，“不敢不勉”，你就鼓劲去勉力做到，把那个不足的做到。

那么“有余”呢？有余就是了解得很多了。“不敢尽”，不能够随便一下说完。这句话要解释一下，什么叫“有所不足，不敢不勉”。从字面之上看，做的、了解得不够的，我就要勉励去做够；没有了解透彻的，我尽量了解透彻。什么叫“有余不敢尽”呢？就是过于了，过于了就不敢尽，就不能够一下就说出来，把自己理解的、把自己悟到的，都当成中庸之道了，这就不是“有余不敢尽”，而成了有余尽，就会导致只讲神奇，就会走到那条路上去。有所不足却不勉的话，就会走到不足的那个路上去，走到平凡的那个路上去。“有所不足，不敢不勉”是说，你没有做够的，你要努力去做，要努力地了解学习。“有余不敢尽”，是指你已经了解够了而且越说越神了的那些东西，要“不敢尽”，你不要随便乱说。

“有所不足，不敢不勉”，解决平凡的问题，免得犯平凡的错误，就是犯“不及”的错误。而“有余不敢尽”，是避免犯“过”的错误。我们前面说了，要解决两个东西，一个解决过，一个解决不及。“有所不足，不敢不勉”，就是解决不及的问题；“有余不敢尽”，就是解决过的问题，中庸之道就要解决过和不及的问题。

“言顾行，行顾言。”“顾”者，要一体也。你说的话要与你做的事情互相照应，不能说一套做一套，就是这个意思。“行顾言”，你所做的事情，要与你说的话一致。

“庸德之行，庸言之谨，有所不足，不敢不勉，有余不敢尽”，是要解决过和不及的问题；“言顾行，行顾言”，是要解决言行一致的问题。要解决这两个问题，孔子就说：“君子胡不慥慥尔。”“胡”，怎么能。作为君子来说，怎么能够不“慥慥”呢？什么叫作慥慥？慥慥的意思是不虚不假的意思，是朴实、真诚的意思，这是槐轩的解释。朴实者，踏踏实实也；真诚者，不虚假也。慥慥就包含了这么两个意思。那么孔子就说，要做到“庸德之行，庸言之谨，有所不足，不敢不勉，有余不敢尽”和“言顾行，行顾言”这两条的话，就必须要用真诚的态度、朴朴实实的心，来实行它、来保证它。不是光说不做，光说不做就成了言不顾行，行不顾言，光说不做就成了随便说，也不管庸言之谨了。假设不能够慥慥的话，他得到的东西，或者不说出来，即使说出来了，也不是真诚地对待别人，说的都是假的。所以，这一段就强调必须要以朴实的、忠诚的行为和态度来实行忠恕之道。①

从孔子的这一段话来看，最后还是要落实到忠恕之道，并不玄，只不过就是要求你在五伦当中事君也好、事父也好、事兄也好、交朋友也好，做到那几条就对了。这个就是忠恕之道，不要把它说玄了。还有，做到“庸德之行，庸言之谨，有所不足，不敢不勉，有余不敢尽”，这个也是很平常的，大家鼓劲都做得到的。而“言顾行，行顾言”，言行要一致，这个也是人人（可以）做得到的，是极其平常的。所以德、行的前面，都加一个庸字，庸是很平常的，大家都做得到的，并不神奇。

这一节，指出了君子之道首先要实行忠恕，这个是我们前头强调的第一条。君子之道也就是中庸之道，首先要端正态度，这个态度就是以忠恕之道来行之。所以为什么孔子说“吾道一以贯之”，曾子就听懂了。其他的门人说：孔子说的吾道一以贯之，这个道是什么？曾子说：“夫子之道，忠恕而已。”忠恕就是在五伦当中实行中庸之道的最根本的一条。

---

① 《中庸恒解》卷上：“庸德、庸言，讲家以子、臣、弟、友说亦是，而语反挂漏，不如推开说，义尤周匝，而四者自在其中。盖夫子之意，亦就四者明道之难尽，非谓庸德庸言尽于四者。德言曰庸，以其为率性之理。德，实有诸身意；言，宣露于外意；行字作平声读；对谨字，言一一实践，非徒言也。下二行字乃读仄声，盖在在慎其言行，不敢以为能也。二句已有顾字意，下二句始承明之，通节神理赶住末句。夫子拟君子慥慥之心，言己不能然，子思引之，则欲人如君子之慥慥以为道也。”（《十三经恒解（笺解本）》卷之一，第106页。）

这是第十三章，我们小结一下：首先提出求道必须以忠恕体之，以忠恕来体现道。所谓“道不远人”，在五伦当中你能够运用忠恕这两个字解决问题，你就解决了首要的问题。那么是不是只用一个忠恕来行中庸之道，就算得道了呢？是不是在五伦当中，以忠恕来行道，就算得道了呢？应该是这样子的，不然孔子怎么说“吾道一以贯之”呢？不要说得那么玄乎，就是“夫子之道，忠恕而已”。所谓“夫子之道”，也就是中庸之道，孔子之道也就是中庸之道。那么是不是懂得了以忠恕之道来求道、来实行道，就算是得道了呢？当然，只有这个还不够。[①]

① 《中庸恒解》卷上：“右第十三章。承上而言道不远人，欲人以忠恕体道，慥慥而几之。”（《十三经恒解（笺解本）》卷之一，第105页。）

第十四章

孔子在第十四章，进一步给我们指出了另一方面的问题。

君子素其位而行，不愿乎其外。[①]

上一段已经讲了，要以忠恕之心来体道行道，那么除此而外，还有什么要求呢？孔子又讲了："君子素其位而行，不愿乎其外。""素"，平常的意思。这里把"素"字作动词用，意为处于平常。

在文言当中，凡是名词、形容词动用的时候，它后面就要带名词，这是文言的规律。"素其位"，就是处于平常的地

① 《中庸恒解》卷上："承上而言君子之慥慥不外反求，而先言素位，无外愿也。人各有位，尽其所当为而无暇外慕，所以为慥慥。素，所常为也。"（《十三经恒解（笺解本）》卷之一，第 106 页。）

位。“君子素其位而行”，他平时做好本职工作；“不愿乎其外”，不愿意做他本职工作以外的事情。

这句话是什么意思呢？我们先看底下几个例子，就懂得它的意义在哪里了。

素富贵，行乎富贵；素贫贱，行乎贫贱；素夷狄，行乎夷狄；素患难，行乎患难，君子无入而不自得焉。[①]

“素富贵，行乎富贵。”假如你处于富贵的地位，那么处事就（应）按照富贵所要求的来做。什么叫“素富贵，行乎富贵”？那就是说你当官，或者你很有钱，你就去做当官的事情，去做大老板的事情。这个就叫中庸吗？恐怕这个话不对。我们曾经说过，《中庸》这一部书岭断云连，要把孔子的有些教导联系起来理解。离开了孔子教人做人的根本观点，有些话你不懂，你就不晓得他说的这个话指的是什么意思。那么这一句话到哪里去找呢？你去《论语》上去找，你在《礼记》上去找，或在《四书》《五经》其他地方去找，都找不到的。但是有一条你找得到，叫作“富贵不能淫”（《孟子·滕文公下》），这是孟老先生说的，不要认为你处在富贵中就（可以）为所欲为。“淫”者，过也，过

① 《中庸恒解》卷上：“申明素位之意，即富贵四者以该安危顺逆之遇。随其所值，皆能行其道而无愧，非全德不能也。”（《十三经恒解（笺解本）》卷之一，第106页。）

于了。

“素贫贱，行乎贫贱。”孟子又说，“贫贱不能移”。（即使）你处于贫贱的地位，你的志向也不要改变。你看颜子，“一箪食，一瓢饮，在陋巷，人不堪其忧，回也不改其乐”。我们前面学的，颜子“得一善，则拳拳服膺而弗失之矣”，所谓移者就是改变，改变什么？改变你的志向。孟子讲，第一，富贵不能淫；第二，贫贱不能移；第三，威武不能屈，此之为大丈夫，这个是有根据的。那么这里就是那个意思，“素其位而行，不愿乎其外”，就是说当你处于富贵的时候，你不要淫，不要把事情做过了，你有钱有势，但你不要想做什么就做什么。“贫贱不能移”，贫贱不能改变你的志向，就要像颜子一样“素贫贱，行乎贫贱”。你处在那个地位，你就做那个位置应该做的事情。

“素夷狄，行乎夷狄。”同样是这个意思。你在夷狄当中，你就要行乎夷狄。你跑到偏远地方去，与人家风俗习惯不同，那就要按照人家的风俗习惯行事。

“素患难，行乎患难。”处于患难之中，你就要处患难而不惊。那就要像我们前面学的“国有道，不变塞焉，强哉矫。国无道，至死不变，强哉矫”（那样），坚持自己的理想，坚持自己的志愿。

所谓“素其位而行，不愿乎其外”，就是你不要去考虑你本身应该做的以外的事情，你不要去胡思乱想，就是这个意思。

“君子无入而不自得焉。”为什么君子能够做到呢？因为君子做得到“富贵不能淫，贫贱不能移，威武不能屈”；做得到“得一善，则拳拳服膺而弗失之矣”；做得到“国有道，不变塞焉，强哉矫。国无道，至死不变，强哉矫”，所以君子是“无入而不自得”。只要入了，只要去做了这个事情，他就心甘情愿地按照中庸之道认认真真地做下去，所以就叫作“无入而不自得”。入就自得，没有入了不自得的情况。“无入而不自得”，“无”字是否定词，“不”字是否定词，就是入而自得。“无入而不自得”，就是再次强调，没有什么事情是他不认真去做的。

在上位不陵下，在下位不援上，正己而不求于人则无怨。上不怨天，下不尤人。[①]

那么具体而言，什么叫作“无入而不自得”呢？什么叫作“素其位而行，不愿乎其外”呢？首先做到“在上位不陵下”，“陵”是欺骗、欺凌、欺负。所谓欺负，就是我是县长，我底下的局长，可以随便骂；我是科长，就可以随便骂科员。在“上位不陵下”，不欺凌你底下的人，这个也叫作“素其位而行，不愿乎其外”，大家平等对待彼此。

“在下位不援上。”“援”，攀援、巴结。你处在下位，不

① 《中庸恒解》卷上：“又明不愿乎外之意。陵下、援上，皆由己不正而求人者也。君子不然，故无怨。无怨人敬服，不怨益畏慎。尤，犹责也。”（《十三经恒解（笺解本）》卷之一，第 106 页。）

要去巴结你的上司。科员不要去巴结科长，局长不要去巴结其上的领导。

“正己而不求于人则无怨。”为什么能够做到“素其位而行”？关键就在这里。君子如何实现“无入而不自得”呢？因为自己能够做到“正己而不求于人”。

所谓“正己”，就是“反求诸己”，遇到事情首先检查自己，不求外人。所谓“而不求于人”是先正己，先要求自己，不是指不求别人帮忙，而是指不去要求别人做到。这句话很重要，一晃就过了，以为很容易理解——我自己很正派，我就不求任何人的帮助——不是这个意思。而是我先要求自己，而不是先要求别人，“正己而不求于人”，是极端典型的恕，反求诸己嘛！“正己而不求于人”，应该把它解释为，遇到事情首先不是考虑自己的利害，而是我要求别人做到的，反问我自己愿不愿意做到，我都不愿意做就不要要求别人做，这是反求诸己。这一点请大家特别注意。

“上不怨天，下不尤人。”正因为君子做到了任何事情都反求诸己，任何事情都以忠恕之道来对待，因此，他不会怨天尤人。《太上感应篇》上有一句，指出一个很大的过错，叫作怨天尤人，一个事情做不好，就怪天怪地。要做到上不怨天、下不尤人，忠恕之道就算是学懂了。所以“正己而不求于人则无怨”，他就没有怨恨了。自己遇到不好的事情：哎呀，这个上天怎么了？天呀，（光知道）喊天，你怎么不首先想想自己？你只说遇到不顺和灾难，你想想自己做得怎么样呢？你怎么怪得到天呢？

正因为君子实行了忠恕之道，就能够做到“素其位而行”，就能够做到“上不怨天，下不尤人”，就能够做到“在上位不陵下，在下位不援上，正己而不求于人”。说了这么多，从“素其位而行”一直到“上不怨天，下不尤人”都是在说什么呢？自己不论处在什么地位，都要用忠恕之道来做人。上一节只说对父亲怎样、对君怎样、对兄弟怎样、或者对臣子怎样，说了一大堆只说了对象，这里就说了你与对象的关系，进一步提出了什么叫忠恕之道。“素其位而行，不愿乎其外。正己而不求于人，上不怨天，下不尤人”——这就是忠恕之道。首先检查自己，就是我们现在说的，一件事情没做好的时候，你首先检查自己，所以“上不怨天，下不尤人”，这个就是“正己而不求于人”，也就是忠恕之道。

故君子居易以俟命，小人行险以徼幸。[①]

“故君子居易以俟命，小人行险以徼幸”，列举君子与小人不同的态度，并进一步指出，对于忠恕之道，君子就实行，小人就不实行。“居”，处。“易”，平和。经常处于平心静气当中，叫作“居易”。“以俟命”，“俟”是等待顺应的意思，要顺应天命，不要去胡思乱想，不要去想自己不应该做的事，或者不应该得到的东西。也就是前面所说的，要像

① 《中庸恒解》卷上：“承上而结言之。以理为安，所居皆顺易，而成败不计；徇欲为乐，所行皆险阻，而徼幸成功。君子之心非小人所可拟也。”（《十三经恒解（笺解本）》卷之一，第 106 页。）

颜子一样，要像所有的君子一样，能够顺应天理。小人就不行，小人就“行险以徼幸”，“徼幸”就是不应该得到的东西，他希望一下就得到；“行险”就是胆大妄为，不该做的事情敢去做。

所谓“居易以俟命”，就是“素其位而行，不愿乎其外”，不是自己的不要乱想，而是有什么事情首先检查自己，这个就是君子的态度。小人就不同，就是行险，胆大妄为，希望能够徼幸得到某种成功，这就是“行险以徼幸”。

子曰：“射有似乎君子。失诸正鹄，反求诸其身。”[①]

最后，子思引孔子的话来说：“射有似乎君子。失诸正鹄（鹄，音［gǔ］，靶子的中心），反求诸其身。”孔子曾经说过，射箭就有点像君子之道。射箭之道怎么像君子之道呢？当你去射箭，一下射准了，当然你很高兴，说明你技术很好。

什么叫“失诸正鹄”？就是没有射正，“正”和“鹄”都是那个箭靶子。“失诸正鹄”，是失误了。失误到哪里？箭没有射中靶心。这个时候，射箭的人一般不会说：你那个靶子放歪了、放远了。他都要说：唉，我的技术不过硬，我还

---

① 《中庸恒解》卷上：“正、鹄，皆鸟名。画布皮为侯，侯中画正、鹄以为的。大射张皮侯而设鹄，宾射张布侯而设正。上文详言君子，而此引子言以明之，欲人反求诸身，则可以体中庸矣。”（《十三经恒解（笺解本）》卷之一，第107页。）

要操练，恐怕天天还要去多操练几下，慢慢我就能射正了。

孔子举这个例子说明，人家射箭失诸正鹄都要反求诸其身，都要反躬自责，都要问自己，把责任归到自己。作为君子，你来处理事情，你连射箭的都不如吗？意思就是说，你要做君子，首先就要学射箭的那个人，射箭没有射准，他当时的想法是“反求诸其身”，这几个字就是结论。“反求诸其身”是什么？（是）忠恕之道，也是中。首先想自己，想自己不是遇到什么事情你都想自己的利益，而是想自己的缺点，不是想自己的优点。反求诸身，这个是忠恕之道的核心。因此，从“君子素其位而行”这一段来看，它的整个意思最后就落实到“反求诸其身”（上面）。

这里我们再进一步把第十四章细细地分析一下，可以这样说，“君子素其位而行，不愿乎其外”，这一句话是总说。

“素富贵，行乎富贵；素贫贱，行乎贫贱；素夷狄，行乎夷狄；素患难，行乎患难。君子无入而不自得焉。”这几句话（是）具体解释“素其位而行”（的）。我就按照我所处的地位来做事情，做到富贵不能淫，贫贱不能移，威武不能屈，我在夷狄当中就要按照人家夷狄的风俗习惯处事，我处在患难当中的时候也不要影响（自己）求道的真诚，等等。

“在上位不陵下，在下位不援上，正己而不求于人则无怨。上不怨天，下不尤人。故君子居易以俟命，小人行险以徼幸。”这几句，就（是）具体解说“不愿乎其外”。

最后一句“子曰：射有似乎君子。失诸正鹄，反求诸其身”，点明这一章总的意思：反求诸身。

因此，第十三章我们可以这样来归纳：道不远人，以忠恕体之。中心就是要以忠恕来体之。君子之道，之所以说不远人，不远人是什么呢？就是利用忠恕来实现它。

第十四章仍然是在说道不远人，只不过说的是“道不远人”的第二条。第一条是刚才说的要以忠恕来体道，不远人，那第二条，也就是从自己做起。这两章，一个是从忠恕做起，一个是从自己做起（反求诸身）。

第十五章“君子之道，辟如行远必自迩，辟如登高必自卑”这一段，今天看起来说不了了，但是我先把它的结论说一下。这一段就是说的道不远人，从家庭做起。串起来说，怎么才做到道不远人？第一，以忠恕之道行之；第二，从自己做起；第三，从家庭做起。你看这个是不是平常而又不平常？总体讲来一句话：道不远人者，即言其至平至常也。①

① 《中庸恒解》卷上：“承上章而言慥慥之实，凡事反求诸己，无愧于其位，中之道而已。”（《十三经恒解（笺解本）》卷之一，第107页。）

第十五章

《中庸》从第十三章起，给我们具体地指明了学习、践行中庸之道的方向、道路。第十三章提出以忠恕体道，所谓以忠恕体道就是用朴实而不虚、真诚而不假的态度，来实行中庸之道，也就是君子之道。落实到两个字上，就是忠恕。

如何来体道，如何来行道呢？第十四章又给我们提出了另一个问题，就是从自己做起，反求诸己。举了“射有似乎君子。失诸正鹄，反求诸其身”的例子，就与射箭一样，你没有射到靶心，不要去怪靶心不正，也不要怪箭弓不好，只有反求诸身，找原因要从自己身上下手，严格要求自己。

第十三章指出，体忠恕之道，要慥慥，“君子胡不慥慥尔”，踏踏实实地去搞。除了以忠恕之道行事而外，第十四章就说要从自己做起，提出了一个反求诸己的问题，第十五章又提了什么问题呢？仍然是谈君子之道。

君子之道，辟如行远必自迩，辟如登高必自卑。《诗》曰：“妻子好合，如鼓瑟琴。兄弟既翕，和乐且耽。宜尔室家，乐尔妻帑。”子曰：“父母其顺矣乎。”①

“辟如行远必自迩”，你要走向远方，你一定要“自迩”，“自”是从，“迩”是近。你要到远方去，必须从近的地方开始。“辟如登高必自卑”，也是打比方，你要登高，一定要从低处慢慢往上走。

“《诗》曰：‘妻子好合，如鼓瑟琴。’”这是《诗经·小雅》里面的句子。“妻子”，是指妻和子，不是我们现在说的妻子，文言都是单音字。“妻”，自己的爱人。“子”，儿女。妻和子好合，“好”是愉快的意思，“合”是和睦的意思。与自己的妻和子相处都很和睦，就是“妻子好合”，好到什么程度呢？“如鼓瑟琴”，这是一个比喻。瑟是琴的一种，琴一般是七弦，瑟一般称为锦瑟，有五十弦。“鼓”是弹（的意思）。与妻子关系很好、很和睦，就像在弹琴瑟一样，琴瑟必须要配得很好才好听。如鼓瑟琴，这个音调听起来非常悦耳，非常好听。这就像是与爱人和子女的关系一样，那么和谐。

---

① 《中庸恒解》卷上：“此乃正言为道不远人之故，以起下文诚字。卑、迩，道不远也。登自卑，行自迩，不远人以为道也。莫卑于妻子，莫迩于兄弟，而能尽其道，父母即顺。顺，心安而亲爱之也。瑟琴和而得其正，既翕相亲而同志和乐，且耽久而弥笃也。”（《十三经恒解（笺解本）》卷之一，第107页。）

“兄弟既翕，和乐且耽。”五伦当中第一个说妻子，第二个就说兄弟。兄弟之间是个什么关系呢？兄弟之间应该是亲密无间的，不是整天吵架打架，而是非常和谐的。所谓“既翕”，“翕”就是和气的意思。谐和者，二而一也。和就是两个事物合成一个，就称为谐。兄弟是骨肉之恩，虽然是两个身子，但都是父母所生，这两个身子就跟一个身子一样，这个也称为谐。他们和到一起分不开了，是血肉关系。“兄弟既翕”，“既”者，已经也，指兄弟间亲密无间的关系。

“和乐且耽。”“和”，和睦的意思。“乐”，快乐的意思。“且耽”，“耽”字当成“很”字讲，当成“甚至”讲。“且耽”，不单是和气，不单是相互处得快乐，而且和气、快乐得很。“和乐且耽”，就是快乐到了极点了，和气到了极点了。这一句第一个说妻子“如鼓瑟琴”，第二个是说兄弟“和乐且耽”，这样的话家庭就和睦。

所以第三句就是：“宜尔室家，乐尔妻帑。”“宜”，很和气的意思。相宜，就是没有矛盾，有矛盾就不宜了，宜就是无矛盾。“宜尔室家”，严格说起来，夫妇所居谓之室，父子兄弟所居谓之家，家比室大。所谓“室家”指整个家庭，处理好了夫妻关系，处理好了兄弟关系，家就和了。“宜尔室家”，“尔”者，你也，就使你的整个家庭都很和睦了。

“乐尔妻帑”，你的妻子、儿女都快乐了，一家人快快乐乐的、和和顺顺的，这是对“妻子好合，如鼓瑟琴。兄弟既翕，和乐且耽”这两句的一个总说。

那么宜家是不是只有这点呢？不只！后面又引了孔子的

一句话："子曰：'父母其顺矣乎。'"那么作为这个家庭的尊长——父母来说，你的兄弟关系处好了，夫妇关系处好了，父子关系也处好了，当然对于你的父母就是顺了，没有矛盾了。父母代表整个家庭，整个家庭包括三伦当中的父子关系、夫妇关系、兄弟关系，这些都很和顺了，顺还有和的意思。

现在我们进一步来体会他的意思，为什么第十五章要谈家庭。前面第十三章说，实行君子之道要以忠恕来体之，而且还要"慥慥尔"，要坚持用忠恕以实现君子之道；第十四章就具体展开了，具体到首先从自己做起，"失诸正鹄，反求诸其身"，首先要求你自己，假如你处理不好家庭关系，首先要自责，反求诸身。那么第十五章扩大了，扩大到不但要做好自己，而且要处好家庭关系。请大家注意，"所谓妻子好合，如鼓瑟琴。兄弟既翕，和乐且耽"以及后面的"父母其顺"，是在对谁讲呢？主体还是自己，从自己来说才有兄弟，才有妻子，才有父母，说到最后还是落实到自己（身上）。（需要）严格要求谁？不是要求父母，不是要求妻子，不是要求兄弟，首先还是要求自己！

所以，第十三章、第十四章、第十五章的落脚点都在自己。要从自己做起，所以这三章我（自己）是核心。谁的父母？我的父母。谁的妻子？我的妻子。谁的兄弟？我的兄弟。最后都严格落实到"道不远人"，你要求道首先是从自己求。你在家庭当中不能要求父母，不能要求兄弟姐妹，不能要求妻和子。所以这三章都是以谁为教育对象呢？我自己。当然，孔孟之道教人的落脚点也在己，没有己就没有人。所以成己成人是先成己、后成人，槐轩把这一点说得非常清楚。不管任何事情，首先反求诸己，一切要求自己，不要拿圣人之道来要求别人，首先要求自己。

这一章，我们既然都说清楚了它字面之上的意义以及它的核心在于自己，那么它与“道不远人”的关系又在哪里呢？这一点很重要。为什么有这一个第十五章呢？就是告诉我们“道不远人”是容易做到的，所谓“道不远人”，就是不要把道看得不得了、了不得，其实是人人都可以做的。这就是槐轩经常强调的，人人都可以为尧舜，人人都有一颗仁心。关键在于你本人，你如何来理解这个道，如何来实行这个道，不要把道看得太玄乎，你用忠恕之道要求自己，从家庭做起。

所以第十三章、第十四章、第十五章，我们可能要从它们之间的关系去理解了。第一，从总的来说，要有忠恕之道，所谓忠恕之道就是天理；第二，谈严格要求自己，从要求自己开始；第三，谈家庭，也要从自己出发。这三点都是谈的严格要求自己，体现了成己成人的真意。

所以，第十五章以“辟如行远必自迩，辟如登高必自卑”打个比方，一步一步地走，先从自己，然后到家庭，这完全符合《大学》中修身、齐家的道理。你说《大学》上讲的格物、致知、诚意、正心、修身，都是从自己做起，从格物、致知、诚意、正心到修身，修身是中心。而修身扩大出来，推出来就是齐家、治国、平天下。我们来理解这三章，也是落实到《大学》的两个字上：修身。没有修身，齐家、治国、平天下没法谈。这个用俗话说，你自己都不贯彻那个，还能要求别人，还能要求家庭？那是一句空话。所以孔孟之道的克己复礼，不是说克人，首先是克己，所以整个《四书》贯穿了这个东西——要求自己，忠恕之道也是要求自己。因此这一段，子思用登高、行远来比喻从低到高、从近到远，一步一步地来。这都是为了说明一个什么问题呢？不要把道看得玄乎了，它是很平常的，至神至奇的东西也是至平至常的东西。就像你登山一样，从低到高；就与你走路一样，从近到远，一步一步地来。这一段把整个家庭包括进去了，从自身到家庭。所谓道不远人，也就包含了这个意思。(这个道理）稀不稀奇呢？并不稀奇，道不远人。

我们现在再把第十三章、第十四章、第十五章的意思总结一下：

道不远人，第十三章以忠恕体之。
道不远人，第十四章从自己做起。
道不远人，第十五章从家庭做起。

这三章概括起来，就是这么三句话。但是核心我们前头说了，都在一个字，哪个字？己。都要从自己开始！[①]

---

① 《中庸恒解》卷上："右第十五章。即卑迩以喻不远，而实指其事以示人。"（《十三经恒解（笺解本）》卷之一，第 107 页。）

第十六章

这一章是不好说、不好学的，如果说前面学的第十三章、第十四章、第十五章是谈显，那么这一章就是谈微。尽管前三章既有微又有显，但是第十六章重点就是谈微，也就是我们平时说的神奇。前面都谈的（是）五伦，谈的（是）人，都落实到自己这个问题上，落到人的问题上，而第十六章就落到神的问题上。我们在学这一章的时候，应该对《中庸》所谈的鬼神有一个正确理解。

第一条：鬼神绝不是迷信，这个概念应该有。但是这里所谈的鬼神又是不是现在所谓的鬼神呢？不一样！这一点也要弄清楚。不然学这一章，很容易走向迷途。《论语》说“子不语怪力乱神”，翻开《四书》，谈鬼神的东西是少而又少，为什么《中庸》专门有一章谈鬼神呢？是不是与孔子之道背道而驰呢？槐轩在理解这一章的时候，特别提出了这个问题，就是要正确对待鬼神。

第二条：《中庸》里的鬼神，与现在社会所谓的鬼神是不同的。我父亲的《推十书·内书》上有一篇《神释》，就专门讲了这个问题，今天谈不到那里去。概括起来，我可以把我的理解给大家，请大家做参考：第一点，《四书》上面说的，特别是《中庸》这一篇所谈的鬼神不相当于现在所谓的鬼神。《中庸》上面所谈的鬼神，是自然之理的表现，是谈的阴阳之道，这个下面我们在具体学习它的内容的时候要谈到。第二点，鬼神分正邪。槐轩讲鬼神有正邪之分。第一，鬼神是代表自然法则当中的阴阳二气，神是代表阳气，鬼是代表阴气。第二，鬼神要分正邪，有正阳气和邪阳气，有正阴气和邪阴气。这个下面具体落实在句子上，我们还要说。

刚才说了，鬼神代表阴阳二气，这是一个观点。第二，鬼神当中有正神、有邪神、有正鬼、有邪鬼，也就是有正的也有邪的。

鬼神代表阴阳二气，那么正的表现出来是什么样子？如文天祥在《正气歌》中所说："天地有正气，杂然赋流形。下则为河岳，上则为日星。于人曰浩然，沛乎塞苍冥。"文天祥懂得这个道理。所谓鬼神是一种气，而这种气，正的叫作正鬼、正神，邪的叫作邪鬼、邪神。这个观点先要说清楚，不然说我们在这里宣传迷信，迷信不是槐轩之道，也不是孔孟之道。天地的正气，在天为星辰，在地为河岳，在人就是那一股浩然之气，这个叫作神气，你把它说成鬼气也可以。不要看到鬼就害怕，鬼并不可怕，正鬼并不可怕。

为什么把鬼神分成正邪呢？因为人都是禀阴阳二气而生的，没有纯阴气就生了，也没有纯阳气就生了，人都具有阴阳二气，只不过阴阳二气到了后天就分成了正邪两途。圣人，是正的代表；小人，是邪的代表。鬼神，通俗的说法叫作“自然规律”，打雷下雨是自然规律，丰收歉收是自然规律，人的好坏也有个自然规律。跟好人学好人，跟到端公学跳神，就分了正邪了。不能把鬼完全否定了，神就是对的，鬼就是不对的，神也有不对的。现在俗话常说，你假装正神，既然正神是假装的，那就还有个邪神。

我们说某人的神气很足，这是从正的方面来说；某人神头神脑，是从邪的方面来说。说明神也有正邪之分，不能说神都是正的。说某个人神不兮兮的，是贬义。神头神脑、神不兮兮，这些都是贬义（词）。那么是不是鬼就都不对呢？不见得。我们爱娃娃，说小鬼，这有亲热之意。鬼斧神工，说明那个技艺很精湛，用鬼来代表它。但是评坏人，用到不好的词语，我们就说鬼里鬼气、鬼头鬼脑、鬼迷鬼眼。

上面举的这个例子，是想说明一个问题，就是说鬼神也有正邪，不能说神就都是正的，鬼就都是邪的。假如说神就是正的，鬼就是邪的，那么在中元会就不要做法事了。我们在祀灶王的时候，还要供一个面燃鬼王的牌位，在放戒的时候，法师要首先打招呼，让不正的鬼神邪魔远去，就是让不正的鬼神、邪魔都走开。

所以读这一章的时候，首先要把“鬼神”这两个字搞清楚，鬼神代表阴阳二气，你身上都有鬼神，不稀奇。在人的禀赋当中的鬼神，就既有好的也有坏的，先天是好的，后天是坏的，这是槐轩说的。性是正鬼正神，后天的私欲就是邪鬼邪神。他之所以鬼头鬼脑、鬼迷鬼眼，一定是心里头有坏心。坏人，他才鬼迷鬼眼，他才鬼头鬼脑的。而这个鬼迷鬼眼、鬼头鬼脑都不是正鬼，而是邪鬼。

人身上都有神有鬼，而这个神鬼是自然赋予人的，人禀阴阳二气而生，那就是阳代表神、阴代表鬼，缺一不可。只不过是到了后天，当你“嗜欲纷而七情扰”，性变成心了之后，正鬼神少了而邪鬼神多了而已。所以，先把鬼神的含义说一下，再读这一章就比较好理解了。

我们懂得了这个道理，《四书》上“子不语怪力乱神”那一句我们也就讲得通了。“子不语怪力乱神”，“怪”就是鬼，那么怪可以“子不语”了，神怎么也会“子不语”呢？那个神就指的是邪神、邪气，这句话这样理解，我们就学懂了。

先把鬼神的概念说了，现在我们就看正文。

子曰：“鬼神之为德，其盛矣乎。”①

鬼和神，是作为一种性情表现到人身上的。阳气盛，神

---

① 《中庸恒解》卷上：“鬼神，造化气机之灵，而阴阳之用所恃以行。朱子曰：德谓性情功效。是也。盛，言其充周莫测。”（《十三经恒解（笺解本）》卷之一，第108页。）

盛；阴气盛，鬼盛。因为鬼神代表阴阳，它的德，作为某种性情、功效，“其盛矣乎”，太伟大了。“盛”，伟大的意思。这一句话，先总说不能够忽视鬼神。

“视之而弗见，听之而弗闻，体物而不可遗。”①

“视之而弗见，听之而弗闻。” “视之”，你去看它，“之”是指鬼神。你去看鬼神“而弗见”，看不到；你要去听他的声音“而弗闻”，也听不到，也就是说它是无声无息的。你说阴气是什么，阳气是什么？中医说人的阳气不足了，人的阳气虚了，精神都萎靡了，就有病了。说某人的阴气都在脸上，黑黢黢的，他的阴气太盛。现在的中医，还有一派叫扶阳派。所谓阳气就是人身上的正气。这个阴阳二气，人人都有，但是所表现的绝不相同。

其表现不同的原因在哪里？这个就要联系到孔孟所讲的先天、后天的问题。人的气质与其后天的家庭、生活环境密切相关。出生到不好的家庭当中，他就大受影响；出生到好的家庭当中，他同样大受影响。父母的一言一行、一举一动都在影响下一代。我对那个宣传洗脚的公益片很感兴趣，看到妈妈给奶奶洗脚，孙子后来就要给他妈妈洗脚。鬼神看不

---

① 《中庸恒解》卷上：“申言其盛之实。万物皆理气之迹，而鬼神实司其功用，故视听虽弗见闻，然物必以之为体而不可遗也。朱子曰：其言体物，犹《易》所谓干事。”（《十三经恒解（笺解本）》卷之一，第108页。）

到，但是鬼神所表现出来的东西看得到。洗脚是个小事情，是正神正鬼的表现，忤逆不孝的是邪神邪鬼的表现。

所以，槐轩在他的书当中，不止一次、两次地谈到，至平至常即是至神至奇，《中庸》一书就是谈平常即神奇、神奇即平常的。道不远人，我们日常生活就处在既平常又神奇当中。你孝顺父母，你的为人处事娃娃就学到了，你说这个东西看得到不？看得到。当你在做的时候，娃娃就看到了，你就影响了他。这个神不神奇呀？也就不神奇了，很平常的。槐轩经常讲，所谓平常当中就寓有神奇，我们从这些事情上都看得到。

鬼神，说起来很神奇，但是鬼神具体表现在你的所作所为上，一点也不神奇。我曾经听到有些世兄、世姐说，看到过什么（鬼神）。我相信不是那种人未必看得到，你自己本身有那个东西（美德），你才能够"与天地合其德，与日月合其明"。坏人不一定看得到，我相信这一条。（好人）有一些感悟，坏人不一定有，我相信这一条。今天这个神、这个菩萨驾起云下来了，就在我面前；一个鬼龇牙咧嘴地来到我面前来吓我——这个我不信。但是我信一条，槐轩也曾指出，在你自身当中，正邪的东西始终是有的，而正邪所反映出来的自然法则，也可以说是必然的。有一句俗话叫"没做亏心事，不怕走夜路；没做亏心事，不怕鬼敲门"。这个是非常具体的，不要把他说玄乎了。这些民间的谚语，道理是非常深刻的，是前人总结出来的。你心虚了，你自己做了坏事你才心虚，你就怕鬼敲门。没有做坏事你怕什么鬼敲门啊？这都说明这个问题，很通俗的。

所以，鬼神所具有的功能伟大得很。“其盛矣乎”，这个“盛”字表示很伟大。但是鬼神“视之而弗见”，你要说什么是鬼，红眉毛绿眼睛是鬼，谁都没有看见过。你说谁是神，菩萨究竟是个什么样子？我们只有在庙子里才可以看得到菩萨，我们在十殿里头也看得到鬼，在戏场看得到。但是你究竟具体看到没有呢？恐怕在座的世兄、世姐没有一个看到鬼是什么样子，神是什么样子，所以“视之而弗见”。

“听之而弗闻”，你要听鬼的声音，听不到。听到鬼叫，是在戏里，咕噜咕噜地叫唤。谁真的听到过呢？除非学鬼叫。

“体物而不可遗。”这个“体”字，是表现的意思，表现于人物当中，“而不可遗”，没得丝毫的遗漏。鬼神表现在每个人身上，尽管看不到他的样子，也听不到他的声音，但是鬼神是存在于人身当中的。“遗”者，遗漏也。①

“视之而不见，听之而不闻。”那是说鬼神的微，听也听不到，看也看不到。“体物而不可遗”是说（鬼神的）显，既看得到又听得到，鬼神表现到哪些地方看得到？哪些

---

① 《中庸恒解》卷上：“人为天地之心，独得天地之菁华。菁华者何？即阴阳之灵也。一阴一阳之为道，而鬼神者阴阳之灵。人无不秉此阴阳，即莫不秉其灵，而谓鬼神与人相远乎？夫此阴阳之灵，固一气耳。而宰气者理，理之妙者神，神气相须如环，不可以两分，故气之所在即神之所在，神之所在而气以变化不测。鬼即神收敛之名，神即鬼发舒之处，鬼神之在天地者如斯。”（《十三经恒解（笺解本）》卷之一，第109页。）

地方看不到呢？看不到的就是微。就是你喊得答应鬼神吗？喊不答应。菩萨眨不眨眼睛？不眨眼睛。这个是说他的微。有没有显？有！文天祥所说“下则为河岳，上则为日星，于人曰浩然”，这是看得到的，好人坏人是分辨得出来的，这个就是显的表现。听不到、看不到，是它微的表现；既听得到，又看得到，甚至于感觉得到，是它显的表现。

鬼神既有微又有显，表现到人身上，就有阴阳二气，你的所做、所为、所行都要表现出来，其中就有正鬼邪鬼、正神邪神。做坏事，是邪鬼邪神；做好事，是正鬼正神。我们所理解的鬼神，只能够是这样子，而这也是孔孟之道所讲的鬼神。

所以“鬼神之为德，其盛矣乎”，是总说鬼神；“视之而弗见，听之而弗闻”，是说他看不见的那一面，说他微的那一面；“体物而不可遗”，是说他显的那一面，看得到的那一面。心是看不到的，你的思想，谁看得到？那个是微的一面，就是鬼神的一面。你做的事，表现出来了的，是显的一面。鬼神表现在人身上就是阴阳二气，表现到世界上就是文天祥说的“下则为河岳，上则为日星”，在人身上就是正气。

所以“视之而弗见，听之而弗闻”是说微，“体物而不可遗”，表现到万事万物上，没得一点遗漏，这是说它的显。微也说了，显也说了。鬼神，就既有微的一面，也有显的一面。那么我们该如何对待鬼神呢？下面就来谈。

“使天下之人，齐明盛服，以承祭祀。洋洋乎，如在其上，如在其左右。”①

要使天下的人，都“齐明盛服，以承祭祀。洋洋乎，如在其上，如在其左右”，还是劝你们要信鬼神，只不过我说的鬼神是正邪的代表，要信正的，那才是应该信的鬼神。

“齐明盛服”，“齐”字读斋。齐的本意，并不是现在我们说的吃斋茹素，不只是这个意思。那么齐有没有吃素的意义呢？有，但是不只这个含义，还有什么呢？就是槐轩讲的“齐其思虑之不齐”，或者叫“斋其思虑之不齐”，使你的心思，统一到没有私欲、一心一意地去敬神敬鬼上面，是指这个东西。

因此以前我们在中元祭祖的时候，不准吃荤，这是齐的一个意义。还有一个意义，就是其他的事情少想，一心一意做法事，尽量减少私欲。古代还有一条，所谓“齐”，还包括了男女都要分房，这些都是齐的内容。第一从心里要单一，不要去胡思乱想；第二是吃的上面；第三是生活各方面，都是属于齐的内容。

---

① 《中庸恒解》卷上：“朱子曰：洋洋，流动充满之意。愚按：齐明，齐其思虑之不齐，而致其清明也。此即祭祀之鬼神以状其盛。人心之灵，本乎造化。其敬畏鬼神，天之良也。祭祀之礼，所以达其本心之诚。齐明盛服，以承祭祀。人心之良不能自肆其原，则鬼神实使之。洋洋如在，神之灵与人心本一气也。”（《十三经恒解（笺解本）》卷之一，第108—109页。）

槐轩是不主张吃长素的，但荐祖活动的时候必须吃素。家里面不兴吃素，只是在上元会、中元会、九皇会、佛祖会等特定时期要吃素，其他时候你要吃肉就吃肉，没有关系。但是吃肉当中又有一条，不要为口腹而杀生。人家说，鸡都舍不得一只，那种做法不行，只要是为了荐先、荐祖，为了尊贵的客人，杀个鸡未尝不可，不非礼烹宰。这个在入门戒条上，我的伯父仲韬夫子是讲得很清楚的。槐轩不提倡吃素，当然吃素是属于齐的内容之一。“齐明盛服”，齐的目的是什么？是“明”，使其“清明在躬”。孟子讲：“清明在躬，志气如神，嗜欲将至，必先持之。”要把嗜欲心先排除了，一切私欲没有，吃素一共也没有好多天，就这几天静心养气、祀神悔罪，解决这么一个问题。所以斋戒的目的是要达到明，就是大学之道“在明明德”（的）那个“明”。“齐明盛服”，心里头是齐明，而外面穿得干干净净的、整整齐齐的。

昨天余世兄给我寄了一张祀孔的光盘，他们这次搞得很庄重，连衣服都（是）现做的古装。主祭是穿的红衣服，戴的古代的帽子。旁边的人穿的黄色的衣服，戴的古代的那个黑帽子。我昨天抽了点时间，把他的祀孔典礼看了一下，很不错！他做到了“齐明盛服”。

“以承祭祀”，“承”本身是奉承的意思，这里带有恭恭敬敬的意思。恭恭敬敬地来对待祭祀，祭祀包括祀神、祀先，就是给祖先、给圣贤献供。

“洋洋乎，如在其上，如在其左右。”当你去敬神、敬祖先的时候，你就觉得鬼神在你的上面，在你的左右，在离你很近的地方。“洋洋乎”是一个形容词，很盛大的意思。

为什么他要说“使天下之人，齐明盛服，以承祭祀。洋洋乎，如在其上，如在其左右”呢？就是提醒你时刻都不能忽略身中有鬼神。

《太上感应篇》有这么几句：“祸福无门，惟人自召；善恶之报，如影随形。”那就是说鬼神不是外在的东西，而是内在的。比如说今天在庙子里头去烧个香，在庙子里头很诚心，又捐钱又吃素，磕响头烧高香。当然，那个时候是诚心的。那出来了呢？出来就出来了，出了昭觉寺，你的所做所为对不对呢？符不符合“齐明盛服，以承祭祀。洋洋乎，如在其上，如在其左右”的样子呢？子思讲的这个鬼神，随时随地都跟着你的，因为是你本身具有的，不是庙子里才有的。

当然《太上感应篇》上还具体说了，又有三台北斗神君在人头上，又有三尸神在人身中，每到庚申日，辄上诣天曹，那个是对于一般人来谈因果的。

说到这里，我想引用槐轩在《俗言》中的说法，帮助大家进一步理解鬼神。他说：“鬼神者阴阳之灵，天地为阴阳之宗，则敬鬼神仍是敬天地，所谓畏天命也。”还说：你若是任心而行，想怎样就怎样，以天为无知，鬼神恍惚，那你安能有敬畏之心，又如何能收放心？所以，他批评后世儒者

"不知天人一贯之义，不思夫子栽培倾覆之说，徒忌讳鬼神祸福，只以道理教人，而事父母如天地者鲜，事天地如父母者更鲜……故欲为人、欲无非分之灾患，必以敬天地父母为先"。我以为，槐轩这段话，将敬天地父母放在《俗言》中的第一，将敬鬼神与畏天命联系在一起，也可帮助我们理解中庸的大旨，天道即是人道，尽人即可合天的道理以及实行中庸之道的关键。[①]

"《诗》曰：'神之格思，不可度思。矧可射思。'"[②]

先从字面之上来讲。"格"，是来的意思，神在你身上出现，来到你身上。"思"，是虚词，《诗经》中常用，没有实际意义。"度"，音［duó］，揣度。"神之格思"，是"不可度思"的，你是不可能去揣度他的：可能来了，可能没有来；这个时候来了，那个时候没有来。庙子里面我就恭恭敬

---

① 《中庸恒解》卷上："若鬼之一字，在天地则止是阴阳之灵，在人物则半由气质清浊之偏，兼山川、草木、飞走之俦。感受气化不齐，是以变态杂出。君子体天之道，合天之气，以天之心裁成一切。帝谓可以潜通中和，敷于万汇，此书已详言之。而降龙伏虎、役鬼驱神，自来为民捍患御灾，所以为不朽之人者，亦往往有之矣。若巫觋邪术等，不知中庸之道，而专就鬼神求吉凶者，岂足语于此哉?"（《十三经恒解（笺解本）》卷之一，第111页。）

② 《中庸恒解》卷上："度，待洛反。射，音亦，《诗》作斁。郑康成曰：格，来也。矧，况也。射，厌也。思，声之助。承上言鬼神之盛如此，人当敬畏而不可忽。盖夫子教人正心以承天心，于鬼神谨其几也。"（《十三经恒解（笺解本）》卷之一，第109页。）

敬的，出来我就无所不为，那就坏了！烧高香那个时候，磕响头那个时候，我心诚得很，一出来我就想宰人家了，那肯定不应该！“神之格思，不可度思”，神是随时跟着你的，所以“不可度”。“矧可射思”，“矧［shěn］”，是岂的意思，（是）难道的意思，难道可以射思吗？“射”，有轻视、怠慢的意思，你咋能轻视他，咋能怠慢他呢？射，音［yì］。

这三句话指出，鬼神随时随地在你身中，不是说进庙子才有，出庙子他还跟着你的（大家哄笑）。“神之格思”，神来了；“不可度思”，你不要去猜；“矧可射思”，不要轻视鬼神，他随时随地跟着你的。

引《诗》曰“神之格思”云云，说明鬼神是人的阴阳二气，是每一个人都具备了的。槐轩讲，人在母腹中、在先天，是没有区别的。孟子讲赤子之心是纯善的，所以谓之性；后天，变成了心，“嗜欲纷而七情扰”，这是根本观点。因此从这一点来说，你自己身上的鬼神时时都在监察你。

“夫微之显，诚之不可揜如此夫。”①

最后一句说：这个鬼神，究竟是看得到还是看不到呢？“夫微之显”，既看得到又看不到。“微”是看不到，“显”是看得到。你说看得到还是看不到？既看得到又看不到，这

---

① 《中庸恒解》卷上：“不见不闻，微矣，体物不遗则至显。诚谓一气充实流行于六合，无稍虚漏。而人为最灵，天地之灵亦聚之，即鬼神可以知矣。此谓鬼神。”（《十三经恒解（笺解本）》卷之一，第109页。）

就叫作至神至奇即是至平至常。我们始终不知道什么叫至神至奇、至平至常，这个就说得很具体了。每一个人的身上都有鬼神，因为你是禀阴阳二气而生的，都有先天的正神、后天的邪神，就是这个意思。“夫微之显”，既微又显。

“诚之不可揜如此夫。”最后归结到一个字上，这个字是《中庸》的核心，请大家特别注意，就是“诚”。《中庸》自始至终谈的（都）是这个东西，一个“诚”字包含的内容很多。说到结果，“诚之不可揜”，就是一个人诚的表现，用槐轩的话来说，就是要以仁义礼智信处理五伦之关系。你每天眼睛一睁开，一直到晚上睡觉，离不开的关系就是五伦，是不是最平常的？其神奇之处，就在于你对于五伦采取什么态度。

五伦、五常，说起来是人人都清楚、都懂的，但是做起来，就要有一定的水平才做得好。槐轩的《蒙训》当中就有两句话：“五伦果然敦，天地一气接。”天人合一，也并不稀奇。你用五常来认真地对待五伦，就能做到天人合一，所以是既平常又神奇。

五伦确实非常平常，你整天都在五伦当中，但是其有没有神奇之处？有！每天从早到晚，你在处理五伦关系的时候，有些东西能够做，这叫平常；有些事情做不到，你就认为很神奇，就是这么一个道理。但是关键问题，是你能不能够用五常来对待五伦，这个是最平常的，做得好这个又是最神奇的。

在座的包括我在内，对待五伦是否都是按照仁义礼智信在做啊？不客气地说，恐怕在座的没有一个完全做得到问心无愧，不然“反求诸身”就没有意义了，教你“反求诸身”是叫你自己检查、检讨。所以我们理解平常、神奇，恐怕应该是这样子来理解。

要做到以五常对待五伦，要做得好，关键问题就在于一个诚字。诚，在《槐轩全书》当中包含的内容相当多。那一次我给陈世兄说，我说你这个店的名字取得好，“明诚堂”是从《中庸》上来的，明则诚也，诚则明也。诚是天理，但是要去做，是谁去做？人！这个“诚”字包含了整个天理。

我们以后学到二十几章，有一章说：“诚者，天之道也。诚之者，人之道也。”天道是一个“诚”字，就包含了仁义礼智信，包含了五伦的关系，用一个“诚”字把它统起来了。

诚者是天之道，就是天理，而天道要由人道来体现，人道就是“诚之者”，就是你去做、去实践。诚是上天给你的，你不去做，诚也就不诚了。而鬼神在人身中也是诚的一个表现，（是人）本身具有的，做人不外乎（就是）这两个东西。你存什么心就做什么事，存好心，做好事，存坏心，做坏事，这是必然的。俗话说好心办坏事，这种情况，从逻辑上来说，不大说得通。没有诚，存坏心，那也可以做好事了？不可能！所以，整个《中庸》最后都落实到“诚”字上。槐轩的《蒙训》当中谈得很清楚，他把五伦、五常最后都归结到诚上。人心、天理等等，都属于诚。而这个诚，人必须去做，光是凭嘴说不行。鬼神只不过是诚当中的一点，不能够完全包括诚，仁义礼智信这些都属于诚。他说鬼神既微又显，这个鬼神也就是天理，也就是诚，是不能够掩盖的，躲也躲不过，随时随地都存在于你处事待人的一切活动当中。①

最后，把这一章再概括一下。第十六章主要是申明由卑而通于高远。上一节说“辟如行远必自迩，辟如登高必自卑”，你要爬山就要从低到高，你要走远路到某一个地方去，就要从近到远。他是申明卑、迩通于高、远，而卑、迩的意义是显，是人伦。卑、迩即人伦也，高远即鬼神。

从十三到十六章，我们来理一下，都是从近到远、从卑到高、从个人到家庭，最后到鬼神。一步一步地，从显到微，人伦是显，鬼神是微，所以“夫微之显，诚之不可揜如此夫”，最后都归结到天理当中。神奇是天理，平常也是天理，我们应该是由卑迩通于高远，由人伦最后到鬼神。

所以第十六章就是申明卑迩通于高远，关键在一个“诚”字上。前面也简单地说了一下诚，诚就是天理！因为天理包含的东西很多，我们学的《中庸》有十九章，都是谈这个东西，且越来越多的章节提到了诚字，讲诚的有好几章。我们刘家，止唐公取的堂名都是“豫诚”，就是要做好

---

① 《中庸恒解》卷上：“儿子松文进而问曰：中庸只在人伦日用，非诚不可，而鬼神不睹不闻，又何必以为言？子思此章，不似启后世神怪之说欤？曰：常人求鬼神于伦常之外，故日见其惑；君子敬鬼神于衾影之间，则日精其修。”（《十三经恒解（笺解本）》卷之一，第110—111页。）

一切准备达到诚。[①]

今天，我讲得自己都不很满意，还希望大家包容，说得不对的还希望大家纠正。

① 《中庸恒解》卷上："右第十六章。申卑迩通于高远之故，而即子言鬼神以明在一诚。诚者天之道，诚之者人之道，人天本合一，莫能载、莫能破者，岂外人伦日用哉？"（《十三经恒解（笺解本）》卷之一，第109 页。）

第十七章

半年多没有和各位见面了，由于我眼睛的问题耽误了大家的学习，非常抱歉。前面学到第十六章，就是“鬼神之为德”那一章。今天开始，准备和大家一起共同学习三章，就是第十七章、第十八章、第十九章，因为这三章是不可分割的，用现在的话来说他们就是一个单元，一个重点。

子曰：舜其大孝也与。德为圣人，尊为天子，富有四海之内。宗庙飨之，子孙保之。①

“子曰：舜其大孝也与。”“与”，读［yú］，相当于虚词

① 《中庸恒解》卷上：“承上言诚不可揜，故惟德动天。而引子言圣人之孝，盖无愧于父母，即无愧于天地者也。德为圣人，则已全其大孝。尊、富、飨、保，又以其遇言之。”（《十三经恒解（笺解本）》卷之一，第111页。）

的“欤”。“其”与后面的“也”字作为一个句式，“其”是代词，指大舜，“也”表示判断。“舜其大孝也与”，舜这个人是大孝子啊!《中庸》第六章说：“舜其大知也与。舜好问而好察迩言，隐恶而扬善，执其两端，用其中于民，其斯以为舜乎。”第六章的重点谈的是舜的知，谈的是他的聪明才智。所谓五常就是仁义礼智信，“舜其大知也与”，就着重论证了舜之所以为圣人，是因为他首先是一个大的智者，一个大大的聪明人。而这一章就进一步论述，舜之所以被称为聪明人、大智者，其根本原因在哪里。

我们晓得仁义礼智信是孔孟所谓五常。在为人处事上、在成己成人的过程当中，圣人所表现出来的就是五常，就是仁义礼智信。而仁义礼智信的根本点在哪里呢？一个字，或者叫作道，或者叫作德。道和德始终是一个空的东西。《中庸》第一句就说：“天命之谓性，率性之谓道。”那么道究竟是个什么东西呢？谁也答不出来。你要说德，那么德又是什么？也说不具体。那么道和德究竟是否有具体表现呢？当然有，最能够具体表现出来的就是孝，最基本的就是孝。因为从你生下来，你就有表现孝的条件了。尽管那个时候你还是奶娃娃，你还不懂事，但是你已经有了父母，有了父母就有了孝的对象。

所以第十七章是在评价舜最根本的东西了。“舜其大知”，是他（一方面）的表现，而他的最根本的东西在哪里？在于孝，“舜其大孝也与”。大舜，他是一个大孝子，但这个还是空的，“大孝”又表现在哪里呢？

下面“德为圣人”这一句是这一章的重点。“大孝”的终极表现，就是有了德，因而他就成了圣人，这样子就把德具体化了。那么我们就可以这样来理解，所谓有德之事，所谓圣人，最关键的就在于孝。

除了《四书》和《五经》（《诗》《书》《易》《礼》《春秋》），孔孟还有一部很重要的书，叫作《孝经》。为什么《孝经》在《四书》《五经》之外能够单独成为一经？这是因为《四书》《五经》上面所说的那一些东西，最后都要归结到孝这个问题上。要说具体的东西，就要归结到孝的问题上。舜为什么能够成为二十四孝的首位，成为大孝子呢？请大家注意“德为圣人”这句话，这是这一节的重点。可以这样讲，舜之所以成为圣人，最关键的就是孝，这也就是舜的德之所在，也是他的德的表现，不然德是空的。把孝的问题提出来，德就落实了。

“舜其大孝也与。德为圣人，尊为天子，富有四海之内。宗庙飨之，子孙保之。”请大家注意，这一章的重点就是要理解“德为圣人”，因为他是圣人，他才能够表现出来大孝。那么这里就有一个问题，我们还必须把它研究清楚——为什么德最根本的表现是孝呢？

《孝经·开宗明义章第一》记载，孔子有一天和曾子在一起，孔子就说：“（曾参,）先王有至德要道，以顺天下，民用和睦，上下无怨。汝知之乎？”我们先王——先代的圣人，“有至德要道”，所谓“至德要道”就是最了不起的德。你晓不晓得？曾子就说：“参不敏，何足以知之”，我这个人很笨，虽然跟着老师学了一阵子了，我还不晓得德是什么。孔子马上就给他说：“夫孝，德之本也，教之所由生也。”什么是先王的“至德要道”？先王的“至德要道”就是这么一个字，叫作“孝”，因为孝是“德之本”。请注意，这不仅把“孝”提高到作为圣人的根本表现上，而且把“德”具体化了。什么叫“至德要道”？孝就是“至德要道”，这个非常具体。孔子怕曾子还不完全明白，接着又给他说了三句话：“始于事亲，中于事君，终于立身。”

我们说德不具体，但孝的表现就具体了。孝是德之本，是德的根本表现，而德的根本表现就是孝。孝就是什么呢？“始于事亲”，看你怎么对待自己的父母；“中于事君”，从中间来说，就是事君。“中于事君”难道是对君也孝吗？对！对君也要孝，只不过这个孝是推出去了，以前学了那么多，都晓得推仁推爱。就是说，你要能够事君，你必须做到事父母以孝，并以事父母之孝去事君，最后才能“终于立身”，“立身”就是自己成为圣人。

那么《孝经》上这三句话，有一个我们必须掌握的重点，就是什么是德。现在说仁义礼智信是德，但是把它说得具体一点，就是孝。孝是德之本，是德的根本表现，你有德无德，最根本的表现就是看你孝不孝敬父母。

《孝经》上有这么一句话：“不爱其亲而爱他人者，谓之悖德。不敬其亲而敬他人者，谓之悖礼。”你连自己的父母都不孝顺，你去爱他人，不但是假的，而且是违背了道德的。这样就把孝提高到是德的最根本的、最高的表现上了。

因此我们懂得了这个道理，就会知道“德为圣人”的注脚是什么？最主要的、最首要的是孝，他的表现就是孝。

孝、悌、忠、信、礼、义、廉、耻，谓之八德，哪个在最前面？孝！俗话都说百善孝为先。大舜之所以成为圣人，最根本的原因就是孝。他是二十四孝当中的首位孝子，是三皇五帝时候的圣人，就是因为他表现出来的孝。大舜的那种孝，之所以成为纯孝，就在于他的遭遇是超过任何人的。他的父亲顽固不化，母亲不讲道理，兄弟骄傲到极点，甚至于他们（父亲、母亲、兄弟三个）要杀死他。但是舜最后将关系处得很好，那是一般人根本做不到的，舜之所以被称为大孝就是在这个地方。他做到了“德为圣人”，说大孝都还不够，孔孟书上叫作纯孝，没有一丁点杂的东西，这又是另一个重点。舜之所以“德为圣人”，最根本的东西就在于他是一个纯孝子、大孝子，这个是头两句的结论。但这一章的目的还不只是宣传舜的孝，还要说明作为一个纯孝子，就必然要受天命，得到上天的保护，这一章、下一章以及再下一章，主要都是说明这个东西。

因此下面就是：“尊为天子，富有四海之内。宗庙飨之，子孙保之。”这是大孝的结果。由于他是大孝子，由于他真正掌握了德最根本的东西，所以，上天给他“尊为天子，富有四海之内。宗庙飨之，子孙保之”（的尊荣）。“尊为天子”，尧帝传位给了他，尧之所以传舜，正是因为他大孝。当他还在历山耕田的时候，尧帝就“厘降二女于妫汭，嫔于虞”，把自己的两个女儿娥皇、女英嫁给舜。那个时候他还是一个农夫，尧帝看准了他，认为此人大孝，未可限量，必受天命，其结果就是“尊为天子，富有四海之内”。你要说他有钱，他是第一个首富，四海之内都是他的，因为他是天子。“溥天之下，莫非王土；率土之滨，莫非王臣。”他是这个国家的君主，所有的人都是他的子民，所有的地都是他的，所以叫“富有四海”。不仅在生的时候，舜被尊为天子，富有四海之内，而且在他死了以后，“宗庙飨之”，庙子都要把他供起来。“飨”，祭祀，供奉。“子孙保之”，这个“子孙”，不要理解为他的儿子、儿孙。实际上，舜的儿子不是很争气，假如很争气的话，舜就不会禅位于大禹。用孟子的话来说，尧帝的儿子丹朱不肖，舜之子亦不肖，不像他的父亲。就是他的德望，不及他的父亲。我们所谓“不肖”，只是说不像他的父亲，不是说他是败家子，只是不完全像他的父亲，也就是说他还不是圣人。所以这个子孙是指人民，我们可以说都是尧帝、舜帝的子孙、子民。“保”者，保持也。所谓保持就是保持舜的圣德，也就是向他学习。所有的臣工、人民都向他学习，他的子子孙孙都认为舜是圣人，都要向他学习，要保持他作为一个圣人所遗留下来的那些优良品质。

第一句的重点就是说明什么是大孝：“舜其大孝也与！”第二句就指出“德为圣人”就是大孝，因为孝就是德之本，我们前头说了。什么是大孝？德就是大孝，德的表现最根本的就是孝。第二个要强调的是德与孝的关系，孝是德之本，孝是德的根本表现。

这一节与前面学的“舜其大知也与”有哪点不同？“舜其大知也与”那一节说的是他的大知的表现，而这一节不是谈大孝的表现，而是谈大孝所从生，所谓所从生就是从哪里来，德的表现也就在此处。所以他没具体说，只说了孝从德来，孝就是表现德，孝表现德就必然得到上天的保佑。重点就是在说明这个，与前面说大知有点不同，前面是举例说他哪些地方聪明，这个大孝只说他孝的结果。

故大德，必得其位，必得其禄，必得其名，必得其寿。[①]

大孝就必然得到好报，必然得到上天的保佑，所以第二节就以四个“必得”说出结果。“必”者，一定也。“大德”就是大孝，孝是德之本。

拿舜来说，被尊为天子，是不是“必得其位”呢？富有四海之内，是不是“必得其禄”呢？“禄”者，俸禄也。舜是三皇五帝之一，又是二十四孝之首，这就是“必得其名”。“必得其寿”，一定身体很好，一定活得长久。因此，第二小节重点就在说：你有了大孝，有了大德，必然得到上天的保佑。

但是这里就有个问题，在前人解释它的时候，始终没说圆融，有个什么问题没有说圆融呢？大孝，就“必得其

① 《中庸恒解》卷上：“承上而推言大德必得其应，勖人以修德。”（《十三经恒解（笺解本）》卷之一，第111页。）

位，必得其禄，必得其名，必得其寿”，舜是这样，那么其他的圣人（是不是也是这样）呢？就说孔孟，孔子有没有“得其位”呢？有没有“得其禄”呢？孔子在陈还绝粮，差点饿肚子。（再说）“必得其名”，孔子鲁国司寇没有当几天就当不成了，也不行。“必得其寿”，孔子倒是活到了那么大岁数，但是，也没有像彭祖一样活到八百岁。这是非常浅显的问题，但后世的解释者始终没把这个问题说清楚。槐轩说，所谓位、禄、名、寿应该这样来理解：君、相、师、儒都是位。大舜做了天子是位，他当了君。那么，当相就比君矮一点，周公是圣人，周公就是摄相。孔子虽然只摄相三月，但他是可以传之万古的先师。孔子与舜只不过是坐的位置不一样，孔子所得到的赞扬和尊崇，与贤君没有两样。

第二个“必得其禄”，俸禄，这个没有具体说什么叫俸禄。工资一级，当然是俸禄。工资二十级呢，难道你说它不是俸禄吗？挣两三百块是禄，他并没有说要挣到一万块一个月才叫禄。所以槐轩就讲，衣食保暖都叫禄。

第三个“必得其名”，槐轩认为“令闻广誉”都是名，所谓“令闻广誉”就是有好名声。你说到某人，人家说这个人很了不起，值得我们学习。这个难道就不是名吗？一定要当皇帝才是名吗？一定要当宰相才是名吗？不能够这样讲。

最后“必得其寿”，槐轩认为“康强逢吉”都是寿，只要身体好都是寿。这样子就把从汉儒到宋儒在解释“四必”上没有说清楚的基本上都说清楚了。不然举一个例子（按前人的说法进行解释），就解释不了。孔子是不是圣人？是圣人。但孔子还饿过饭，也没有当过皇帝，那怎么说得通呢？这是一条。对于位、禄、名、寿，我们应该这样来理解，所谓四个必得，也就是凡是大孝、凡是“德至圣人”，都会得到位、禄、名、寿。第二条，他并没有说凡是圣人都要当天子，孔子没有这样说，而前面所说的“尊为天子，富有四海之内”，具体指的是舜，而不是指所有的圣人。

现在把第一节和第二节小结一下：首节重点在指出“德为圣人”才能够做到大孝，这是一方面。另一方面，只有大孝才真正有德，孝是德的最主要的表现。第一节主要是说明这个问题，所以重点在德的层面。第二节重点是六个字：“大德必享天心。”所谓“大德必享天心”，就是大德必得其位，禄、名、寿也就必然有感应，必然有报应。也就是说，最平常的最后要得到最神奇的报应，所以神奇而又平常、平常而又神奇，第二节就是说明这个问题。

故天之生物，必因其材而笃焉。故栽者培之，倾者覆之。[①]

“故天之生物，必因其材而笃焉。”“笃”，本来是厚的意思，这里引申为厚爱，意思就是培养。上天厚爱你，那么上

① 《中庸恒解》卷上：“郑康成曰：材，质也。笃，厚也。栽，植也。覆，败也。承上言必得其效之故。德为圣人，是能栽者也，故天必培之。”（《十三经恒解（笺解本）》卷之一，第 111 页。）

天是不是对所有人都厚爱呢？不！（这是）有条件（的）："必因其材而笃焉。""必"者，一定也，一定要依照他的材。"材"，要把它搞清楚，不然这句话讲不通。

"材"包含两个意义，一个意义就是先天给你的性，在座的性都一样，没有差别，我们都有一颗赤子之心。这是一面。另一面，这另一面就是后天。（到了）后天，你我就有所不同了，说得再简单点，就是你我的为人处事、思想言行就不一样了。"人皆可以为尧舜"，是指先天给你的东西，而你离开了母腹到了后天，你那颗赤子之心慢慢就起了变化，"嗜欲纷而七情扰"。有些越走越远，最后走到坏人的路上去；有些丧失（先天之性）少的，就成为半好人；有些人他就成为好人。这就是材。自然给的东西是一样的，圣人同样是这样。问题在于你后天走什么路，"必因其材而笃焉"，就包含这个意思了。你若是保存天良，保存天理良心，保存得越多，上天给你的东西就越多，"因其材而笃"；给你的少，必然是因为你越走越坏，那给你的东西就少了。说来说去，你要得到天命，得到天理保佑，不是靠天，而是靠自己！就是这么一个意思。

"故栽者培之，倾者覆之。"所谓"栽者"，就是指能够保存天理良心的这部分人，没有把上天给他的东西丢了，而是慢慢去把它培护好，天天给它灌水、给它上肥。（对于）栽者，上天就培植他。这就说明，天对人是有厚薄的，而这个厚薄不是上天对谁偏心，而是你自己的行为、举止、思想、思维所得到的结果。"栽者培之"，你保存了上天给你的性，那么，上天就培护你、帮助你。

“倾者覆之”，这个就是说另外一面了。你把上天给你的天理良心都丧尽了，那上天不客气了，就“覆之”，就把你抛弃了。（如果）你自己的所作所为都不符合天理，哪怕你天天去点这么粗（很粗）的香，你一天点十根也没用。你能够复性，你能够把上天给你的那个本性保持好并扩大，上天当然要培植你。

这一节说起来很简单。作为上天来说，作为天命来说，他是无私的，你们都是他的儿孙。在你们还没有出娘胎的时候，（把天性）都给了你的，不会给他的多，给我的少，给大家的是一样的。而后来他成为圣人，我成为恶人，是我后天造成的。那么作为上天来说，给你们的东西是无私的，但是天命究竟给谁，那就看你自己了，所以说“栽者培之，倾者覆之”。

所以第三节是说上天没有私心，（先天给你的东西都是一样的，剩下的）全靠自己，看你能不能复性，看你是做好人还是做坏人，做好人当然得到上天、得到自然的好报；做恶人，当然得到坏报。《书经》说：“皇天无亲，唯德是辅。”作为皇天来说不会亲你不亲他，亲他不亲你，不可能这样子。他只有一个标准“唯德是辅”，看你的表现。

所以这一章又从两个方面来讲，表现得好，举舜的例子，举四个“必得”，但是归根结底还是要落实到个人的表现上，你不要在那等上天赐福给你。

《诗》曰："嘉乐君子，宪宪令德。宜民宜人，受禄于天；保佑命之，自天申之。"①

第四节是引《诗经》来证明前头那一句话。《诗经》上的这首诗，是赞美周成王的。

"嘉乐君子，宪宪令德。" "嘉乐"，"嘉"是美的意思，"乐"是快乐。"嘉乐君子"，指美好又快乐的君子。"宪宪令德"，"令德"，好的德行。"令"，美好的意思。"宪宪"，很兴旺的意思。

"宜民宜人，受禄于天。""民"，指老百姓。在古代的文字中，民一般都是指老百姓，一般称"人"的，都是指有点职务的，指所谓百官。"宜民宜人"，"宜"，表示关系很融洽。他既跟老百姓关系好，同时也和他的那些下属、臣工关系好，叫宜民宜人。正因为如此，他就从天那里得到了好处，"受禄于天"。

"保佑命之，自天申之。"② "申之"，"申"字当成赐予

---

① 《中庸恒解》卷上："郑康成曰：宪宪，兴盛之貌。保，安也。佑，助也。嘉，《诗》作假，大也。宪，《诗》作显。人，臣工也。又引《诗》言成王之事，以证凡有德者，天皆保佑申命。"（《十三经恒解（笺解本）》卷之一，第111页。）

② 《诗经恒解》卷之五·大雅三："'假乐君子，显显令德。宜民宜人，受禄于天。保右命之。自天申之。'赋也。假，当作嘉。君子，君也。显显，光明。民，庶民。人，有位者也。右，与佑通。申，重也。言可嘉可乐之君子，有显显之令德以宜民人，是以受禄于天，既保右之，如或命之，又申其保右之命于无穷。"（《十三经恒解（笺解本）》卷之三，第273页。）

讲，“之”是指这个人，这个君子。上天保佑他，并赐予他禄、寿、福、位等等。

第四节举《诗经》赞美成王的例子来说明，成王就是这种人，成王就是大禹之后的另一个圣君，同时也借歌颂成王来歌颂大舜。“子孙保之”，成王、文王至武王、周公，这些应该说都是大舜的子孙。所以“子孙保之”，用成王举例来证明，天命（是会）给予能够保持圣君（品德）的后代。举成王为例，正因为他有宪宪的令德，又能够宜民宜人，所以上天要赐福于他，“自天申之”，天赐予他福祉、赐予他幸福。

故大德者必受命。[①]

最后一句是一节，是一个总结，这个总结用一句话概括：“故大德者必受命。”舜也好，成王也好，这些都是正面的。从反面来说，就是“倾者覆之”。所以，有大德的人一定会受命，如果你不是大德之人，就不能受命。什么叫“受命”？“受天之命”，得到天的保佑。包括为天子、为君相和为师儒，所有这些都是上天给你的好处。受命，不一定指当天子，凡是有大德的人都一定受天之命，得到天的保佑。什么（是）“大德”？（就是）大孝！

---

① 《中庸恒解》卷上：“结言大德无不受命，而体中庸之德者，其诚所以通乎天也。受命，受天保佑之命。”（《十三经恒解（笺解本）》卷之一，第 111 页。）

这一章的意思概括起来就是“庸德可（克）享天心”。“庸德”，就是中庸之德。为什么我们讲孝归到德，德又归到庸德呢？为什么把这一章总结为庸德呢？因为德就是孝，德首先表现于孝，而这个德，并不是虚无缥缈的东西，它有具体内容，不是空说，所以我们就称它为庸德。庸者平常也，平常的德，所谓平常的德就是人人可为的德，并不是非常玄乎的东西。《中庸》第十三章说：“庸德之行，庸言之谨。”庸德、庸行我们每一天都要遇到，人人可为的德，谓之庸德。孝是人人可为的，所以我们喊它庸德。庸者平常也，平常得不能够再平常了，平凡得不能够再平凡了，人人可为，但是正因为这种庸德，他就必然能获得天地的保佑、获得天的赐予。这就是《中庸》这一本书所谈的核心，把它提高来说的话，叫作既平常又神奇，哪里去找神奇？天命就是神奇的，你通过平常的行为举止，得到天命的赐予，这就叫作平常又神奇。神奇是看不到的，但是通过平常，得到神奇的结果，比如说舜的大孝就得到了天命的赐予，这个就是平常又神奇。整个《中庸》都在讲这个东西。我们要懂得，孝即是德，是德的首要表现，这个是起码的，所以第十七章就是说明六个字：“庸德可（克）享天心。”①

① 《中庸恒解》卷上：“右第十七章。承上文诚不可揜而言。庸德可以享天心，无非一诚之所贯注，而凡有中庸之德者可知矣。”（《十三经恒解（笺解本）》卷之一，第112页。）

第十八章

实际上这一章讲的内容并不多，只是举的例子多。我们来学习这一章，主要把他提的几个要点搞清楚，至于他所举的例子，我们不详细论说。

子曰："无忧者，其惟文王乎。以王季为父，以武王为子，父作之，子述之。"①

《中庸》的第十七章以舜作为例子，而这一章再以文王作为典型："无忧者，其惟文王乎。"一辈子没有忧愁的，大概就是文王吧。那么文王为什么没有忧愁呢？

---

① 《中庸恒解》卷上："上文言天人感孚以德，义已无余。此复引子言文王，以明中庸之教，尤必世德相承为贵。父作子述，子特以之望人。子思引之，亦同此仁寿斯民之意。"（《十三经恒解（笺解本）》卷之一，第 113 页。）

下面就解释了文王无忧的原因："以王季为父，以武王为子。"王季是他的父亲，武王是他的儿子。也就是他上有一个贤德的父亲，下有一个贤德的儿子，故他没有忧愁。而他起个什么作用呢？他只起了一个作用，就是"父作之，子述之"。他的父亲是王季，王季已经把王业的底子（基础）给他打好了。王季在世的时候，已经把西岐那个地方治理得异常的好了。王季也是圣人，文王有好父亲，"以王季为父"。"父作之，子述之"，这个"父"是指王季，"子"是指文王自己，他去"述"就是了。而作为他（文王）和武王的关系来说，又成为一个"作"与"述"的关系。他把王季给他的东西继承下来，发扬光大以后，他的儿子武王又来继承他的使命。

那么，这儿就有一个问题要搞清楚。"父作之"指王季，假设"子述之"不是指文王而是指武王的话，文王就只在中间成了一个过渡人物了。如果文王只是过渡人物，就对周朝八百年的基业，没有起到很大的作用，他怎么会成为圣贤呢？所以"父作"，是指王季作；"子述"，是指文王述。文王在"述"的过程中，拥有"作"的内容，而接下来，他的儿子武王、周公又继承他的事业，武王、周公又继续发展他的事业。为什么这样说？因为第十九章专门说了这个事情，文王并不是当了一辈子老太爷，那样的话，恐怕文王也就不是圣人了，文王并不是无所作为，所以这个"父作之，子述之"，应该是这样来理解。

周朝的祖德宗功是由太王、王季创造的。太王是文王的祖父，王季是文王的父亲，他们三代相传。太王居西岐的时候，就把西岐治理得很好，接下来太王的儿子王季、孙子文王，都继承了他的事业而有所发展。子述都是对父作有所发展。所以“父作之，子述之”应该这样理解，父既指王季、又指文王，这个子既指文王，又指武王、周公，《中庸》第十九章就专门说了这个问题。这个是第一节。

因为上一章谈到了“庸德可享天心”，这一节就紧接着上面谈庸德必须要世世相传。不能吃老本，吃老本就错了。如果吃老本可以世世相传，尧舜以后，就不应是大禹。尧的时候，“父作之”，他的儿子丹朱就没有继承到，谁去继承起来了呢？舜去继承了。舜有大德大孝，他的儿子也没继承他（的事业）。孟子曾经讲：“丹朱之不肖，舜之子亦不肖。”（丹朱）不像他父亲，所以尧一去世，天下都归心于舜，都来拥护舜了；舜一去世，天下的人都归心于禹，禹的儿子很争气，孟子就讲：“启贤，能敬承禹之道。”夏禹的儿子叫夏启，他能够继承父亲的德业，因而天下归心，所以夏禹就一代一代地传下来了。尧舜只传了一代，而夏禹就传了很多代，直到遇到个不争气的后人，夏桀王才把天下搞垮了，成汤才来继承。这说明一个什么问题呢？父作子述就像连环套一样，要一代传一代。

第一节给我们提出了一个问题，就是祖先留下来的“克享天心”的庸德，必须要世代相传，不世代相传就糟糕了。

为什么孔夫子说了舜以后就直接说到文王了呢？为什么不说大禹和成汤呢？因为大禹的儿子夏启虽然不错，能敬承禹之道，但是大禹的父亲不行。大禹的父亲叫鲧，舜派他去治水，他没有治好，舜把他放逐了，称不上父作子述，而是“子想述而父不作”。尽管尧是圣君，但同样也是这个问题。成汤也是这个问题，成汤的父亲不见诸经传，也称不上父作子述，只有文王称得上，所以他举文王的例子。文王他们真正是一代代做到了父作子述，他的爷爷太王就是很了不起的。所以，孔子举文王的例子，是因为文王上有贤父，下有贤子，他就成就了父作子述的伟业，文王是很典型的。

父作子述，把它说得更浅显点，就是代代相传。父亲继承爷爷，儿子继承父亲，这个才叫作代代相传。所以说“无忧者，其惟文王乎”，他以王季为父，以武王为子，就解决了代代相传的问题，这就是“父作之，子述之”。

“作”，把它说得浅显一点，就是开创的意思，开创了一番事业；“述”，把它解释得浅显一点，就是继承或者实践的意思。父亲开创了，你作为儿子去继承实践。你去开创了，你的儿子又去继承实践，这个叫“父作子述”，一代传一代。

第二节，不说王季了，就说文王以下了，具体谈父作子述。

武王缵大王、王季、文王之绪，壹戎衣而有天下，身不失天下之显名。尊为天子，富有四海之内。宗庙飨

之，子孙保之。[1]

武王，文王的儿子。“缵［zuǎn］”，当成“继承”讲。“绪”，当成“业绩”讲，继承他们的业绩。

武王遇到一个好父亲，不但有个好父亲，而且还有个好祖父王季，甚至还有个好曾祖大王（太王）。武王继承了三代祖先的事业，故称为“缵大王、王季、文王之绪”。

“壹戎衣而有天下”，一穿起打仗的衣服，他就得到了天下。这句话的意思是什么呢？武王的曾祖大王、祖父王季、父亲文王，这三个人都是殷商的臣子。夏商周之时，一个地方一个诸侯，诸侯共同推举一个头领出来当天子，这是那个时代的规矩。假如没有人服你，你最多只能当一个诸侯，当不了天子。这个《孟子》曾经讲过，尧帝不在了，所有的人，包括刍荛者、讴歌者这些普通的老百姓都不朝他们，不但不朝，甚至都朝舜那里跑，不朝尧的儿子丹朱那里跑。同样，舜一去世大家都跑到禹那里去了，禹当时也不过是个诸侯。舜帝把他提拔起来当了一个督军，就等于一个小诸侯。

《书经·牧誓》讲，当时武王去伐纣，八百诸侯朝周。全中国有八百个诸侯，一个小地方的头头都是一个诸侯。大

---

① 《中庸恒解》卷上：“父作者，文王承之，则即文可见武与文异迹矣，故略父作而言子述。郑氏曰：缵，继也。绪，业也。缵大王、王季、文王之绪，德足以承之也。壹戎衣，一著戎衣而已。武王得天下，无损于其父之显名，所以为贵。尊富飨保，亦以德能述父言，而非夸耀其荣也。”（《十三经恒解（笺解本）》卷之一，第 113 页。）

家不往纣那里去了，都跑到武王这里来拥护武王。纣王无道，天下老百姓对他有意见，都恨死他了，然后八百诸侯都来朝周，让武王来当天子。所以武王一穿上戎衣，在牧野打了一仗，就把纣王推翻了。所以“壹戎衣而有天下”，就是八百诸侯朝周，都来拱服武王。在牧野之战的时候，纣的军队都是“前徒倒戈，攻于后以北”，这个是《书经》上讲的。他的军队与武王的队伍以及众位诸侯的队伍一接触，前面的就倒戈了，矛车调转了方向，造反了，武王在八百诸侯朝周的情况下当了天子。武王为什么能当天子？因为大王、王季、文王给他打好了基础，他“缵大王、王季、文王之绪”，所以“壹戎衣而有天下”，一穿上打仗的衣服，他就有了天下。

大家都晓得有这么一个故事：纣王无道，因为拱服文王的人太多，纣王就把文王拘于羑里。文王没有反，在当囚徒的时候，他就研究《易经》，就是后来的文王之《易》。但是到了他的儿子武王就反对纣王，而且一穿起战衣就把纣王推翻了。那文王与武王是不有点差别？父亲不反，还在想着纣王是天子，我是臣子，我不能够反他，那为什么武王一下就反了呢？这个怎么理解呢？

所以，在这个地方有这一句话很重要：“身不失天下之显名。”“身”，指武王本身。武王并没有失掉誉满天下的美名。“显名”者，美名也。照规矩说，父亲都没有反，你去反，你不是跟父亲唱对台戏吗？那人家为什么还要拱服你？

“身不失天下之显名”，没有具体说为什么不失。

槐轩在《子问》当中专门指出，武王伐纣，并非以臣伐君。不是臣子反了，不是臣子不尊重君，而是八百诸侯会于牧野，共同做出了一个决议，推武王出来当天子，把纣王推翻了。八百诸侯朝周，这个在《书经》上写得很清楚。所以《孟子》有一篇，有人问武王伐纣是以臣伐君，孟子说不是以臣伐君，而是纣王失掉了八百诸侯的信任，八百诸侯共同把武王推举出来当天子。正因为如此，所以才“身不失天下之显名”，而武王本身并没有（因此）失去天下对他的尊重，反而是成就了他的美名。

请大家注意，第二段当中的重点就是：“身不失天下之显名。”假如武王是以臣伐君，失掉了文王留下的那种美名，他怎么能够做到父作子述呢？从另外一方面来看，文王之时，八百诸侯还没有一致推举他当天子，那么，假如文王当时就遇到八百诸侯都来朝周，文王应该怎么办呢？孟子讲，假设当时八百诸侯朝周，不是武王而是文王的话，文王也要当天子！这个是群众的意见，民主推选，哪里是以臣伐君呢？槐轩在《四书恒解》《正讹》等书中反复说明：“殷周自唐虞以来，贬窜流离，子孙久而渐兴，各自立国，非北面为夏商臣者。”又说：“使汤武有一毫私妄，岂得为圣人？此事误解，使后世凡篡夺皆借口于汤武，既大诬圣人，又反孔子。乱臣贼子横行于世，其为名教之害，岂小哉！”所以，在这一段当中，重点是“身不失天下之显名”，武王仍然保存了周家世世代代的这种德业，并没有以臣伐君。

第二节是说明武王仍然继承了大王、王季、文王之绪，并没有违背、改变大王、王季、文王给他创造的德业。

武王末受命，周公成文武之德，追王大王、王季，上祀先公以天子之礼。斯礼也，达乎诸侯大夫及士庶人。父为大夫，子为士，葬以大夫，祭以士；父为士，子为大夫，葬以士，祭以大夫。期之丧达乎大夫，三年之丧达乎天子，父母之丧无贵贱，一也。[①]

这一节，举的例子比较多，我们重点只讲它的意义，先把它做一个简单的翻译，然后重点提一个问题来讲。

“武王末受命。”“末”，是老的意思。武王当天子的时候，年龄已经大了，是他的晚年了。为什么专门点出“武王末受命”呢？武王青年、壮年时还是殷朝的臣子，并没有想去夺天下，到了八百诸侯朝周，他才受命。所谓“受命”，意为当天子。“武王末受命”，武王老了才受命为天子。

正因为武王老了才受命，他的精力有限了，不可能把殷

---

① 《中庸恒解》卷上：“郑氏曰：末，犹老也。先公，组绀以上至后稷。周公辅武王，以成子述之事。成德统言，追王上祀，其一端也。追王之事，武王已行之，周公更详备其礼。三王王业所由隆，先公组绀以上不追王者，王之不胜王，且无以别于三王也。推此礼以及人，葬从死者之爵，祭用生者之禄，即此以见其述文之善。”（《十三经恒解（笺解本）》卷之一，第113页。）

朝传承下来的有些东西加以修正或改变。这个时候谁出来了呢？武王的兄弟出来了："周公成文武之德。""成"当"成就"讲，周公成就了文王、武王的德业。周公虽然没当天子，但他先辅佐武王，后辅佐成王，与召公（他的兄弟，也是文王的儿子）夹辅王室。周召二公以叔父的身份辅佐侄子成王。上一节"故大德者必受命"是受天之命，受上天的保佑，这个"受命"就是受命当天子。武王年老了才受命，他要来改变殷朝有些不合时宜的东西，精力不及了，周公就出来辅佐他。周公相当了不得，推翻殷朝的时候，周公就封于鲁，就是后来春秋时候的鲁国。但周公没有去就任，而是让他的儿子伯禽去当鲁公，他就留在朝廷里辅佐他的哥哥武王。他为什么要辅佐武王？因为殷朝经历了那么久，所有的规章制度都要做一些改变。正因为他的规章制度坏了，殷纣王才垮台了。改朝换代后就要做一些制度性改变，而改变又要按照大德的标准来做，所以武王的兄弟周公就出来了，成就了文武的德业。

"成文武之德"包含的内容相当多，包括制礼作乐。古代改朝换代都有制礼作乐的问题，假如不改变礼乐，不改变有些规矩的话，新朝就不能够继续统治下去了，这是改朝换代必须有的。正因为商纣已经失掉民心了，所以他才垮台的。那么你现在上来当天子，你就要把原来那些不符合时宜的而且对人民没有好处的东西废止，所以改朝换代都有个制礼作乐的过程。汉高祖就是个行伍之人，他一当了皇帝，都要依靠叔孙通去给他制礼作乐，如果他不自己制礼作乐，秦始皇那一套他怎么能用？用了之后还不是步秦始皇的后尘。所以武王当了天子，周公就出来制礼作乐，成就文武的德业。制礼作乐的内容太多了，这里只举了其中的一个方面。请大家注意，不举其他的就举孝！所以我们说这三章都是以孝作为红线来贯串的，以孝作为重点来举例，当然制礼作乐内容还有很多，但是重点先改革孝。

孝包括哪些内容？下面就说："追王大王、王季，上祀先公以天子之礼。"大王、王季、文王，分别是武王、周公的曾祖、祖父和父亲。三代人要追封王，那个时候的王就是天子。只有这三代人要追封王，承认他们是天子。只追（封）了三代，但是对于三代以前的——高祖、太高祖，一直到周朝的始祖后稷，那些祖先怎么办？这就有区别了，区别在哪里？"上祀先公以天子之礼"，祭他们用天子之礼，但是他们本人不是天子。只有大王、王季、文王被追封为天子，而对大王以上一直到周的始祖后稷，只是用天子之礼来祭他们，但他们不是天子。区别就在这里。不是说武王当了天子，一直追封，没完没了一直追封到后稷，那不行！（只）追封三代。这在制礼上就有区别了，这是举的一个例子。

"斯礼也，达乎诸侯大夫及士庶人。"这一个礼，诸侯大夫及士庶人都要实行。以前，祭祀是有规矩的。祭天子，多少杯酒、多少样菜，是有规矩的；祭大夫，用多少杯酒、多少样菜，也是有规矩的。这个在《礼记》的祭仪上具体得很，那个就是周公制礼作乐定的规矩。不能说武王一当了天子，就追封祖祖辈辈为天子，最多追封大王、王季、文王三代，但是对于大王、王季以上的先公，则用天子之礼来祭祀他们。因为武王是天子，可以用天子的礼来祭祀，但是大王以上的那些祖先，绝不能追封为天子。

下面就具体讲，诸侯也好，大夫也好，士庶人也好，都按这个规矩来办事。下面就举了一个具体例子："父为大夫，子为士，葬以大夫，祭以士。"士人，指读书人，大夫比读书人高一截。父亲是大夫，儿子是读书人，没有功名，遇到儿子祭祀父亲的时候，供品应该怎么摆？叫作"葬以大夫，祭以士"。用大夫之礼来埋葬父亲，为什么要用大夫之礼？因为他父亲本身是大夫。但是你在摆供品祭祀父亲的时候，也用大夫的规矩摆九样菜、十杯酒，就错了！因为你是士，没有资格摆九样菜、十杯酒，假如你是大夫，就可以这样子。所以，葬你的父亲，他是大夫，用大夫之礼葬，但是你在祭祀你的父亲的时候，只有用士的资格去祭祀。

下面再举一个相反的例子："父为士，子为大夫，葬以士，祭以大夫。"父亲是士，儿子是大夫，怎么办呢？葬你的父亲用士的规矩，祭祀你的父亲用大夫之礼。以活人的资格来祭，以死人的身份来葬，这个在《礼记·祭礼》上说得非常清楚。

那么除了葬礼和祭礼之外，还有个服丧的问题。服丧现在基本上没有了，1949 年以前还有。这些我都是经历过的，而且要先学，从小就看，看了要学。我的祖母去世的时候，我的父亲已经先她而去，我就等于去顶我父亲的资格，我都顶着三根樑子的麻冠，我两个兄弟就戴一根樑，我的丧期就是三年，我两个兄弟以一年为期服丧。我因为顶替父亲，就要去服三年丧，这三年当中，连绸子衣服都不敢沾，这个叫丧礼。下面也就具体说明什么叫作丧礼。

“期之丧达乎大夫。”从《礼记 · 丧服》讲，所谓“期之丧”就是一年，孙儿给亲生祖父母服的是一年的丧。这一年，当然也不准穿绸子衣服，更不准结婚，结婚那简直是大不孝，这个叫期服。三年之丧实际上只有二十五个月，就是刚刚达到三年第一个月（就行了）。三年之丧是给父母服的，比如说我的父亲、母亲不在了，那我就要服丧三年，二十五个月。期之丧是一年，是给祖父母服的丧，给亲伯伯、亲叔叔服丧都是期服，这个在《礼记》的《丧服大记》《丧服小记》中说得清清楚楚的。

“期之丧达乎大夫”，只到大夫，这个话是什么意思？因为大夫是当官的，他要应酬，你让他一年都不准穿绸不准吃，恐怕这个还是有困难。所以周公制礼作乐，非常切合实际。因为大夫有公干，所以“期之丧”只到大夫为止，意思就是大夫以下才服期丧。

“三年之丧，达乎天子。”三年之丧就一直到天子，“达”是到，期之丧是只到大夫，三年之丧就到天子。一般来说，当皇帝的，差不多父亲都是去世了的，当然也有很少数的例外，父亲没有去世当了太上皇，儿子当了皇帝，这种情况在历史上也有。那么遇到这种情况，应服三年之丧。

所以最后一句就是："父母之丧无贵贱，一也。"只要是父母之丧，不管你是天子、诸侯，还是庶民百姓都没有减省，一律做到三年。

为什么丧礼、祭礼因身份不同都有区别，而独独对于父母之丧这么看重呢？道理很简单，父母是生我们养我们的，在父母面前你还打点折扣，哪里还有孝顺了？所以重点仍然还是强调孝。

我们现在把这三节小结一下。

第一节总说文王："无忧者，其惟文王乎。以王季为父，以武王为子，父作之，子述之。"希望大家注意，文王不是无所作为，因为文王做到了父作子述。他没有这样说："无忧者，其惟文王乎。以王季为父，以武王为子，王季作之，武王述之。"他是说的"父作之，子述之"，这个"父"并没有固定指谁。就王季与文王来说，王季是父，文王是子；就文王与武王来说，文王是父，武王是子。"父作子述"，不能够理解成为王季作之，文王述之。王季是父，但他对于太王来说又是子。对武王来说，文王是父，对于王季来说，文王又是子。所以父作子述主要就是强调的代代相承。所以第一节，主要是说庸德必须世世相承，世世相承的具体表现就是父作子述。

第二节写文武的不同：“武王缵大王、王季、文王之绪，壹戎衣而有天下。身不失天下之显名。”这一节重点是在强调“身不失天下之显名”。刚才我们在学习的时候，特别强调这件事情，举了很多例子，都是想说明这个问题，不然很容易误解。文王，纣王把他囚于羑里，他都不反殷，为什么儿子武王一下就反了呢？就把殷朝推翻了呢？难道文王与武王一个尽忠，一个不尽忠吗？重点是在这里，所以孔子专门讲武王“身不失天下之显名”，他虽然把纣王推翻了，但并没有失掉天下对他的赞扬。具体的表现就是八百诸侯朝周等等，前面举了很多例子，这个是见诸经典的。所以，“身不失天下之显名”这一句是这一段的重点。

第三节就是“武王末受命”，重点是说周公。第一节说文王，第二节说武王，第三节就重点说周公。重点在写周公“成文武之德”，武王岁数大了，制礼作乐力有不及了，周公就出来继承父作子述的事业。当然，周公制礼作乐的内容，一部《礼记》说得非常详细、具体，因此第三节把丧服作为一个例子来说明“周公成文武之德”。当然，“文武之德”哪里只是一个丧服呢？

那么恐怕大家就要提出一个问题，为什么只举丧服这个例子呢？他为什么不举其他的呢？这个就要请我们想到这三节的核心是什么？孝！这三节都在说德之本——孝。

现在，概括一下。如果说第十七章是说明只有庸德可以享天心的话，那么，第十八章则是说庸德不仅可以享天心，而且庸德还必须世世相承。只有西周的大王、王季、文王、武王做到了世德相承。因此他就举周代的这个事例，来充分说明庸德的根本是孝，这个必须世德相承。第十七、十八两章一个是说庸德可以享天心，一个是说庸德必须世德相承。①

① 《中庸恒解》卷上："右第十八章。引文王无忧，以明德必世世相承，然后天心久享。盖承先启后者，人人之志也，而不知惟德可久，故子思引子言以实之。不然，中庸之道人且以为迂远矣。圣贤以德望人，实无非欲其久存天理，故不得不以是歆动之。"（《十三经恒解（笺解本）》卷之一，第113—114页。）

第十九章

子曰："武王、周公，其达孝矣乎。"[①]

第十九章是重点章，而前两节又是本章的重点。"子曰：'武王、周公，其达孝矣乎。'"先提出问题。武王与周公都是通达孝道的人。"达"，作"通达"讲。所谓通达者，不呆板也。那么什么叫作呆板？以前都这样做，所以不管现在的社会情况怎么样，都去照着做，这就叫作不通达。那么通达的实际意义是什么呢？就是"因地制宜""因时制宜"。这一章为什么是重点呢？在学前面两章的时候，恐怕我们都会有一个问题从脑袋里冒出来，觉得有些东西不是跟现实格格不入，就是有点难以实践。学了这一段，这个问题就解决了。

---

① 《中庸恒解》卷上："达，通也。变通合宜，当于天下之人心。说见下文。"（《十三经恒解（笺解本）》卷之一，第 115 页。）

关于通达这个问题，我们举孔子在《论语·子罕》上的一句话（来说明）："麻冕，礼也，今也纯，俭。吾从众。拜下，礼也；今拜乎上，泰也。虽违众，吾从下。"① 这话的意思是什么呢？用麻做的帽子，到了孔子的时代，就用丝来做，用丝做帽子又漂亮，比起用纯麻做帽子还要相因（价钱便宜）一些。但是按以前的规矩，必须要戴麻冕，到了孔子那个时候，就戴丝冕了。孔子对这个问题怎么看呢？一般人说这个好像失礼了，不合礼。孔子赞成此种改变，赞成变的理由是什么？因为用纯丝做帽子要节约一些。现在大家都在戴用纯丝织出的帽子，我也跟着戴，这个是第一句。

第二句："拜下，礼也；今拜乎上，泰也。虽违众，吾从下。"以前臣子见君，在阶沿底下就要磕头，到了孔子那个时候，臣子见君要走上阶沿才磕头。孔子不赞成此种改变。他说，拜下是合乎道理的。但是"今拜乎上"，现在要跑到阶沿上去才磕头，同样是磕头，在底下磕和上头磕，看起来是一上一下，但是他不赞成。他说，"吾从下"，我还是要在底下磕头。举这个例子说明什么问题呢？就是说，先王制定的礼要按照当时社会的情况，在不违背原则的前提下加以改变。这个就是孔子讲的时中之道，也就是槐轩讲的法古

① 《论语恒解》上论下册·子罕第九："岂知时俗所尚，有无害于义者，可酌用之，害义必不可从。子故即麻冕、拜下二者以示其端，实则当从。违者何仅此也？麻冕、缁布冠，古人始冠，冠之，盖以存古质之意。以丝代之，特取其工省易成。"（《十三经恒解（笺解本）》卷之一，第311页。）

要宜今，不可太拘执。

刚才我还举了个例子，对于父母，你按照以前的礼仪，一天三次问安，《礼记》上讲："文王之为世子，朝于王季，日三。"文王去见他父亲，是一天三次。他尽管很忙，但鸡刚刚一叫唤，他就去了，就要问：今天父亲身体好不好啊？服侍王季的人说没有问题，文王便走了。第二次，文王吃中午饭的时候又去问："今日安否何如？"他又去问内竖之御者：老人家中午饭还有没有减少？今天的菜还好吗？还吃得好吗？得到肯定的回复后，文王又走了。到了晚上，要睡的时候又去了。"朝于王季，是日三"，但是现在呢？达不到，不可能嘛，现在找哪个孝子都达不到。所以这个就是社会的变迁、时风的转变，只要合乎道理的，做一些修改是完全可以的。而这一篇讲武王、周公的达孝，重点就是讲这个东西。

《中庸》第十七章讲孝可以受天命，第十八章讲孝要世世代代相传，这一章讲孝也要因时制宜，这样就全了。掌握到这三条，你就真正懂得了《中庸》所讲的孝：第一个要继承，世代相传；第二个是必须坚持孝，才能够得天命；第三个就是实行孝道要因时制宜，像武王、周公一样，做到达孝。所以第一句就把中心（思想）提出来了，非常明确："武王、周公，其达孝矣乎？"他们是达孝的榜样。

“夫孝者，善继人之志，善述人之事者也。”①

这两句就解释了什么叫达孝，什么叫合乎时宜的通达的孝，就是：“善继人之志，善述人之事。”请大家把那个“善”字画个圈，重点就在这里。“继”是继承，“述”是实行，我们前面已经讲了的，要善于继承和实行祖先给我们传下来的德业。那么，怎样才能做到善继、善述呢？那就要像武王、周公一样，要达孝。不要呆板地去孝，那个叫愚孝，或者叫呆板的孝，不符合时宜的孝。

所以第二节，重点是在于善继善述的这个“善”字。那么哪些该继述，哪些该变呢？哪些该改变一下，让它通达，从而做到达孝呢？第三节就举了一个例子。

“春秋修其祖庙，陈其宗器，设其裳衣，荐其时食。”②

到了春秋两季，以前自己有堂屋的，或者是没有大堂屋、只有个小堂屋的，祖先的牌位你总要供一下，去世了的父亲也好，母亲也好，他们的祭日，你要摆个供品。他们生

---

① 《中庸恒解》卷上：“申上文达字之意。志事不必尽同，而继述极善，所以为达孝。下文特其一二端。”（《十三经恒解（笺解本）》卷之一，第115页。）

② 《中庸恒解》卷上：“此下举庙礼以明达孝之大端。祖庙已定为七，而春秋修之，敬谨至矣。陈设荐又随时以展孝思。先世所爱玩宝，而藏之重曰宗器。裳衣，凡衣皆珍藏，祭则设之，或以授尸。时食，随时之食物也。”（《十三经恒解（笺解本）》卷之一，第115页。）

日你要给他们庆个寿或庆个生。这个能不能变呢？不能变。所以春秋就要“修其祖庙”，把供他们牌位的庙子修整好，打扫干净。“陈其宗器”，“陈”是陈设，把祭奠他们的那些东西摆好，打扫得干干净净的，拿来祭奠祖先。

我看到现在越来越多的人七月半烧袱纸，现在好多年轻人都在做，我很受感动。我们隔壁有一个工人，文化并不高，每年他父母的生日、祭日，还有七月半都进行祭祀。他不但点香、点蜡、磕头、烧纸钱，而且还杀一个鸡，拿一个刀头（肘子）来供。他没有专门的地方祭祀，就在我们外面空地上供。我很受教育，他没有学过《礼记》，但是他不忘记他的父母。他无祖庙可修，他无宗器可陈，但是他的心尽到了。

按以前的规矩就要“修其祖庙，陈其宗器，设其裳衣”，“设其裳衣”，把先人以前穿过的衣服拿来摆起。“荐其时食”，把最新鲜的蔬菜、果品、鱼肉摆好敬祖先。这个能不能变？不能变！现在我没变，只不过没有做得那么全，现在又没有宗庙，也没有宗器那些东西。我现在还是坚持参加中元节的荐先祭祖活动，再忙，我非去蹲起不行（待在那里不可）。还有祖先的生日、祭日，我始终记到脑壳里头，这个是一个孝思问题。所以，以前我们每年要举办大小九次的法会活动，上元会、佛祖会、中元会、九皇会等等，办会究竟是为了什么呢？一个字——孝！就是通过办会，提倡孝道，事死如事生，事亡如事存，通过超荐祖先，达到“慎终追远，民德归厚”的目的，也就是通过这样的形式，达到正人心、厚风俗的目的。圣人事业也就是正人心、厚风俗，这也体现了传统文化中敬天法祖的核心信仰。所以“修其祖庙，陈其宗器，设其裳衣，荐其时食”，这个就是不能变的。你要去学周公、武王的“达孝”，如果变得连父母都不认了，怎么能被称为“达孝”？所以有些东西是不能变的。

“宗庙之礼，所以序昭穆也；序爵，所以辨贵贱也；序事，所以辨贤也；旅酬下为上，所以逮贱也；燕毛，所以序齿也。”①

这一段，有些就变了。“宗庙之礼，所以序昭穆也；序爵，所以辨贵贱也；序事，所以辨贤也；旅酬下为上，所以逮贱也；燕毛，所以序齿也。”这几句话，我不一句一句地讲了，这些东西，我们有些根本做不到。现在就是办宗族会，去了也不过是烧三根香、点一堆蜡、磕一下头，大家供一下祖先，吃顿饭而已。现在我们每年到彭镇去扫墓的时

① 《中庸恒解》卷上：“上文言孝思随时致敬，此复括其宗庙之大凡，而释其用意之周密。礼，晋接威仪之礼。序昭穆，各以其班而不相紊。序爵，异姓助祭者，以位为班。皆指未祭时言也。序事，当祭之时，各以其能效职。主酌宾曰献，宾酌主曰酢，互饮曰酬，言旅酬以该献酢。盖尸饮以普神惠，则有旅酬之礼。主宾子弟同序，立于东西阶者，皆得举觯于长，故曰逮贱。燕毛，祭毕而留燕于寝，以兄弟之齿序。毛，犹老也。朱子曰：旅，众也。旅酬，宗庙之中以有事为荣，故逮及贱者，使亦得以申其敬也。齿，年数也。”（《十三经恒解（笺解本）》卷之一，第115—116页。）

候，也是三根香一对蜡，大家去磕个头，不可能像以前那个样子。你若是不能按照以前的规矩办了，可以换一种方式表达，这个就是达孝。

比如，“文王之为世子，朝于王季，日三”，每天要去看三次，现在一般人都做不到。你住在东门，父母住在西门，太远了，打个电话：“喂，你们两位老人家还好吗？”现在能做到这个，就是达孝。但是你连这个都没有了，就不大好说了，你都（把父母）搞忘了。当然，我不是要批评大家，没有那个意思，我只是举个例子。有些是我们能够做到的，关键在于脑袋里还有没有这个“孝”字，这些是不能变的。

“践其位，行其礼，奏其乐，敬其所尊，爱其所亲，事死如事生，事亡如事存，孝之至也。”①

“践其位，行其礼”，是说明你没有忘记先祖，你要祭奠他，对他行礼。“敬其所尊，爱其所亲”，先祖所尊敬的，你要尊敬；先祖所钟爱的，你要钟爱。那么你对逝去的父母态度应该是“事死如事生，事亡如事存”。这点很不容易办

① 《中庸恒解》卷上：“承上文而赞之，其谓文王也。谓礼乐皆享天子之荣，非文昔日所有，武周继述文王而光大之，使其践位，行礼奏乐，以敬爱其先，是事死亡如生存而为孝之至也。死以形言，亡以神言。朱子曰：所尊所亲，先王之祖考、子孙、臣庶也。”（《十三经恒解（笺解本）》卷之一，第116页。）

到，父母在的时候还想得起，父母去世以后，离你越来越远了，恐怕就忘记了。要能够真正做到“事死如事生，事亡如事存”，那是相当不容易的。我们现在每年办荐先祭祖活动，就是具体地体现“事死如事生，事亡如事存”，好像他还活着一样，去超荐他，给他烧点袱纸，给他磕个头、敬个礼，请他吃点油大（打牙祭之意），表示你不忘先人。要真正做到“事死如事生，事亡如事存”，就是孔子讲的“孝之至也”，孝到极点了。

《孟子·万章》上说：“大孝终身慕父母。”什么是“大孝”？孟夫子解释的大孝就是一辈子都在想着父母。不管父母在也好，不在也好，终其身不忘记父母，这个谓之大孝。孟夫子最后说了一句话：“五十而慕者，予于大舜见之矣。”孟夫子说：到了五十岁都还想得起父母，我只看到大舜一个人。说明对健在的父母有时候还想得起，而对去世的父母很多人慢慢就淡忘了。真正能够做到“事死如事生，事亡如事存”的很少，不然孔夫子为什么会说，能够做到的是“孝之至也”，是至孝。

那么达孝究竟是指的什么？怎样使（我们对父母的）孝如武王、周公一样通达？做到了“事死如事生，事亡如事存”就是“孝之至也”，就是达孝。文王之为世子，一天三次去问候父母，那个可以改，但是你连父母都忘记了，一定不能说是达孝。该改的改，不该改的不改，这个就谓之达孝。

历史上有这么一个故事，宋代的欧阳修是个孝子，他后来当了很大的官，当了宰相，就给他的父亲写了一篇文章——《泷冈阡表》，纪念他的父亲。

《泷冈阡表》具体记述他的父亲如何尽孝，其中父亲如何孝敬他的祖母的内容，写得最具体。碑文写好了，欧阳修把它刻在石碑上，用船运到泷冈埋他父亲的地方去。走到水路上，遇到大风，一下船就翻了，墓碑就掉到河里头了。好在河又不是很深，就让人把它捞起来了。在清理这个碑的时候，就看到有两句话的周围有红圈。他以前只刻了碑文，没有红圈。哪两句话呢？"祭而丰，不如养之薄也。"就是对待父母，尤其在他去世了以后，你去祭奠他，你用鱼翅席、鲍鱼席祭他，还不如他在的时候，你给他烧点芋儿烧肉。"祭而丰，不如养之薄也"，这个是纯孝的人才说得出来的。后来就传说，他这两句话是龙王给他画的圈，龙王看上他的纯孝——孝感动天。所以读这篇文章，我现在都还有这个感觉，我们小时候是当祭文的范本来读，老师一讲，我们一读，就把自己读哭了。

"祭而丰，不如养之薄也。"大家懂得了这个道理，孝就生根了。你现在祭他祭得再好，他也享受不到了，还不如"养之薄"。举这个例子，说明什么是纯孝、大孝。

请大家注意，我们所谓的达孝是指什么？是指符合时宜的那个孝道。那么如何才能符合时宜？有些东西随便怎么变都不能够讲不合乎时宜，比如说问安，可以打电话，这个合乎时宜。"父母在，不远游"，合乎时宜。你父母岁数大了，但因为工作，今天喊你出差北京，明天喊你出差西安，你不能说不去，这个可以合乎时宜做一些改动。但是有些东西，比如“事死如事生，事亡如事存”，这个你怎么改？你应随时都想到父母，随时都想到祖先，这个你能怎么改？没有文化的人，他都还有这点孝思，何况我们？

“郊社之礼，所以事上帝也。宗庙之礼，所以祀乎其先也。明乎郊社之礼、禘尝之义，治国其如示诸掌乎。”①

“郊社之礼”，祭天地，祭大父母；“宗庙之礼”，祭小父母，小父母就是生我们的父母。

懂得了祭天地，懂得了孝父母，最后的结果是：“治国其如示诸掌乎。”你要治理国家，就像手掌上搁个东西一样，清楚得很。为什么孝就可以用来治国呢？因为：“夫孝，始于事亲，中于事君，终于立身。”推广孝（道），就可以齐家、治国、平天下，（这便是）推爱。而推爱的根本在哪里？（在）孝！因此，孝是德之本。孝是先王的至德要道，是齐家、治国、平天下的起点。

所以，最后这一节是讲武王、周公的达孝，说明“道贵

---

① 《中庸恒解》卷上：“上文举祀事之大略，此复推广而约言之，以见其孝无不达。郊，祭天。社，祭地。地统于天，故专言上帝。禘，夏祭。尝，秋祭。举以该凡祭。有圣德而后与天通，享帝享亲，一气相孚，故治国如示诸掌也。郑康成曰：示，读如寘，置也。掌中易为力也。”（《十三经恒解（笺解本）》卷之一，第116页。）

时中”。“道贵”或者“德贵”都可以，道也好，德也好，都是它，贵在时中。

我们今天学了三章。第十七章说明孝可享天心，庸德可享天心。第十八章说明庸德必须世世相承。“父作之，子述之”，你不能述，你（怎么）作，（怎么）给后人带头？所以，必须世世相承，只有世世相承，你才能够长久地享受天心。第十九章，就是讲庸德必须时中，孝是庸德，贵在时中，不能够呆板地实践，有些东西法古要宜今，而这一条很重要。

槐轩讲，这三章重点是在谈庸德，而具体落实到孝这个问题上，孝正是德最根本的表现。一个人假设说在学道，在培养自己的德，而忘记了孝的话，那个德也好，道也好，通通得不到。为什么《中庸》要用这三章这么大的篇幅来集中谈孝，恐怕道理也就在这里。因为孝是德之本，教之所由生，关系到自己能否成为一个复性的人或者是叫作圣人、贤人、大好人。

所以，我希望大家在学习的时候从这三点来想，第一个是庸德，可享天心；第二个是世世相承，享天心才可久；第三个是必须实行时中之道，道贵时中。①

---

① 《中庸恒解》卷上：“右第十九章。引子言武周达孝，以明道贵时中。如武周之达，所以成作述之美，而中庸之道始尽善也。”（《十三经恒解（笺解本）》卷之一，第116页。）

附　录

《古本大学》原文

大学之道，在明明德，在亲民，在止于至善。知止而后有定，定而后能静，静而后能安，安而后能虑，虑而后能得。物有本末，事有终始，知所先后，则近道矣。古之欲明明德于天下者，先治其国；欲治其国者，先齐其家；欲齐其家者，先修其身；欲修其身者，先正其心；欲正其心者，先诚其意；欲诚其意者，先致其知，致知在格物。物格而后知至，知至而后意诚，意诚而后心正，心正而后身修，身修而后家齐，家齐而后国治，国治而后天下平。自天子以至于庶人，壹是皆以修身为本。其本乱而末治者否矣，其所厚者薄，而其所薄者厚，未之有也！此谓知本，此谓知之至也。

所谓诚其意者，毋自欺也，如恶恶臭，如好好色，此之谓自谦，故君子必慎其独也。小人闲居为不善，无所不至，见君子而后厌然，揜其不善而著其善。人之视己，如见其肺肝然，则何益矣？此谓诚于中，形于外，故君子必慎其独也。曾子曰："十目所视，十手所指，其严乎！"富润屋，德润身，心广体胖，故君子必诚其意。《诗》云："瞻彼淇澳，绿竹猗猗。有斐君子，如切如磋，如琢如磨。瑟兮僩兮，赫兮喧兮。有斐君子，终不可諠兮！"如切如磋者，道学也；如琢如磨者，自修也；瑟兮僩兮者，恂慄也；赫兮喧兮者，威仪也；有斐君子，终不可諠兮者，道盛德至善，民之不能忘也。《诗》云："于戏，前王不忘。"君子贤其贤而亲其亲，小人乐其乐而利其利，此以没世不忘也。《康诰》曰："克明德。"《大甲》曰："顾諟天之明命。"《帝典》曰："克明峻德。"皆自明也。汤之《盘铭》曰："苟日新，日日新，又日新。"《康诰》曰："作新民。"《诗》云："周虽旧邦，其命维新。"是故君子无所不用其极。《诗》云："邦畿千里，惟民所止。"《诗》云："缗蛮黄鸟，止于丘隅。"子曰："于止，知其所止，可以人而不如鸟乎？"《诗》云："穆穆文王，于缉熙敬止！"为人君，止于仁；为人臣，止于敬；为人子，止于孝；为人父，止于慈；与国人交，止于信。子曰："听讼，吾犹人也，必也使无讼乎！"无情者不得尽其辞，大畏民志，此谓知本。

所谓修身在正其心者，身有所忿懥，则不得其正；有所恐惧，则不得其正；有所好乐，则不得其正；有所忧患，则不得其正。心不在焉，视而不见，听而不闻，食而不知其味。此谓修身在正其心。

所谓齐其家在修其身者，人之其所亲爱而辟焉，之其所贱恶而辟焉，之其所畏敬而辟焉，之其所哀矜而辟焉，之其所敖惰而辟焉。故好而知其恶，恶而知其美者，天下鲜矣。故谚有之曰："人莫知其子之恶，莫知其苗之硕。"此谓身不修不可以齐其家。

所谓治国必先齐其家者，其家不可教而能教人者，无之。故君子不出家而成教于国。孝者，所以事君也；弟者，所以事长也；慈者，所以使众也。《康诰》曰："如保赤子。"心诚求之，虽不中，不远矣。未有学养子而后嫁者也。一家仁，一国兴仁；一家让，一国兴让；一人贪戾，一国作乱。其机如此。此谓一言偾事，一人定国。尧舜帅天下以仁，而民从之；桀纣帅天下以暴，而民从之；其所令反其所好，而民不从。是故君子有诸己而后求诸人，无诸己而后非诸人。所藏乎身不恕，而能喻诸人者，未之有也。故治国在齐其家。《诗》云："桃之夭夭，其叶蓁蓁。之子于归，宜其家人。"宜其家人，而后可以教国人。《诗》云："宜兄宜弟。"宜兄宜弟，而后可以教国人。《诗》云："其仪不忒，正是四国。"其为父子兄弟足法，而后民法之也。此谓治国在齐其家。

所谓平天下在治其国者，上老老而民兴孝，上长长而民兴弟，上恤孤而民不倍，是以君子有絜矩之道也。所恶于上，毋以使下；所恶于下，毋以事上；所恶于前，毋以先后；所恶于后，毋以从前；所恶于右，毋以交于左；所恶于左，毋以交于右。此之谓絜矩之道。《诗》云："乐只君子，民之父母。"民之所好好之，民之所恶恶之，此之谓民之父母。《诗》云："节彼南山，维石岩岩。赫赫师尹，民具尔瞻。”有国者不可以不慎，辟则为天下僇矣。《诗》云：“殷之未丧师，克配上帝。仪监于殷，峻命不易。”道得众则得国，失众则失国。是故君子先慎乎德。有德此有人，有人此有土，有土此有财，有财此有用。德者，本也；财者，末也。外本内末，争民施夺。是故财聚则民散，财散则民聚。是故言悖而出者，亦悖而入；货悖而入者，亦悖而出。《康诰》曰：“惟命不于常！”道善则得之，不善则失之矣。《楚书》曰：“楚国无以为宝，惟善以为宝。”舅犯曰：“亡人无以为宝，仁亲以为宝。”《秦誓》曰：“若有一个臣，断断兮无他技，其心休休焉，其如有容焉。人之有技，若己有之；人之彦圣，其心好之，不啻若自其口出。寔能容之，以能保我子孙黎民，尚亦有利哉。人之有技，媢嫉以恶之；人之彦圣，而违之俾不通。寔不能容，以不能保我子孙黎民，亦曰殆哉。”唯仁人放流之，迸诸四夷，不与同中国，此谓唯仁人为能爱人，能恶人。见贤而不能举，举而不能先，命也；见不善而不能退，退而不能远，过也。好人之所恶，恶人之所好，是谓拂人之性，菑必逮夫身。是故君子有大道，必忠信以得之，骄泰以失之。生财有大道，生之者众，食之者寡，为之者疾，用之者舒，则财恒足矣。仁者以财发身，不仁者以身发财。未有上好仁而下不好义者也，未有好义其事不终者也，未有府库财非其财者也。孟献子曰：“畜马乘，不察于鸡豚；伐冰之家，不畜牛羊；百乘之家，不畜聚敛之臣，与其有聚敛之臣，宁有盗臣。”此谓国不以利为利，以义为利也。长国家而务财用者，必自小人矣。彼为善之。小人之使为国家，菑害并至。虽有善者，亦无如之何矣。此谓国不以利为利，以义为利也。

《中庸》 原文

天命之谓性，率性之谓道，修道之谓教。道也者，不可须臾离也，可离非道也。是故君子戒慎乎其所不睹，恐惧乎其所不闻。莫见乎隐，莫显乎微，故君子慎其独也。喜怒哀乐之未发，谓之中；发而皆中节，谓之和。中也者，天下之大本也；和也者，天下之达道也。致中和，天地位焉，万物育焉。

仲尼曰："君子中庸，小人反中庸。"君子之中庸也，君子而时中；小人之中庸也，小人而无忌惮也。

子曰："中庸其至矣乎！民鲜能久矣。"

子曰："道之不行也，我知之矣，知者过之，愚者不及也；道之不明也，我知之矣，贤者过之，不肖者不及也。人莫不饮食也，鲜能知味也。"

子曰："道其不行矣夫。"

子曰："舜其大知也与。舜好问而好察迩言，隐恶而扬善，执其两端，用其中于民，其斯以为舜乎。”

子曰：“人皆曰予知，驱而纳诸罟擭陷阱之中，而莫之知辟也。人皆曰予知，择乎中庸而不能期月守也。”

子曰：“回之为人也，择乎中庸，得一善则拳拳服膺而弗失之矣。”

子曰：“天下国家可均也，爵禄可辞也，白刃可蹈也，中庸不可能也。”

子路问强。子曰：“南方之强与？北方之强与？抑而强与？宽柔以教，不报无道，南方之强也，君子居之。衽金革，死而不厌，北方之强也，而强者居之。故君子和而不流，强哉矫。中立而不倚，强哉矫。国有道，不变塞焉，强哉矫。国无道，至死不变，强哉矫。”

子曰：“素隐行怪，后世有述焉，吾弗为之矣。君子遵道而行，半途而废，吾弗能已矣。君子依乎中庸，遁世不见知而不悔，唯圣者能之。”

君子之道费而隐。夫妇之愚，可以与知焉，及其至也，虽圣人亦有所不知焉；夫妇之不肖，可以能行焉，及其至也，虽圣人亦有所不能焉。天地之大也，人犹有所憾。故君子语大，天下莫能载焉；语小，天下莫能破焉。《诗》云：“鸢飞戾天，鱼跃于渊。”言其上下察也。君子之道，造端乎夫妇，及其至也，察乎天地。

子曰：“道不远人。人之为道而远人，不可以为道。《诗》云：‘伐柯伐柯，其则不远。’执柯以伐柯，睨而视之，犹以为远。故君子以人治人，改而止。忠恕违道不远。

施诸己而不愿，亦勿施于人。君子之道四，丘未能一焉：所求乎子以事父，未能也；所求乎臣以事君，未能也；所求乎弟以事兄，未能也；所求乎朋友先施之，未能也。庸德之行，庸言之谨，有所不足，不敢不勉，有余不敢尽。言顾行，行顾言，君子胡不慥慥尔。”

君子素其位而行，不愿乎其外。素富贵，行乎富贵；素贫贱，行乎贫贱；素夷狄，行乎夷狄；素患难，行乎患难；君子无入而不自得焉。在上位不陵下，在下位不援上，正己而不求于人则无怨。上不怨天，下不尤人。故君子居易以俟命，小人行险以徼幸。子曰：“射有似乎君子，失诸正鹄，反求诸其身。”

君子之道，辟如行远必自迩，辟如登高必自卑。《诗》曰：“妻子好合，如鼓瑟琴。兄弟既翕，和乐且耽。宜尔室家，乐尔妻帑。”子曰：“父母其顺矣乎。”

子曰：“鬼神之为德，其盛矣乎。视之而弗见，听之而弗闻，体物而不可遗。使天下之人齐明盛服，以承祭祀。洋洋乎，如在其上，如在其左右。《诗》曰：‘神之格思，不可度思。矧可射思。’夫微之显，诚之不可揜如此夫。”

子曰：“舜其大孝也与。德为圣人，尊为天子，富有四海之内。宗庙飨之，子孙保之。故大德，必得其位，必得其禄，必得其名，必得其寿。故天之生物，必因其材而笃焉。故栽者培之，倾者覆之。《诗》曰：‘嘉乐君子，宪宪令德。宜民宜人，受禄于天；保佑命之，自天申之。’故大德者必受命。”

子曰："无忧者，其惟文王乎。以王季为父，以武王为子，父作之，子述之。武王缵大王、王季、文王之绪，壹戎衣而有天下，身不失天下之显名。尊为天子，富有四海之内。宗庙飨之，子孙保之。武王末受命，周公成文武之德，追王大王、王季，上祀先公以天子之礼。斯礼也，达乎诸侯大夫及士庶人。父为大夫，子为士，葬以大夫，祭以士；父为士，子为大夫，葬以士，祭以大夫。期之丧达乎大夫，三年之丧达乎天子，父母之丧无贵贱，一也。"

子曰："武王、周公，其达孝矣乎。夫孝者，善继人之志，善述人之事者也。春秋修其祖庙，陈其宗器，设其裳衣，荐其时食。宗庙之礼，所以序昭穆也；序爵，所以辨贵贱也；序事，所以辨贤也；旅酬下为上，所以逮贱也；燕毛，所以序齿也。践其位，行其礼，奏其乐，敬其所尊，爱其所亲，事死如事生，事亡如事存，孝之至也。郊社之礼，所以事上帝也。宗庙之礼，所以祀乎其先也。明乎郊社之礼、禘尝之义，治国其如示诸掌乎。"

哀公问政。子曰："文武之政，布在方策。其人存，则其政举；其人亡，则其政息。人道敏政，地道敏树。夫政也者，蒲卢也。故为政在人，取人以身，修身以道，修道以仁。仁者，人也，亲亲为大。义者，宜也，尊贤为大。亲亲之杀，尊贤之等，礼所生也。在下位不获乎上，民不可得而治矣。故君子不可以不修身；思修身，不可以不事亲；思事亲，不可以不知人；思知人，不可以不知天。天下之达道五，所以行之者三。曰君臣也、父子也、夫妇也、昆弟也、朋友之交也，五者天下之达道也。知、仁、勇三者，天下之达德也，所以行之者一也。或生而知之，或学而知之，或困而知之，及其知之一也；或安而行之，或利而行之，或勉强而行之，及其成功一也。子曰：好学近乎知，力行近乎仁，知耻近乎勇。知斯三者，则知所以修身；知所以修身，则知所以治人；知所以治人，则知所以治天下国家矣。凡为天下国家有九经，曰修身也，尊贤也，亲亲也，敬大臣也，体群臣也，子庶民也，来百工也，柔远人也，怀诸侯也。修身则道立，尊贤则不惑，亲亲则诸父昆弟不怨，敬大臣则不眩，体群臣则士之报礼重，子庶民则百姓劝，来百工则财用足，柔远人则四方归之，怀诸侯则天下畏之。齐明盛服，非礼不动，所以修身也；去谗远色，贱货而贵德，所以劝贤也；尊其位，重其禄，同其好恶，所以劝亲亲也；官盛任使，所以劝大臣也；忠信重禄，所以劝士也；时使薄敛，所以劝百姓也；日省月试，既禀称事，所以劝百工也；送往迎来，嘉善而矜不能，所以柔远人也；继绝世，举废国，治乱持危，朝聘以时，厚往而薄来，所以怀诸侯也。凡为天下国家有九经，所以行之者一也。凡事豫则立，不豫则废。言前定则不跲［jié］，事前定则不困，行前定则不疚，道前定则不穷。在下位不获乎上，民不可得而治矣。获乎上有道，不信乎朋友，不获乎上矣；信乎朋友有道，不顺乎亲，不信乎朋友矣；顺乎亲有道，反诸身不诚，不顺乎亲矣；诚身有道，不明乎善，不诚乎身矣。诚者，天之道也；诚之者，人之道也。诚者不勉而中，不思而得，从容中道，圣人也。诚之者，择善而固执之者也。博学之，审问之，慎思之，明辨之，笃行之。有弗学，学之弗能弗措也；有弗问，问之弗知弗措也；有弗思，思之弗得弗措也；有弗辨，辨之弗明弗措也；有弗行，行之弗笃弗措也。人一能之己百之，人十能之己千之。果能此道矣，虽愚必明，虽柔必强。”

自诚明，谓之性；自明诚，谓之教。诚则明矣，明则诚矣。

唯天下至诚，为能尽其性；能尽其性，则能尽人之性；能尽人之性，则能尽物之性；能尽物之性，则可以赞天地之化育；可以赞天地之化育，则可以与天地参矣。

其次致曲，曲能有诚，诚则形，形则著，著则明，明则动，动则变，变则化，唯天下至诚为能化。

至诚之道，可以前知。国家将兴，必有祯祥；国家将亡，必有妖孽；见乎蓍龟，动乎四体。祸福将至，善，必先知之；不善，必先知之。故至诚如神。

诚者自成也，而道自道也。诚者物之终始，不诚无物。是故君子诚之为贵。诚者非自成己而已也，所以成物也。成己，仁也；成物，知也。性之德也，合外内之道也，故时措之宜也。

故至诚无息。不息则久，久则征，征则悠远，悠远则博厚，博厚则高明。博厚，所以载物也；高明，所以覆物也；悠久，所以成物也。博厚配地，高明配天，悠久无疆。如此者，不见而章，不动而变，无为而成。天地之道，可一言而尽也：其为物不贰，则其生物不测。天地之道，博也，厚也，高也，明也，悠也，久也。今夫天，斯昭昭之多，及其无穷也，日月星辰系焉，万物覆焉。今夫地，一撮土之多，及其广厚，载华岳而不重，振河海而不泄，万物载焉。今夫山，一卷石之多，及其广大，草木生之，禽兽居之，宝藏兴焉。今夫水，一勺之多，及其不测，鼋鼍（鼋［yuán］，《说文》：大也。鼍［tuó］，《说文》：水蟲。陆机云：鼍似蜥蜴，长丈余）、蛟龙、鱼鳖生焉，货财殖焉。《诗》云："维天之命，於穆不已。"盖曰天之所以为天也。"于乎不显，文王之德之纯。"盖曰文王之所以为文也，纯亦不已。

大哉，圣人之道。洋洋乎，发育万物，峻极于天。优优大哉，礼仪三百，威仪三千。待其人而后行。故曰苟不至德，至道不凝焉。故君子尊德性而道问学，致广大而尽精微，极高明而道中庸，温故而知新，敦厚以崇礼。是故居上不骄，为下不倍，国有道其言足以兴，国无道其默足以容。《诗》曰："既明且哲，以保其身。"其此之谓与。

子曰："愚而好自用，贱而好自专，生乎今之世，反古之道。如此者，烖（烖［zāi］，《集韵》，災本字）及其身者也。"非天子，不议礼，不制度，不考文。今天下车同轨，书同文，行同伦。虽有其位，苟无其德，不敢作礼乐焉；虽有其德，苟无其位，亦不敢作礼乐焉。子曰："吾说夏礼，杞不足征也；吾学殷礼，有宋存焉；吾学周礼，今用之，吾从周。"

王天下有三重焉，其寡过矣乎。上焉者虽善无征，无征不信，不信民弗从；下焉者虽善不尊，不尊不信，不信民弗从。故君子之道，本诸身，征诸庶民，考诸三王而不谬，建诸天地而不悖，质诸鬼神而无疑，百世以俟圣人而不惑。质诸鬼神而无疑，知天也；百世以俟圣人而不惑，知人也。是故君子动而世为天下道，行而世为天下法，言而世为天下则。远之则有望，近之则不厌。《诗》曰："在彼无恶，在此无射；庶几夙夜，以永终誉。"君子未有不如此而蚤有誉于天下者也。

仲尼祖述尧舜，宪章文武；上律天时，下袭水土。辟如天地之无不持载，无不覆帱，辟如四时之错行，如日月之代明。万物并育而不相害，道并行而不相悖，小德川流，大德敦化，此天地之所以为大也。

唯天下至圣，为能聪明睿知，足以有临也；宽裕温柔，足以有容也；发强刚毅，足以有执也；齐庄中正，足以有敬也；文理密察，足以有别也。溥博渊泉，而时出之。溥博如天，渊泉如渊。见而民莫不敬，言而民莫不信，行而民莫不说。是以声名洋溢乎中国，施及蛮貊，舟车所至，人力所通，天之所覆，地之所载，日月所照，霜露所队，凡有血气者，莫不尊亲，故曰配天。

唯天下至诚，为能经纶天下之大经，立天下之大本，知天地之化育。夫焉有所倚？肫肫其仁，渊渊其渊，浩浩其天。苟不固聪明圣知达天德者，其孰能知之？

《诗》曰："衣锦尚絅"，恶其文之著也。故君子之道，暗然而日章；小人之道，的然而日亡。君子之道，淡而不厌，简而文，温而理，知远之近，知风之自，知微之显，可与入德矣。《诗》云："潜虽伏矣，亦孔之昭。"故君子内省不疚，无恶于志。君子之所不可及者，其唯人之所不见乎。《诗》云："相在尔室，尚不愧于屋漏。"故君子不动而敬，不言而信。《诗》曰："奏假无言，时靡有争。"是故君子不赏而民劝，不怒而民威于铁钺。《诗》曰："不显惟德，百辟其刑之。"是故君子笃恭而天下平。《诗》云："予怀明德，不大声以色。"子曰："声色之于以化民，末也。"《诗》曰："德辅如毛。"毛犹有伦，上天之载，无声无臭，至矣。

整理后记

耄耋之年的刘伯谷先生，应原双流传统文化研习会之邀，于2009年至2011年在双流明诚堂，以其曾祖刘沅先生《大学恒解》和《中庸恒解》的基本观点为根据，较为系统地讲解了《大学》和《中庸》这两部重要的儒家经典。先生几十年教书育人、研习经典，不曾懈怠，学养深厚。先生授课，秉承尚友书塾（刘氏所创办私塾）传承下来的家学传统：课，必有所备，一丝不苟；讲，必有所式，尽心竭力。先生讲课气氛祥和，其间或声如洪钟，直指做人做事的根本；或清风细语，敦敦告诫，不厌其烦；或诙谐形象，日常实例信手拈来，明白易晓。其讲，始终不离恢复“天理良心”的宗旨；其述，始终不离实践“道在伦常”的主张。有幸亲聆先生教诲或向先生请益者，皆服膺槐轩之学，并对孔孟元典精神和做人做事的道理，有了新的认识；同时，更为先生不顾年迈前往双流讲学，尽心竭力，裁成后进，不以家学为私的广大襟怀而感动。因耗时 20 年之久整理其父——天才学者刘咸炘之推十巨著，先生目力受损，讲述至《中庸》第十九章时，眼疾加重，几近失明，不得不停止讲学，留下遗憾。然于平素请益求学者，先生仍一如既往，有教无类，诲人不倦，不改师之本色。其对槐轩学说的坚守、自身扎实的儒学功底和根植于儒家传统的仁爱之心、行为世范，皆令众感叹折服，这才是真正意义上的“传道授业解惑也”。

2016 年 10 月，刘驰、明甫二人多次赴先生寓所，恳请先生同意将在双流授课视频资料整理成讲稿流通，以利后人学习参考。然而，每向先生请求，先生皆以槐轩已著《大学恒解》和《中庸恒解》可资参考，一切以槐轩所著所讲为准为由谦虚婉拒。经两人反复恳请，先生最终勉强同意，并再三嘱托两人，他本人不敢言讲，整理成文后，一定要特别说明，他只是带领大家共同学习分享了槐轩关于两部儒家经典的看法，给大家提供一点学习、了解槐轩之学的线索。大家看了，如果觉得说得对，那是理解了槐轩先生的解释；如果说错了，那是他个人理解有误，责在他。

征得先生同意以后，刘驰牵头，石华锋、李明甫三人成立了整理小组，其中将视频资料转录为文字的工作由石华锋一力承担。为遵循先生原意，避免篡改和擅自添加内容，整理人员多次往返先生寓所，征求整理意见，核实相关内容。在征得先生同意的情况下，对个别内容进行了调整、补充和完善，同时，也尽可能使先生授课所用成都方言转化成为普通话，以利爱好者阅读和理解。经过两年艰苦的反复阅校，于2017年最终完成了对文字讲稿的整理。

整理讲稿得到了巴蜀书社原首席编辑施维先生的大力支持和帮助。施维先生策划了本书的出版事宜，并于2017年至2019年间多次对讲稿进行修改、编辑，使之符合出版规范和要求。为了提升阅读体验，施维先生重读槐轩原著，在讲稿相应位置，摘录原著段落以供读者参考比较，方便了读者的阅读和理解，同时建议将原书名改为《祖述槐轩：刘伯谷先生讲〈大学〉〈中庸〉》，得到了刘伯谷先生的首肯。

本讲稿整理完毕之时，刘老已年愈九十，无法亲自审阅，部分重要章节文字，由其女儿刘镛晋、刘镒晋代为诵读，先生审定。由于整理者学识水平和对槐轩之学理解有限，整理后的讲稿一定留有许多缺憾。诚如刘老所言，如果读者阅读此书后，认为讲得好、说得对，那是槐轩的功劳，是自己的理解未偏离槐轩的思想；如果发现有错误或没有讲到位的，那是讲者的过错，但我们认为更是整理者的错误，责在我们，敬请大家不吝赐教。同时，我们与先生一样，建议大家去阅读槐轩原著，一切以刘沅先生所著《大学恒解》《大学古本质言》《中庸恒解》等书为准。

当年为刘先生授课提供场地并热忱服务和协助的还有以下人士：陈炳刚、郭华夫妇，蒲国勇、冯小召、陈光强、佘其良等；蒋红、陈岳参与后期文字复校；刘镛晋、刘镒晋参与接送先生赴双流讲课和将成都方言俗话转为普通话的文字确认工作，全程为整理讲稿以及其他工作提供了无私的支持和帮助。本书首次出版后，曾入选2020年3月“中国好书”榜单，上海科学技术文献出版社张树总编辑、李莺主任对本书的出版给予了极大的关心和支持。在此，我们谨向他们致以衷心的感谢。

今年，为保护并推广地方传统文化经典，巴蜀书社又拟出资打造本书的精装版，为此，由刘驰牵头，余小华、寇利红、龙铁根、甘润泽、明甫等人参与文字复校，施维先生建议对原版重新修订并更名为《祖述槐轩：〈大学〉〈中庸〉讲记》。在此，我们谨向巴蜀书社的有关领导和责任编辑张琳婉、王楠女士表示衷心的感谢。刘伯谷先生已于2022年4月10日仙逝，但他的仁行厚德一直鼓励着后学沿着修身复性、成己成人的道路前行。愿以本书的再次出版，告慰他老人家的在天英灵。

刘　驰　石华锋　明　甫

2023年10月26日